Green Line 1

Vorschläge zur Leistungsmessung

von
Pauline Ashworth
Elizabeth Daymond
Michael Faselt
Dorothea Jakob
Michael Kleis
Cheryl Pelteret

Ernst Klett Verlag
Stuttgart · Leipzig

W0052435

Vorwort

Liebe Lehrerin, lieber Lehrer,
die *Green Line 1 Bayern Vorschläge zur Leistungsmessung* orientieren sich an den Anforderungen für die Leistungsfeststellung am bayerischen Gymnasium. Wie Sie wissen, legt LehrplanPLUS besonderen Wert auf Kompetenzorientierung und kommunikativen Anspruch. Darauf wurde bei der Entwicklung dieses Hefts besonderen Wert gelegt, um Ihnen Aufgabenformate an die Hand zu geben, die auf dem neuesten Stand sind und sich daher optimal für die Erstellung von Schulaufgaben und Stegreifaufgaben eignen.

Aufbau

Pro *Unit* werden Materialien für Schulaufgaben zu den Kompetenzbereichen *Reading, Listening, Writing, Mediation*, Grammatik und Wortschatz sowie *Speaking* angeboten. Die Aufgaben zur Grammatik *(Language)* und zum *Wortschatz (Vocabulary)* sind getrennt ausgewiesen. So können Aufgaben gezielt als Grundlage für Ihre eigenen Leistungsnachweise ausgewählt und individuell ausgearbeitet werden. Die Aufgaben sind thematisch nach *Units* gegliedert und folgen der Progression des Vokabulars im Schülerbuch. Neben den Schulaufgaben-Vorschlägen zu den *Units* 1–6 finden Sie im Anhang zwei Muster-Schulaufgaben zu den *Units* 2 und 5. Hier wurde eine Auswahl aus den vorhandenen Aufgaben als Anregung für eine mögliche Zusammenstellung getroffen.
Die beiliegende **CD-ROM** enthält alle Schulaufgaben als PDF und in editierbarer Form als Word-Dokument. So können Aufgaben gezielt ausgewählt und individuell zusammengestellt werden. Auf der CD-ROM befinden sich zudem die Audiodateien und Filmsequenzen (jeweils mit Transkript) zu den Hörverstehens- bzw. Hörsehverstehensaufgaben im Heft. Pro *Unit* bieten wir Ihnen auf der CD-ROM darüber hinaus zwei weitere Hörverstehenstexte zur individuellen Aufgabenerstellung an.
Die sprachliche Fertigkeit ***Speaking*** kann anhand von drei Schritten getestet werden: *Warm up* (kurzes L–S–Gespräch), *Monologue* und *Dialogue*. Themenentsprechende *Monologue-* und *Dialogue-Speaking cards* sowie *Teacher's notes* finden Sie im Heft und auf der CD-ROM.

Inhalt des Hefts

Unit 1 It's fun at home

1   Reading: One bedroom for Sienna and Alexa

Sienna is new in London. Read her e-mail to Millie, her friend in Manchester.

Hi, Millie!
Our new flat is nice, but it isn't very big. There are only two bedrooms, one for our parents and one for Alexa and me. In our room there are two beds and one small table. It's blue. There isn't a sofa, but there is one brown chair next to our beds. There are photos on the wall but no clock. There's no TV in our room. The wardrobe is behind the door. It's big and old and it has a big photo of you and me on its right door. And it's a great colour – red. My things are in it, but Alexa's things are everywhere – under our beds, on the floor … And there are biscuits – her biscuits – on the chair. She's crazy! It isn't always easy with her!

a) *In five of the sentences, one word is wrong. <u>Underline</u> it and write down the correct word.*
Three sentences are correct. Tick (✓) them.

Example:

Sienna is in <u>Manchester</u>.   <u>London</u>
Millie is in Manchester.   ✓

1. Sienna and Alexa live in a flat with two bathrooms.   _____

2. There's a blue table.   _____

3. There are clocks on the wall.   _____

4. There's a big old brown wardrobe.   _____

5. There's a photo of Sienna and Alexa on the wardrobe.   _____

6. Sienna's things are in the wardrobe.   _____

7. Alexa is crazy! Her things are everywhere!   _____

8. Alexa's biscuits are on the floor.   _____

b) *Find the correct adjectives and write them down. Put a cross (x) where there is no information in the e-mail.*

big (2x) • small (2x) • new • old • nice • crazy • blue • brown • red

1. flat	_____	5. chair	_____
2. bed	_____	6. wall	_____
3. table	_____	7. wardrobe	_____
4. sofa	_____	8. photo	_____

Green Line 1 Bayern
Vorschläge zur Leistungsmessung
ISBN: 978-3-12-803121-5

© Ernst Klett Verlag GmbH, Stuttgart 2017 | www.klett.de
Von dieser Druckvorlage ist die Vervielfältigung für den eigenen
Unterrichtsgebrauch gestattet. Die Kopiergebühren sind
abgegolten. Alle Rechte vorbehalten.

Textquelle: Dorothea Jakob, Nürnberg

3

2 Reading: In Brook Lane

Mr and Mrs Green live in Greenwich, in Brook Lane. Their house is next to Luke's house. Henry is there too, but Mr and Mrs Green aren't his parents. They're his uncle and aunt. Henry is twelve, and he's an only child. Henry and his parents are from London. Henry's parents are on holiday in Poland. Henry is on holiday too, but in Greenwich.

Now Henry is in the street with his new friends in Brook Lane. There are three boys – Henry, Luke and Dave – and one girl, Holly. Where can they go?

Dave: Let's go to the boating lake. It's great there – but not with Sherlock.
        He's a crazy dog!
Luke: He's with my mum and my sister, but they aren't at home.
Henry: Can you go to the boating lake too, Luke?
Luke: Yes, great idea! And you, Holly?
Holly: Yes, I love the boating lake!

a) *Read the text. Are the sentences true or false? Tick (✓) the correct answer.*

	true	false
1. Mr and Mrs Green are from Greenwich.		
2. Mrs Green is Henry's mother.		
3. Henry's parents are from Poland.		
4. Henry and his brother are from London.		
5. Henry's parents aren't in Greenwich.		
6. The boys and Holly are in Luke's house.		
7. Sherlock is in the kitchen with Luke's mum and sister.		
8. Dave, Luke and Holly like the boating lake.		

b) *Tick (✓) the correct answers. One, two or three answers can be correct.*

1. Who is from Greenwich?

   ☐ a)   Mr and Mrs Green
   ☐ b)   Luke
   ☐ c)   Henry

2. Henry …

   ☐ a)   is with his uncle and aunt now.
   ☐ b)   is on holiday with his brother.
   ☐ c)   is twelve.

3. Henry's parents are …

   ☐ a)   not with Henry.
   ☐ b)   in London now.
   ☐ c)   from Poland.

4. Who is in the street with Henry?

   ☐ a)   three boys
   ☐ b)   Luke and Sherlock
   ☐ c)   Holly

5. Who isn't at home?

   ☐ a)   Luke
   ☐ b)   Luke's mum
   ☐ c)   Sherlock and Luke's sister

6. The boating lake is great …

   ☐ a)   for Dave, Luke and Holly.
   ☐ b)   with a dog.
   ☐ c)   for Mr and Mrs Green.

Green Line 1 Bayern
Vorschläge zur Leistungsmessung
ISBN: 978-3-12-803121-5

© Ernst Klett Verlag GmbH, Stuttgart 2017 | www.klett.de
Von dieser Druckvorlage ist die Vervielfältigung für den eigenen
Unterrichtsgebrauch gestattet. Die Kopiergebühren sind
abgegolten. Alle Rechte vorbehalten.

Textquelle: Dorothea Jakob, Nürnberg

3 Listening: Olivia and Holly

a) *Listen and tick (✓) the correct answers.*
There are always two correct answers.

1. Olivia: "Let's go cycling in the park."

☐ a) Holly: "Oh yes, cycling is great."
☐ b) Holly: "Oh no, I don't like cycling."
☐ c) Holly: "Oh no, not the park again."
☐ d) Holly: "Let's go to my room."

2. In Holly's room, Olivia can see …

☐ a) new CDs.
☐ b) two guinea pigs.
☐ c) photos of the two guinea pigs.
☐ d) photos of their friends.

3. The cupboard is …

☐ a) big.
☐ b) pink.
☐ c) white.
☐ d) next to the door.

4. The chairs are …

☐ a) new.
☐ b) white.
☐ c) great.
☐ d) Holly's favourite colour.

5. Who is in the street?

☐ a) Luke
☐ b) Dave
☐ c) Irina
☐ d) Jamie

b) *Write answers (4–6 words) for the questions.*

1. Where are the photos?

_____

2. Where is Sherlock?

_____

3. What is Olivia's and Holly's plan at the end?

_____

c) *Listen and complete the sentences.*

1. Olivia can see Holly's new _____ and her new _____ in Holly's room. (What?)

2. A guinea pig model is _____ (Where?)

3. Holly's chairs are _____ (What colour?)

4. Luke and Dave are _____ (Where?)

5. _____ is behind Dave. (Who?)

6. Holly likes ☺ (5 things) _____

_____

_____

but not ☹ (1 thing) _____

Green Line 1 Bayern
Vorschläge zur Leistungsmessung
ISBN: 978-3-12-803121-5

© Ernst Klett Verlag GmbH, Stuttgart 2017 | www.klett.de
Von dieser Druckvorlage ist die Vervielfältigung für den eigenen
Unterrichtsgebrauch gestattet. Die Kopiergebühren sind
abgegolten. Alle Rechte vorbehalten.

Textquelle: Dorothea Jakob, Nürnberg
Illustration: Simone Pahl

5

4 Listening: In the park

a) *Listen and tick (✓) the correct answer.*

1. Luke is in the park with …

   ☐ a) Dave and Holly.
   ☐ b) Dave and Sherlock.
   ☐ c) Sherlock.

2. Sherlock is …

   ☐ a) next to a boy and a girl.
   ☐ b) in the street.
   ☐ c) next to two girls.

3. Anna is Ben's …

   ☐ a) cousin.
   ☐ b) sister.
   ☐ c) aunt.

4. Luke and Dave see Sherlock with a ball. It is …

   ☐ a) big and red.
   ☐ b) small and yellow.
   ☐ c) big and yellow.

5. The ball isn't Sherlock's ball. It is …

   ☐ a) Ben's ball.
   ☐ b) Dave's ball.
   ☐ c) Luke's ball.

6. Football is great for …

   ☐ a) Ben and Dave.
   ☐ b) Luke and Dave.
   ☐ c) Luke and Ben.

b) *Match the sentences.*

1. Sherlock is	a) red.	1.
2. Anna is a girl	b) from London.	2.
3. Anna and Ben's aunt and uncle are	c) small.	3.
4. Sherlock's ball is	d) next to a boy and girl.	4.
5. Ben's und Anna's ball is	e) from Luke's street.	5.

c) *Listen and put the pictures in the correct order. Write the letters next to the numbers.*

1. _____   2. _____   3. _____   4. _____   5. _____   6. _____

A

B

C

D

E

F

Green Line 1 Bayern
Vorschläge zur Leistungsmessung
ISBN: 978-3-12-803121-5

© Ernst Klett Verlag GmbH, Stuttgart 2017 | www.klett.de
Von dieser Druckvorlage ist die Vervielfältigung für den eigenen
Unterrichtsgebrauch gestattet. Die Kopiergebühren sind
abgegolten. Alle Rechte vorbehalten.

Textquelle: Dorothea Jakob, Nürnberg
Illustration: Simone Pahl

5 Vocabulary: Can't you see? → after Station 2

Daniel is new in Greenwich. Put in the right words. Remember: Some words are plural!

Look, this is my new house and my family in the photo. This is where we _____ (1).

Some things are not the same as in my old house in Bristol. For example, the kitchen is

_____ (2). It's very big. In this house, there are three _____ (3): the

Greens with their two girls, Annie and Allanah, the Smiths with their two _____ (4),

Tom and Jimmy, and my parents, my sister Jenna and me. And there aren't only people, but

_____ (5) too: a cat, two rats and a dog. The dog isn't _____ (6) and

_____ (7) like Sherlock, he's brown. His name is Barker. I have my own

_____ (8) in our flat. It isn't big, it's very _____ (9). But it's OK for me.

My sister is crazy, so it isn't always _____ (10) with her. She and her two best friends

all love _____ (11). When they are at our home, they put them everywhere: on the

table in the _____ (12) room, next to the cooker in the _____ (13), and

outside in the _____ (14). That isn't great – it's _____ (15)!

Jenna: "Where is my bag?"

Mum: "No idea. Hmm … _____ (16) it's in the wardrobe?"

Jenna: "No, it's here, _____ (17) the sofa."

But it's nice to have a sister and not be an only _____ (18).

6 Vocabulary: Where are Luke and Sherlock? → after Station 2

Look at the picture and find the words. The first letters help you.

1. Sherlock is __ __ the l__ __ __ __ __ __ room with Luke.

2. Luke is n__ __ __ __ __ __ Sherlock.

3. The ball is __ __ the f__ __ __ __ __ .

4. The b__ __ __ __ __ and DVDs are u__ __ __ __ __ the TV.

5. The ball is __ __ f__ __ __ __ __ __ __ the sofa.

6. The wall is b__ __ __ __ __ __ the TV.

Green Line 1 Bayern
Vorschläge zur Leistungsmessung
ISBN: 978-3-12-803121-5

© Ernst Klett Verlag GmbH, Stuttgart 2017 | www.klett.de
Von dieser Druckvorlage ist die Vervielfältigung für den eigenen
Unterrichtsgebrauch gestattet. Die Kopiergebühren sind
abgegolten. Alle Rechte vorbehalten.

Textquelle: Dorothea Jakob, Nürnberg
Illustration: Carmen Hochmann
Foto: February Films (Andrew Kemp), London

7

7 Vocabulary: How old are they? → after Station 2

Write the number words for how old they are.

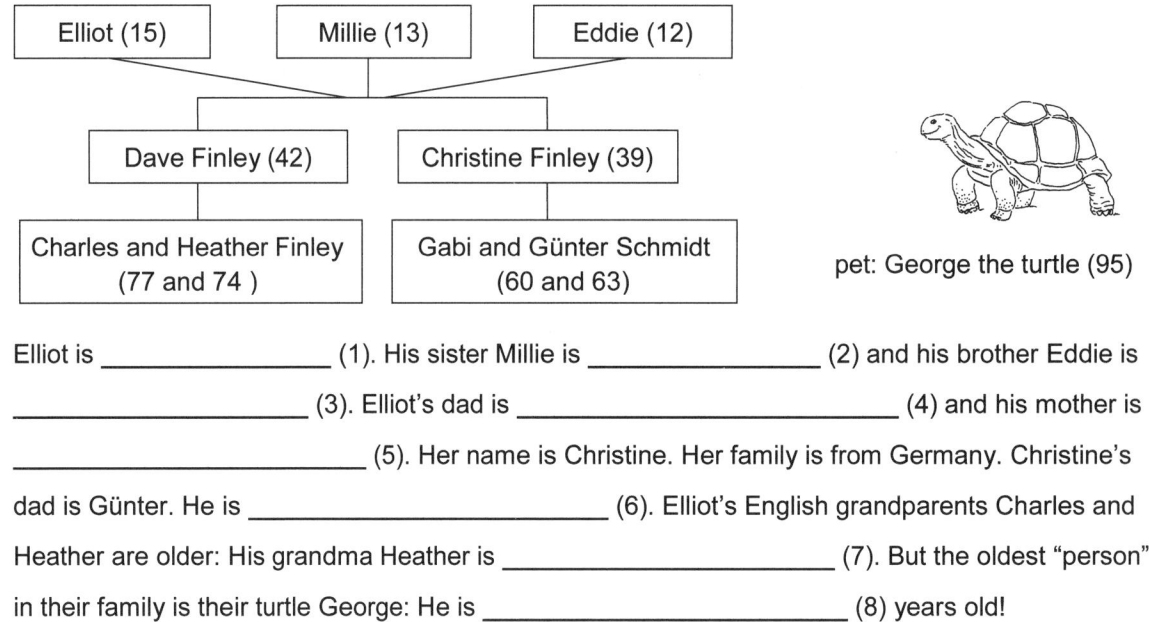

pet: George the turtle (95)

Elliot is _____ (1). His sister Millie is _____ (2) and his brother Eddie is

_____ (3). Elliot's dad is _____ (4) and his mother is

_____ (5). Her name is Christine. Her family is from Germany. Christine's

dad is Günter. He is _____ (6). Elliot's English grandparents Charles and

Heather are older: His grandma Heather is _____ (7). But the oldest "person"

in their family is their turtle George: He is _____ (8) years old!

8 Language: Nina and her family → after Station 1

Nina Carter, 12
Greenwich
cycling, skating
favourite colour: blue

Mum – Poland
Dad – Greenwich
brother Simon, 10
football fan

cats: Tibby, 4
Matt, 2
scared of dogs

3 bedrooms
big garden

Look at the pictures and read the information. Then complete the text with the words from the box on the right. You can use some words again.

Nina's family lives in Greenwich. Nina and her dad _____ (1) from

Greenwich, but her mother _____ (2) English. _____'s (3) from Poland.

Nina's brother Simon _____ (4) ten. Simon: "I'_____ (5) a big football fan!

It's great!" Nina and her friends _____ (6) football fans, but _____ (7) like

cycling and skating. In the Carters' house there _____ (8) three bedrooms.

Nina: "_____ (9) live in a nice house. It _____ (10) old. It's new." There

_____ (11) a big garden too: _____'s (12) behind the house. Nina's cats

_____ (13) always there. _____'re (14) scared of the dogs in the park.

Nina: "Tibby, Matt! Where are _____ (15)?" There's Matt – _____'s (16)

on the tree. And there's Tibby too – she's under the car!

am
is
isn't
are
aren't
- - - - - - - -
he
she
it
we
you
they

Green Line 1 Bayern
Vorschläge zur Leistungsmessung
ISBN: 978-3-12-803121-5

© Ernst Klett Verlag GmbH, Stuttgart 2017 | www.klett.de
Von dieser Druckvorlage ist die Vervielfältigung für den eigenen
Unterrichtsgebrauch gestattet. Die Kopiergebühren sind
abgegolten. Alle Rechte vorbehalten.

Textquelle: Dorothea Jakob, Nürnberg
Illustration: Simone Pahl, Katja Rau

9 Language: Luke and his family → after Station 1

*Look at the family tree. Put in **am**, **is**, **are** (make short forms where you can), **isn't** or **aren't**.*

| Jan (cousin) |

| Damian and Mila Zajac (uncle and aunt) |

Irina (sister) | Jamie (brother) | Luke

Jack Elliot (dad) | Anna Elliot (mum)

Henry and Carol Elliot (grandparents) | Filip and Beata Zajac (grandparents)

1. My name _____ Luke Elliot and I _____ 11.

2. My parents _____ Henry and Carol. – They _____ Jack and Anna.

3. Mila _____ my grandma. She _____ my aunt.

4. My brother _____ 13. He _____ eight. I _____ his big brother!

5. Sherlock _____ black and white. He _____ pink!

10 Language: Questions to the friends → after Station 2

*Make questions with the correct form of **be**.*

1. this • your new T-shirt _____, Luke?

2. where • my biscuits _____, Dave?

3. Holly and Olivia • in the park _____ too?

4. who • the boys _____ in this football photo?

5. where • our big red ball _____?

6. what • the name _____ of Holly's sister?

11 Language: An interview with Holly → after Station 2

*Put in **my**, **your**, **her**, **his**, **its**, **our** or **their** to complete Holly's answers.*

Interviewer:

1. Hi, I'm from "Pets and People".

2. Is your name Amber?

3. What are your favourite animals?

4. Are there guinea pigs in your family's flat?

5. What are the names of the guinea pigs?

6. Where is your flat?

7. Is there a dog in your street?

Holly:

1. Oh I love _____ website!

2. No, _____ name is Holly. But look, my sister's over there, and _____ name is Amber.

3. _____ favourite animals are guinea pigs.

4. Yes, there are two guinea pigs in _____ flat.

5. _____ names are Mr Fluff and Honey.

6. It's in a nice street in Greenwich. _____ name is Brook Lane.

7. Yes, _____ name is Sherlock.

Green Line 1 Bayern
Vorschläge zur Leistungsmessung
ISBN: 978-3-12-803121-5

© Ernst Klett Verlag GmbH, Stuttgart 2017 | www.klett.de
Von dieser Druckvorlage ist die Vervielfältigung für den eigenen
Unterrichtsgebrauch gestattet. Die Kopiergebühren sind
abgegolten. Alle Rechte vorbehalten.

Textquelle: Dorothea Jakob, Nürnberg

9

12 Language: Two rooms → after Station 2

Look at the two rooms, A and B.

A

B

a) *What is different? Look at the example and write four sentences.*

Example:
In A there are three pictures, but in B there are two pictures.

1. _____
   _____

2. _____
   _____

3. _____
   _____

4. _____
   _____

b) *Look at room A again. Write short answers.*

Example:
Is there a wardrobe?   <u>No, there isn't.</u>

1. Is there a football in the cupboard?   _____
2. Is the clock on the cupboard?   _____
3. Are there cars on the floor?   _____
4. Are there boys in the room?   _____
5. Are the boys in front of the table?   _____
6. Is there a fridge next to the door?   _____

Green Line 1 Bayern
Vorschläge zur Leistungsmessung
ISBN: 978-3-12-803121-5

© Ernst Klett Verlag GmbH, Stuttgart 2017 | www.klett.de
Von dieser Druckvorlage ist die Vervielfältigung für den eigenen
Unterrichtsgebrauch gestattet. Die Kopiergebühren sind
abgegolten. Alle Rechte vorbehalten.

Textquelle: Dorothea Jakob, Nürnberg
Illustration: Simone Pahl

13 Writing: A family

a) *Look at Lisa Brown's family tree. Write six sentences about her family.*

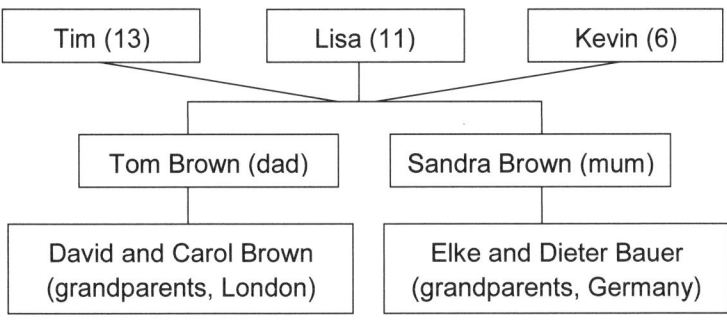

| Tim (13) | Lisa (11) | Kevin (6) |

| Tom Brown (dad) | Sandra Brown (mum) |

| David and Carol Brown (grandparents, London) | Elke and Dieter Bauer (grandparents, Germany) |

<u>Her name is Lisa Brown.</u>

_____

_____

_____

_____

_____

b) *Write five sentences about your own family.*

14 Writing: Martin's room

a) *This is Martin's new room. Help him write an e-mail to his grandma about it. What's in the room? What isn't in the room? Where are the things in the room? Write six sentences.*

<u>Dear Grandma,</u>

<u>My room in our new house is great!</u>

_____

_____

_____

_____

_____

_____

b) *Write five sentences about your room. What's in your room? What isn't in your room? Where are the things in your room?*

Green Line 1 Bayern
Vorschläge zur Leistungsmessung
ISBN: 978-3-12-803121-5

© Ernst Klett Verlag GmbH, Stuttgart 2017 | www.klett.de
Von dieser Druckvorlage ist die Vervielfältigung für den eigenen
Unterrichtsgebrauch gestattet. Die Kopiergebühren sind
abgegolten. Alle Rechte vorbehalten.

Textquelle: Dorothea Jakob, Nürnberg
Illustration: Simone Pahl

15   Mediation: A problem

Lies Leons Beitrag auf dieser Internetseite, auf der Kinder über ihre Probleme schreiben können.

> Liebes Sorgen-Team! In unserer Wohnung gibt es nur ein Zimmer für meinen Bruder und mich. Das finde ich ganz schön doof! Mein Bruder heißt Michi und ist erst 6 Jahre alt – ich bin schon 11! Oft ist es auch lustig, weil wir zusammen in unserem Zimmer spielen können, aber Michi lässt überall Sachen rumliegen! Manchmal stolpere ich über seine Autos, die am Boden liegen, oder ich finde seinen Ball in meinem Bett, wenn ich schlafen gehen will. Meine eigenen Sachen räume ich immer in den Schrank. Aber er vergisst manchmal sogar Kekse unter meinem Tisch – und das, wo ich doch so Angst vor Ratten habe! Ich bin verzweifelt. Könnt ihr mir bitte helfen? Was kann ich tun? Ich mag Michi sehr, aber seine Unordnung macht mich verrückt! Euer Leon

Erzähle Luke von Leons Problem. Sage auch, was Leon an seinem Zimmer mag.

Hi Luke! _____

_____

_____

_____

_____

_____

_____

16   Mediation: A penfriend[1] for Felix → after Pick-up B

Dein Freund Felix sucht einen Brieffreund/eine Brieffreundin. Du stellst ihn deiner englischen Brieffreundin Alina in einer E-Mail vor und erklärst kurz, wie er heißt, wie alt er ist und was er mag/nicht mag. Vielleicht kann sie jemanden für ihn finden. Benutze die Informationen aus Felix' Profil, um deine E-Mail zu schreiben.

Name: Felix Neuberger **Adresse:** Hauptstraße 3 **Alter:** 11 **Größe:** 158 cm **Haarfarbe:** Braun **Hobbys:** Rad fahren, Lesen (Ich habe 132 Bücher in meinem Zimmer!) **Geschwister:** Eine Schwester (Lena, 8 Jahre alt) **Lieblingsessen:** Pizza **Haustiere:** Keine (Hätte aber gerne eine Katze.) **Ich mag nicht:** Hunde (Ich habe Angst vor Hunden!)	Hi Alina, _____ Can you find a penfriend for my friend from school? He says: "I'm _____ _____ _____ _____ _____ _____ _____ Thank you! Say hello to your dog from me! Bye,

1 penfriend Brieffreund/in

 **Klett**

Green Line 1 Bayern Vorschläge zur Leistungsmessung ISBN: 978-3-12-803121-5

© Ernst Klett Verlag GmbH, Stuttgart 2017 | www.klett.de Von dieser Druckvorlage ist die Vervielfältigung für den eigenen Unterrichtsgebrauch gestattet. Die Kopiergebühren sind abgegolten. Alle Rechte vorbehalten.

Textquelle: Dorothea Jakob, Nürnberg

Unit 2 I'm new at TTS

1   Reading: Children and their hobbies

A I'm Ann, and I'm into books! I've got lots in my room! I like animals too. I've got two mice here. I've got a keyboard. I can't play it but I can start lessons next week. I like skateboarding and cycling.

B I'm Ellis and my favourite sport is football. I'm the best in my class! I like basketball too. I don't like swimming. I like to read, but I haven't got lots of books. I love music. I can play the keyboard in music class, but I haven't got a keyboard at my house.

C I'm Harry and my favourite hobby is reading. I've got lots of books. I've got a computer and lots of computer games too. I love animals. I want a guinea pig, but Mum says no. I like to paint. I know what I can do! I can paint a picture of a guinea pig for my room!

D   I'm Lilly. My hobbies are football, computer games and music. I've got a computer and games. I like to take photos of my friends. You can see them on my walls. I've got a keyboard too.

a) *Read the text. Match the children and their rooms. Write the letter in the box.*

b) *There are three wrong things in one room. Write them down.*

_____'s room: _____

c) *Match the sentence parts.*

1. Ann has got	a) good at sports.	1.
2. Ann and Ellis like	b) photos of her friends.	2.
3. Ellis is	c) music.	3.
4. Ellis can	d) reading.	4.
5. Harry and Lilly have got	e) into painting.	5.
6. Harry is	f) a computer.	6.
7. Lilly has got	g) play the keyboard.	7.
8. Lilly and Ellis like	h) pets.	8.

d) *Who can be a good friend for you: Ann, Ellis, Harry or Lilly? Explain your answer (2 sentences).*

_____

_____

Green Line 1 Bayern
Vorschläge zur Leistungsmessung
ISBN: 978-3-12-803121-7

© Ernst Klett Verlag GmbH, Stuttgart 2017 | www.klett.de
Von dieser Druckvorlage ist die Vervielfältigung für den eigenen
Unterrichtsgebrauch gestattet. Die Kopiergebühren sind
abgegolten. Alle Rechte vorbehalten.

Textquelle: Dorothea Jakob, Nürnberg
Illustration: Simone Pahl

13

2   Reading: A trick, a trick!

A *Amy and her friend Lisa are in their garden with Amy's rabbits. Joe wants to say hello.*

Joe: Hi Amy. How are your boring rabbits?
Amy: They're not boring! They're great!
Joe: Hah! Dogs are great! You can play with dogs and not with rabbits. And dogs can eat rabbits!
Amy: And we can't talk to you. We've got a swimming lesson now. Bye.

B *The girls go and Joe wants to play a trick on Amy. He takes her rabbits to his house.*

C *After lunch Amy and Lisa go outside to their garden, but where are Amy's rabbits?*

Amy: Hmmm. Let's go to Joe's house.

D *Joe's mum:* Hi. Joe isn't here now. Sorry.
Amy: I just want my rabbits. Can we look in Joe's room, please, Mrs Green?
Now they're in Joe's room.
Amy: Look! My rabbits are under his bed! I've got an idea!

E *It's later. The girls are at Joe's house again.*
Amy: Joe, I know you've got my rabbits!
Joe: OK, OK, they're in my room. Let's look.
The rabbits aren't there, but a dog is.
Joe: What? A dog? No rabbits? Can this dog really ... Oh no!

F *Joe isn't happy, but the girls laugh.*
Amy: Don't worry, Joe! My rabbits are at home. This is my uncle's dog. I like tricks too!

a) *Read the text. Match the story parts to the headings. There are two extra headings.*

1. _____ The girls can laugh now!
2. _____ Amy knows what to do
3. _____ Help from Joe's mum
4. _____ Everyone likes rabbits
5. _____ Joe's rabbit trick
6. _____ A happy ending for the girls
7. _____ Amy isn't funny
8. _____ Rabbits – food or fun?

b) *Put in the right words.*

_____ (1) has got rabbits and her _____ (2) has got a dog. When the girls are at their _____ _____ (3), Joe takes the rabbits and puts them in his room _____ (4) his _____ (5). When the girls come back, the rabbits aren't in the _____ (6). But the girls find the rabbits in Joe's room and they _____ (7) a _____ (8) on Joe.

c) *Read the text. Are the sentences true or false? Tick (✓) the correct answer.*

	true	false
1. The girls have got a swimming lesson.		
2. Joe likes rabbits.		
3. Lisa is Amy's little sister.		
4. Joe wants to play a trick on Lisa.		
5. Amy and Lisa look for the rabbits after lunch.		
6. After lunch Joe is at home with his mum.		
7. Amy's idea is to take Joe's dog to her house.		
8. Joe thinks the dog can really eat rabbits.		

Green Line 1 Bayern
Vorschläge zur Leistungsmessung
ISBN: 978-3-12-803121-5

© Ernst Klett Verlag GmbH, Stuttgart 2017 | www.klett.de
Von dieser Druckvorlage ist die Vervielfältigung für den eigenen
Unterrichtsgebrauch gestattet. Die Kopiergebühren sind
abgegolten. Alle Rechte vorbehalten.

Textquelle: Dorothea Jakob, Nürnberg

3 Listening: At school

a) *Listen and tick (✓) the correct answer(s). One, two or three answers can be correct.*

1. Jay wants to buy …

   ☐ a) a football.
   ☐ b) a pen.
   ☐ c) a pencil-case.
   ☐ d) a pencil.

2. The colour he wants is …

   ☐ a) yellow.
   ☐ b) red.
   ☐ c) blue.
   ☐ d) green.

3. Jay asks: "… can I pay?"

   ☐ a) How
   ☐ b) Where
   ☐ c) Who
   ☐ d) When

4. Who can show Jay how to pay for lunch?

   ☐ a) Dave
   ☐ b) Luke
   ☐ c) Olivia
   ☐ d) Holly

5. ☐ a) Holly can sing this song.
   ☐ b) Holly can't sing.
   ☐ c) Jay likes singing.
   ☐ d) Jay can sing this song.

6. ☐ a) They only want to sing a song.
   ☐ b) First they sing the song, later they listen to the recording.
   ☐ c) First they listen to the recording, later they sing the song.
   ☐ d) They only listen to the recording.

7. For homework they can write about …

   ☐ a) a favourite animal.
   ☐ b) their friends.
   ☐ c) their rooms.
   ☐ d) a favourite hobby.

8. They can talk about it …

   ☐ a) to their friends.
   ☐ b) in the next lesson.
   ☐ c) to Mr Swindon.
   ☐ d) later.

b) *Listen to the four dialogues and put in the missing words.*

1. Jay and a lady in a _____ talk about the things there. There is a good blue _____ for Jay, but there isn't a _____.

2. Jay and Holly are at the _____. Jay has already got his _____, but he hasn't got an idea where he can _____. But Holly can help him.

3. The children are at the _____ _____. Holly can't _____, but _____ can.

4. The children are in the _____ with Mr Swindon. For homework, they can think about a favourite _____. It's OK to talk about a _____ _____.

Green Line 1 Bayern
Vorschläge zur Leistungsmessung
ISBN: 978-3-12-803121-7

© Ernst Klett Verlag GmbH, Stuttgart 2017 | www.klett.de
Von dieser Druckvorlage ist die Vervielfältigung für den eigenen
Unterrichtsgebrauch gestattet. Die Kopiergebühren sind
abgegolten. Alle Rechte vorbehalten.

Textquelle: Dorothea Jakob, Nürnberg
Foto: February Films (Andrew Kemp), London

4 Listening: Rules

a) *Listen and put the pictures in the correct order:* 1. ____ 2. ____ 3. ____ 4. ____

A

B

C

D

b) *Listen again. Are the sentences true or false? Tick (✓) the correct answer.*

	true	false
1. Jay and Luke are at Jay's house.		
2. Jay likes his new school.		
3. They can play football and badminton in the garden.		
4. Luke's computer isn't new.		
5. They can play computer games now.		
6. Luke's sister can use his computer.		
7. Luke has got some rules for his bedroom too.		

c) *Match the sentence parts.*

1. There are	a) cool computer games.	1.
2. But school rules	b) is: No computer games now.	2.
3. The boys want to	c) show Jay his room.	3.
4. Luke can	d) play computer games now.	4.
5. Luke's room	e) lots of rules at school.	5.
6. Luke has got	f) aren't cool for Jay.	6.
7. The boys can't	g) play badminton in the garden.	7.
8. Mum's rule	h) are good.	8.
9. Some rules	i) is cool.	9.

d) *Write down Luke's rule for his bedroom.*

_____

_____

Green Line 1 Bayern
Vorschläge zur Leistungsmessung
ISBN: 978-3-12-803121-5

© Ernst Klett Verlag GmbH, Stuttgart 2017 | www.klett.de
Von dieser Druckvorlage ist die Vervielfältigung für den eigenen
Unterrichtsgebrauch gestattet. Die Kopiergebühren sind
abgegolten. Alle Rechte vorbehalten.

Textquelle: Dorothea Jakob, Nürnberg
Illustration: Simone Pahl

5 Viewing: Schools in the UK

a) *Watch the film and put the headings in the correct order (1–4).*

A What students wear _____

B At lunch break _____

C Different schools _____

D What students learn _____

b) *Watch again and tick (✓) the correct answer(s). One or two answers can be correct.*

1. What is Eton College in Windsor?

☐ a) small
☐ b) new
☐ c) little
☐ d) old

2. Who is in the Sport lesson?

☐ a) only girls
☐ b) only boys
☐ c) girls and boys.
☐ d) three teachers.

3. What colour are the sports uniforms?

☐ a) grey
☐ b) black
☐ c) purple
☐ d) green

4. What are music lessons?

☐ a) funny
☐ b) fun
☐ c) awful
☐ d) popular

5. What is Art?

☐ a) a favourite class
☐ b) boring
☐ c) the first lesson
☐ d) a great hobby

6. What can you do in the cafeteria?

☐ a) buy sweets
☐ b) eat
☐ c) see your friends
☐ d) listen to music

7. Who brings food to the tables?

☐ a) students
☐ b) teachers
☐ c) tutors
☐ d) mums

8. What colour are the chairs in the cafeteria?

☐ a) red
☐ b) white
☐ c) blue
☐ d) green

c) *Put in the correct words.*

1. Eton College is an _____ school, and Guildford School is a _____ school.

2. There are many different _____ _____, for example some of them are _____ with a green tie.

3. Students in the UK and students in Germany usually have _____ _____ subjects. In the film we can see S_____ and M_____ lessons, for example.

4. "Canteen" is another word for _____. It's a place where you can e_____ and d_____.

5. At the end of the film, the students _____ _____.

6 Vocabulary: A different Art lesson → after Station 1

Complete the dialogue with the correct words or phrases.

In the morning, Holly and Luke meet in their street when they go to school.

Holly: Hi Luke!

Luke: Hi Holly! Oh no, another b_____ (1) school day. There are two English

        _____ (2) with Mr Swindon today …

Holly: I like English. It's fun!

Luke: That's s_____ (3). School can't be fun.

Holly: W_____ (4), first we have Art, and Art is always fun! We can _____ (5)

        or draw!

Now they are in the Art room.

Luke: Hey, who's that? Is she a new _____ (6)?

Holly: _____ (7) and see!

Mrs Wheeler-Gonzalez: Good morning e_____ (8)! My name is Elaine Wheeler-

        Gonzalez, but you can _____ (9) me Mrs Wheeler. I'm new here. Today we

        want to make a class m_____ (10). New people can read it and find out things

        about our school. You can write a nice text, draw a plan of the school or _____

        (11) photos. Have you got a _____ (12)? Just ask me and I can help you.

Luke: Cool! I like Mrs Wheeler!

7 Vocabulary: Trouble with a friend → after Story

Complete the dialogue with the correct words or phrases.

Holly is angry: Some people always f_____ (1) their school things, and they always

        j_____ (2) ask me! "Holly, can I have your rubber? Holly, I _____ (3)

        a pen! Holly, can you _____ (4) me your ruler? Please!" And I'm always nice

        and say: "Yes, _____ _____ _____ (5)!" I don't

        want to _____ (6) trouble, but the teachers think I talk too _____ (7).

        And then they say to me: "_____ (8) it! Listen now, Holly and be quiet!"

        But it's just because Emma asks me for my things again and again! It's awful!

Olivia: Well, why are you always so polite to Emma? You can be r_____ (9):

        Don't answer her! Then the teacher can't hear your _____ (10) because you are

        quiet.

Holly: Oh, great! I'm s_____ (11) that's a good idea! Olivia, you are

        r_____ (12) cool!

Green Line 1 Bayern
Vorschläge zur Leistungsmessung
ISBN: 978-3-12-803121-5

© Ernst Klett Verlag GmbH, Stuttgart 2017 | www.klett.de
Von dieser Druckvorlage ist die Vervielfältigung für den eigenen
Unterrichtsgebrauch gestattet. Die Kopiergebühren sind
abgegolten. Alle Rechte vorbehalten.

Textquelle: Dorothea Jakob, Nürnberg

8 Language: In the classroom → after Station 1

1. Holly: Olivia, have you got your _____?

   Olivia: Yes, _____.

2. Luke: Where is my _____? Has Jay got it?

   Dave: No, _____.

3. Emma: Holly and Olivia, have you got _____ with you?

   Holly and Olivia: No, _____.

   We can't buy _____ after school.

4. Olivia: Look at Jane and Annie! Have they got new

   _____?

   Holly: Yes, _____! Jane's is purple and Annie's is orange.

5. Jay: Luke, has your _____ got a crazy colour?

   Luke: No, _____. It's blue.

6. Holly: Has Emma got her pink _____? I've got two …

   Olivia: Yes, _____. Maybe it's Annie's?

9 Language: Panic before school → after Station 2

Complete the text with the correct words (_ _ _ _) and **this**, **that**, **these** *or* **those***.*

What's the time? Oh no, look at _____ (1) clock there! I have only got two minutes,

so please help me to be _ _ _ _ (2) now! And I can't _ _ _ _ (3) the brown shoes[1] with

_____ (4) blue uniform, Mum! Where are my new shoes? Maybe in one of

_____ (5) boxes here? And where is my English _ _ _ _ _ _ _ _ (6) for the first

lesson with Mr Swindon, the story about my family? Ah, it's here in _____ (7) exercise

book.

Let's put all _____ (8) books over there in my _ _ _ _ _ _ _ _ _ (9) too.

I need them for the other lessons. And I haven't got money for the lunch _ _ _ _ _ (10)!

I want to eat at the cafeteria today ! The _ _ _ _ (11) there is really good, I like the chips and the

chocolate pudding, too! And I can _ _ _ (12) next to my friends and talk, that's fun.

Ah, _____'s (13) Luke at the door. Now let's run. Mr Swindon is _ _ _ _ _ (14) when

we are _ _ _ _ (15).

1 **shoes** Schuhe

 **Green Line 1 Bayern**
Vorschläge zur Leistungsmessung
ISBN: 978-3-12-803121-7

Textquelle: Dorothea Jakob, Nürnberg
Illustration: Steffen Jähde, David Norman, Simone Pahl

10 Language: The friends from TTS → after Station 1

*Make questions with **have/has got** and complete the sentences with the correct form of **have/has got** (things with ✓) or **haven't/hasn't got** (things with x).*

Olivia

1. _____ skates?
   – Yes, she _____.
2. She _____ a bike too.
3. She _____ a brother.

Holly and Luke

4. _____ animals?
   – Yes, they _____.
5. Luke _____ a dog and Holly
   _____ two guinea pigs.
6. But they _____ a cat.
7. At school, they _____ a new
   friend, Jay.

Dave

8. _____ lots of
   computer games?
   – Yes, he _____.
9. But he _____ a sister.

11 Language: Rules at your school → after Station 2

What are the rules at your school? Use 3–4 positive and 3–4 negative imperative forms.

Example: Be polite! / Don't be rude!

Positive	Negative
_____	_____
_____	_____
_____	_____
_____	_____
_____	_____

Green Line 1 Bayern
Vorschläge zur Leistungsmessung
ISBN: 978-3-12-803121-5

© Ernst Klett Verlag GmbH, Stuttgart 2017 | www.klett.de
Von dieser Druckvorlage ist die Vervielfältigung für den eigenen
Unterrichtsgebrauch gestattet. Die Kopiergebühren sind
abgegolten. Alle Rechte vorbehalten.

Textquelle: Dorothea Jakob, Nürnberg
Illustration: Simone Pahl

12 Language: Don't forget your school things! → after Station 1

Complete the dialogue with the correct forms.

> has • have • hasn't • haven't • has got • hasn't got • 've got • haven't got

Jay: Oh no. Look, I _____ my school bag but I _____ my pencil-case.
_____ you got an idea where it is?

Dave: No, I _____. But wait – maybe Luke _____ it?

Jay: No, he _____ my pencil-case, he _____ only got his own. Dave,
_____ you got a pen and a pencil for me?

Dave: I _____ a pencil, but I _____ a pen. Sorry. _____
Holly got a pen for you?

Jay: No, she _____.

Dave: _____ you got some money, Jay?

Jay: Yes, I _____.

Dave: Then let's go to the shop. The shop _____ lots of pens.

13 Language: In the Art lesson → after Station 2

Use the pictures and words in the box and complete the sentences in the imperative. You need positive and negative forms.

> look at • sit • listen • run • talk • tell me about

1. Lisa, _____ to Tim!

2. _____ to me, everyone!

3. Children, _____ the picture.

4. Now _____ it.

5. _____ in the classroom, Billy!

6. _____ on the table, Mary!

Green Line 1 Bayern
Vorschläge zur Leistungsmessung
ISBN: 978-3-12-803121-7

© Ernst Klett Verlag GmbH, Stuttgart 2017 | www.klett.de
Von dieser Druckvorlage ist die Vervielfältigung für den eigenen
Unterrichtsgebrauch gestattet. Die Kopiergebühren sind
abgegolten. Alle Rechte vorbehalten.

Textquelle: Dorothea Jakob, Nürnberg
Illustration: Simone Pahl

14   Language: At the Elliots' → after Station 2

*Put in **a** or **an** and **s**, **'s** or **s'**.*

1. At 7 in the morning on _____ school day, the Elliot ⌐⌐⌐⌐ are at home. The kid ⌐⌐⌐⌐ school bags are ready for school. There are three book ⌐⌐⌐⌐ in Irina ⌐⌐⌐⌐ bag. One of them is _____ English book. Her school bag is pink, and Luke ⌐⌐⌐⌐ got _____ orange school bag. Now Dave is there with his green bag too. The boy ⌐⌐⌐⌐ school bags are very cool.

2. For homework, Luke must read _____ interview in his English book. It is _____ easy text. But his sister ⌐⌐⌐⌐ homework isn't so easy. She must do _____ Maths exercise and she really hasn't got _____ idea how to start.

3. The Elliot ⌐⌐⌐⌐ garden isn't very big. But there ⌐⌐⌐⌐ _____ old tree with _____ nice tree house in it.

15   Language: New at school → after Station 2

*Susan is new at school and has some questions. Complete the dialogue with **can/can't**, **have/has (got)** or **haven't/hasn't (got)**. Put in **got** where you need it.*

1. Susan: _____ we use the computer room in the break? I _____ find all the information for my project in this book.
Jack: No, we _____, but we _____ time to use it at lunchtime when the teacher is there. She _____ good ideas for the project too.

2. Susan: There are Kate and Tom. They _____ their lunch. _____ they buy food at the school shop?
Jack: No, they _____. The shop _____ food, only school things. You _____ only buy food in the cafeteria.

3. Susan: _____ our school got a recording studio?
Jack: Yes, it _____. But we _____ lessons in the recording studio.

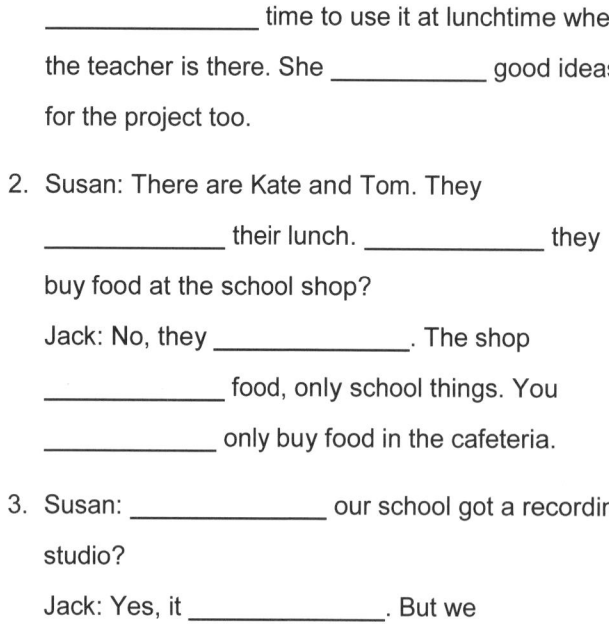

Green Line 1 Bayern
Vorschläge zur Leistungsmessung
ISBN: 978-3-12-803121-5

© Ernst Klett Verlag GmbH, Stuttgart 2017 | www.klett.de
Von dieser Druckvorlage ist die Vervielfältigung für den eigenen
Unterrichtsgebrauch gestattet. Die Kopiergebühren sind
abgegolten. Alle Rechte vorbehalten.

Textquelle: Dorothea Jakob, Nürnberg
Foto: shutterstock (SpeedKingz), New York, NY; Alamy Images (Homer W. Sykes),
Abingdon, Oxon; Picture-Alliance (Ingo Turtenwald), Frankfurt;

16 Writing: A new friend

*You are new in London. There are nice boys and girls in your new sports club. You tell your English school friends about your new friend Kate **or** Tom. Look at the information and write 5–6 sentences about Kate **or** Tom.*

- From: Stratford, London
- Family: Two sisters, dog, cat
- Hobbies: skating, cycling and computers
- Music: saxophone, sing
- Best friend: Liz
- School: old, no recording studio

- From: Greenwich
- Family: only child, eight cousins
- Hobbies: drawing, football
- School: London Road School
- Favourite lesson: Art
- School: new, great computer room

_____

_____

_____

_____

_____

_____

17 Writing: My fantasy school

You are at a new school, and it is really great! Write 5–6 sentences about it: What is/isn't there? What has/hasn't it got? What can/can't you do there?

_____

_____

_____

_____

_____

_____

Green Line 1 Bayern
Vorschläge zur Leistungsmessung
ISBN: 978-3-12-803121-7

© Ernst Klett Verlag GmbH, Stuttgart 2017 | www.klett.de
Von dieser Druckvorlage ist die Vervielfältigung für den eigenen
Unterrichtsgebrauch gestattet. Die Kopiergebühren sind
abgegolten. Alle Rechte vorbehalten.

Textquelle: Dorothea Jakob, Nürnberg
Illustration: Sven Palmowski

18 Mediation: New at TTS

Du bist mit deiner Familie nach England umgezogen und hast dir für den ersten Schultag einen Merkzettel auf Deutsch geschrieben. Vor dem Unterricht formulierst du die wichtigsten Sätze von deiner Liste auf Englisch, damit du gut durch den ersten Schultag kommst. Was sagst du im neuen Klassenzimmer zu deiner Nachbarin/deinem Nachbarn und wonach fragst du?
Schreibe 50–60 Wörter.

- 11 Jahre alt, aus München
- Eltern arbeiten jetzt in London
- noch keine Freunde hier
- brauche etwas Hilfe an der neuen Schule
- Lieblingsfarbe: grün
- gut in Sport, andere Hobbies: Lesen, mit unserem Hund spielen
- Klassenzimmer, wo?
- Name des Englischlehrers? (muss bald mit ihm reden, mein Englisch noch nicht so gut)
- schon am ersten Tag allein in die Cafeteria?
- vielleicht begleitet mich jemand?

_____

_____

_____

_____

_____

_____

_____

19 Mediation: At the recording studio

Sam aus England ist bei dir zu Besuch. Weil er gerne singt, besucht ihr gemeinsam ein Tonstudio. Allerdings kann Sam kein Deutsch. Sam möchte wissen, ob er im Tonstudio Fotos machen darf, was er als Geschenk für seine Eltern mitnehmen kann und ob man dort auch selbst etwas aufnehmen darf.
Erkläre Sam das, was er wissen möchte, auf Englisch.
Schreibe 50–60 Wörter.

Willkommen in unserem Tonstudio! Bitte befolgen Sie unsere Regeln, damit wir alle den Aufenthalt hier genießen können.
- Die schwarze Tür führt Sie direkt ins Studio. Bitte versuchen Sie drinnen, sich so leise wie möglich zu verhalten und unterhalten Sie sich nicht mit Ihren Freunden oder anderen Begleitern.
- Bitte auch keine Fotos! Das stört die Menschen hier bei der Arbeit.
- Schauen Sie sich gerne überall um. Wir bitten allerdings um Verständnis, dass Sie die Aufnahmegeräte nicht selbst ausprobieren können.
- Da wir mit den Popstars und ihren Liedern immer sehr beschäftigt sind, können wir leider keine privaten Aufnahmen von Ihnen und Ihren Lieblingsliedern machen.
Und das gibt es in unserem Laden nebenan: Fotos von unserem Studio, DVDs von der Arbeit hier und CDs mit den Aufnahmen der Popstars.

_____

_____

_____

_____

Green Line 1 Bayern
Vorschläge zur Leistungsmessung
ISBN: 978-3-12-803121-5

© Ernst Klett Verlag GmbH, Stuttgart 2017 | www.klett.de
Von dieser Druckvorlage ist die Vervielfältigung für den eigenen Unterrichtsgebrauch gestattet. Die Kopiergebühren sind abgegolten. Alle Rechte vorbehalten.

Textquelle: Dorothea Jakob, Nürnberg
Foto: February Films (Andrew Kemp), London

Unit 3 I like my busy days

1 Reading: Who's lucky?

Who's lucky in a typical school day – Katie or her brother Tim? Read Katie's e-mail to Sienna.

Hi Sienna, I get up at half past seven, have breakfast and walk to school. I often meet a friend. We talk and look at a shop or two, and we sometimes forget the time! Then we run, but we're sometimes late for school! It starts at quarter to nine. Tim gets up at eight o'clock but he's always early for school. It's because he's lucky. I have lunch in the school cafeteria. Lunch is from quarter past twelve to quarter to one. The food is awful, but my friends are nice. Tim practises the saxophone then, so he never goes to the cafeteria. He brings his lunch. He's lucky. School ends at quarter past three. Then we go home or I often go to swimming club. We usually eat dinner together at six o'clock. After dinner we do our homework. I go to bed at eight o'clock, so I can't usually watch TV in the evening. Tim has often got lots of homework, but he goes to bed at nine o'clock, so he can watch TV. Tim is so lucky! But I'm lucky too because I've got a cool brother!
Bye, Katie

a) *Complete the sentences.*

1. Katie sometimes forgets the time because she and her friend _____

_____

2. Katie never goes to the school cafeteria because _____

but because _____

3. Tim never goes to the school cafeteria because _____

_____

4. Katie usually can't watch TV in the evening because _____

b) *Read the text and the sentences below. Write the numbers of the sentences next to the times in Tim and Katie's day. Four times are not correct.*

1. She gets up.   2. The lunch break ends.   3. She goes to bed.   4. School starts.

5. The lunch break starts.   6. School ends.   7. He gets up.   8. He goes to bed.

___ 7:30 a.m.   ___ 8:00 a.m.   ___ 8:30 a.m.   ___ 8:45 a.m.   ___ 9:00 a.m.   ___ 12:15 p.m.

___ 12:45 p.m.   ___ 1:15 p.m.   ___ 3:15 p.m.   ___ 3:30 p.m.   ___ 8:00 p.m.   ___ 9:00 p.m.

c) *Tick (✓) the correct answers. One, two or three answers can be correct.*

1. Tim is lucky because …

☐ a) he's always early for school.
☐ b) he can watch TV in the evening.
☐ c) he goes to swimming club.
☐ d) he brings his lunch.

2. Katie is lucky because …

☐ a) she gets up early.
☐ b) she's always late for school.
☐ c) she has got a cool brother.
☐ d) he likes the food at school.

2   Reading: A new pet?

One Sunday morning Olivia goes to Greenwich Park on her bike. She stops next to the lake and watches the boats. Then she hears a noise. 'What's that?' she thinks. She looks around and then she sees a cat in a tree. It's scared. Olivia talks to it and after some time the cat comes to Olivia. It's friendly and it likes her. At 12 o'clock Olivia wants to go home but the cat wants to go with her. It runs after her out of the park. Olivia takes the cat with her. "You can live with me and be my pet!" she says.

The next morning Olivia takes food to the cat in her room, but then her dad comes in and finds them. He isn't happy. This can't be the cat's home.

They take the cat to the vet. The vet says, "I know this cat!" Olivia isn't happy. The vet speaks to a person on the phone.

A few minutes later a girl and her mum come to the vet. "I'm so happy that I've got you again, Shelly!" says the girl and she runs to the cat. When Olivia sees this, she's happy again too.

"Thank you, Olivia! You can come to our house and see Shelly," says the girl.

a) *Read the text and tick (✓) the correct answer(s). One or two answer(s) can be correct.*

1. On Sunday morning Olivia …

   ☐ a) goes to Greenwich Park.
   ☐ b) uses her bike.
   ☐ c) goes to a friend's house.

2. Olivia is now …

   ☐ a) next to the lake.
   ☐ b) in a tree.
   ☐ c) in a boat.

3. After some time Olivia …

   ☐ a) hears something.
   ☐ b) sees a cat in a boat.
   ☐ c) sees a cat in a tree.

4. When Olivia sees the cat she …

   ☐ a) calls her Dad.
   ☐ b) talks to it.
   ☐ c) gives it food.

5. When Olivia goes home …

   ☐ a) the cat goes with her.
   ☐ b) the cat runs away.
   ☐ c) the cat is scared.

6. When her dad finds the cat …

   ☐ a) he's scared of it.
   ☐ b) he isn't happy.
   ☐ c) they take it to the vet.

7. The vet …

   ☐ a) knows what to do.
   ☐ b) talks to the cat's family.
   ☐ c) gives the cat food.

8. Olivia is happy because the girl …

   ☐ a) asks Olivia to take Shelly home.
   ☐ b) says Olivia can get another cat.
   ☐ c) is happy she's got Shelly again.

b) *Write the correct order in the pictures (1, 2 and 3). One picture isn't correct.*

A   ☐   B   ☐   C   ☐   D   ☐

Green Line 3
Vorschläge zur Leistungsmessung
ISBN: 978-3-12-834234-4

© Ernst Klett Verlag GmbH, Stuttgart 2016 | www.klett.de
Von dieser Druckvorlage ist die Vervielfältigung für den eigenen
Unterrichtsgebrauch gestattet. Die Kopiergebühren sind
abgegolten. Alle Rechte vorbehalten.

Textquelle: Michael Faselt, Bamberg
Illustration: Simone Pahl

3 Listening: Jay's day

a) *Listen to the dialogues and match them to the pictures. Write the times under the pictures.*

A	B	C	D

Dialogue: _ Time: ____   Dialogue: _ Time: ____   Dialogue: _ Time: ____   Dialogue: _ Time: ____

b) *Tick (✓) the correct answers. There's one answer in every dialogue.*

1. In dialogue 1 Jay thinks he's in … ☐ a) school. ☐ b) a TV studio. ☐ c) the bath.
2. What day is it? ☐ a) Tuesday. ☐ b) Thursday. ☐ c) Friday.
3. When can they eat? In … ☐ a) 30 minutes. ☐ b) 15 minutes. ☐ c) 13 minutes.
4. On Fridays Jay goes to bed at … ☐ a) 9:00 a.m. ☐ b) 8:15 p.m. ☐ c) 9:00 p.m.

c) *Listen to dialogues 1 and 2 and write the answers in one to three words.*

1 1. Where is Jay? _____

   2. Jay needs to _____

2 1. Where is Shahid usually on Thursdays? _____

   2. On Fridays, Shahid comes home at _____

d) *Listen to dialogues 3 and 4 and put in the missing words.*

3 It is six o'clock. Jay and his mother are in the _____ (1).

Mrs Azad: Jay, if you help me, we can eat in _____ (2) minutes.

Jay: Sorry, Mum, I _____ (3) help you. I need to do my homework.

Mrs Azad: OK, Jay, do your homework. We can eat in _____ (4) an hour.

4 Mrs Azad: Can you tidy your room, Jay?

Jay: Sorry, Mum, I can't, because I'm _____ (5).

Mrs Azad: Well, then go to bed.

Jay: Oh no, Mum, you _____ (6) I go to bed at _____ (7)

   on _____ (8), and it's only _____ (9) now.

Mrs Azad: Jay, tidy your room or go to bed.

Green Line 1 Bayern
Vorschläge zur Leistungsmessung
ISBN: 978-3-12-803121-5

© Ernst Klett Verlag GmbH, Stuttgart 2017 | www.klett.de
Von dieser Druckvorlage ist die Vervielfältigung für den eigenen
Unterrichtsgebrauch gestattet. Die Kopiergebühren sind
abgegolten. Alle Rechte vorbehalten.

Textquelle: Michael Faselt, Bamberg
Illustration: Simone Pahl

4   Listening: Homework is fun!

a) *Listen to the text and tick (✓) the correct answer. Are the statements true or false?*

	true	false
1. Jay calls his mum at quarter to three.		
2. Jay is at home.		
3. Jay can do his homework at Luke's house.		
4. Luke and Jay can't take Sherlock to the park because they've got lots of homework.		
5. Irina always goes swimming on Tuesdays.		
6. Irina goes swimming at 5 p.m.		
7. Jamie takes Sherlock to the park.		
8. Jamie and Sherlock can play football with Jamie's friends.		
9. Luke and Jay aren't happy.		
10. Luke and Jay do their English homework on the computer.		

b) *Correct the false sentences (2–4 words).*

_____

_____

_____

_____

_____

c) *Listen to the text and put in the missing words.*

Jay calls his mum on the phone. He wants to go to Luke's house. His mum says,

"OK, then. But come home at _____ (1) so we can _____ (2)."

At Luke's house Luke and Jay first go to the _____ _____ (3).

Luke's dad asks, "Can you and Jay take Sherlock to the park?"

Jay and Luke can't do this, but Jamie _____ (4).

Jamie goes outside with Sherlock _____ (5) he wants to play football with his friends.

Jamie's father says: "Jamie, be home at _____ (6)."

Jay and Luke are happy because their _____ (7) is a project on computer _____ (8).

They want to find out what is good _____ (9) them and what isn't. The two boys

_____ (10) their English homework.

Green Line 3
Vorschläge zur Leistungsmessung
ISBN: 978-3-12-834234-4

© Ernst Klett Verlag GmbH, Stuttgart 2016 | www.klett.de
Von dieser Druckvorlage ist die Vervielfältigung für den eigenen
Unterrichtsgebrauch gestattet. Die Kopiergebühren sind
abgegolten. Alle Rechte vorbehalten.

Textquelle: Michael Faselt, Bamberg

5 Vocabulary: What time is it and where's Jay? → after Check-in

Write the times on the clocks in words and complete the text. There's one example.

In the morning	In the afternoon
1. It's _____ Jay's in _____	5. It's _____ Jay's in the Art _____
2. It's ten to eight. _____ It's time for breakfast. _____	6. It's _____ It's time for _____
3. It's _____ Jay's in a Maths _____	7. It's _____ Jay's mum: "Time for bed, Jay!
4. It's _____ It's time for _____	8. It's _____ Jay's in bed again.

6 Vocabulary: Steve's Sundays → after Check-in

*This is Steve's day. Complete every sentence with a part from **Group one** and a part from **Group two**. Write the correct parts under **Answers**.*

Steve: …	Group one	Group two	Answers
1. I get …	a) breakfast	i) at 10 a.m.	1. d) + n)
2. I eat …	b) TV	j) at 9 a.m.	2. _____
3. I tidy …	c) friends	k) at 9 p.m.	3. _____
4. I sit …	d) up	l) in the park at 3 p.m.	4. _____
5. I meet …	e) home	m) and have lunch at 1:30 p.m.	5. _____
6. I come …	f) down	n) at 8 a.m.	6. _____
7. I watch …	g) my room	o) at 7:15 p.m.	7. _____
8. I go …	h) to bed	p) for dinner at 6 o'clock.	8. _____

7 Vocabulary: Two different brothers → after Station 1

Ken and Larry are brothers, but they are very different. Complete the text and use the opposites of the underlined words.

Ken: "I'm a small boy, but Larry is _____ (1). I love old books, but Larry's favourite

books are _____ (2). I'm a great football player, but Larry is an _____

(3) football player. I'm very polite, but Larry is very _____ (4). I'm never late for

school, but Larry is _____ (5) late for school. I do my homework before dinner, but

not Larry! He's always busy with his homework _____ (6) dinner."

Green Line 1 Bayern
Vorschläge zur Leistungsmessung
ISBN: 978-3-12-803121-5

© Ernst Klett Verlag GmbH, Stuttgart 2017 | www.klett.de
Von dieser Druckvorlage ist die Vervielfältigung für den eigenen
Unterrichtsgebrauch gestattet. Die Kopiergebühren sind
abgegolten. Alle Rechte vorbehalten.

Textquelle: Michael Faselt, Bamberg

8 Vocabulary: The Winslows' busy days → after Station 1

Use words from the box to complete the text. There are four extra words.

> because • breakfast • dinner • dog • every • green • lunch • basketball • only • other • saxophone • then • tidy • tired • usually • where • work

Adam and Oscar's father, Mr Winslow, has got a café in Greenwich _____ (1) people can have _____ (2) and _____ (3). People can go there in the afternoon too, but they can't eat there in the evening. Mr Winslow gets up at six _____ (4) day. He is always very _____ (5) at that time. He starts _____ (6) at seven.

Ken and Larry can't help their dad _____ (7) they are very busy. They go to school, and after school they do their homework, go to school clubs, play _____ (8) and _____ (9) games or help their mother to _____ (10) the house.

In the evening the family _____ (11) have _____ (12), _____ (13) they watch TV.

9 Vocabulary: Help! → after Station 2

This is what Ann Logan writes on the internet. Complete the text and use the correct verb forms.

Hello, My name is Ann Logan, and I'm a young teacher. I live in the l_____ (1) of my granny's _____ (2) in Greenwich. I like it because it's nice and big and it's in a q_____ (3) street, and I love my job.

But I have got a big p_____ (4).

Every morning when I walk to school, my n_____ (5) sees me and always comes outside and talks. She _____ (6) on my nerves!

She a_____ (7) me about school and my family and lots of other things. She _____ (8) chats about my dog!

I'm not always very nice to her because I'm usually dog-_____ (9) (my dog often sn_____ (10) under my bed at night and I can't sleep)!

And I'm usually late for school! I know it's bad not to be f_____ (11), and I don't want to be rude. _____ (12) can't she stop this?

What can I do in this s_____ (13)?

Klett

Green Line 3
Vorschläge zur Leistungsmessung
ISBN: 978-3-12-834234-4

© Ernst Klett Verlag GmbH, Stuttgart 2016 | www.klett.de
Von dieser Druckvorlage ist die Vervielfältigung für den eigenen
Unterrichtsgebrauch gestattet. Die Kopiergebühren sind
abgegolten. Alle Rechte vorbehalten.

Textquelle: Michael Faselt, Bamberg
Foto: iStockphoto (StockLib), Calgary, Alberta

10 Language: Our week → after Station 1

Dana talks about her and her friends Adam and Oscar's weekdays. Choose words from the box and write six sentences for Dana in the correct order. Use all of the words and the correct verb forms.

> always ● sometimes ● usually ● often ● in the evenings ● after school
> on Tuesdays ● on Wednesdays ● on Thursday afternoons ● on Fridays ● on Saturdays
> be ● come ● have got ● go ● practise ● play
> saxophone ● Cooking Club ● park ● school ● netball ● my house

1. _____

_____

2. _____

_____

3. _____

_____

4. _____

_____

5. _____

_____

6. _____

_____

11 Language: David's e-mail → after Station 2

David writes to his English friend Dana about his family and friends. There is something wrong with the underlined words. Write down the correct words on the right.

Hello. My name is David. I'm from Munich.

My family and I live in <u>a</u> (1) own house. My father is a

teacher, and my mother is a vet. She <u>works often</u> (2)

<u>at</u> (3) Saturdays. I go to a very good school. Lessons

start at eight, so I get up at quarter <u>before</u> (4) seven

every morning. My best friend Mika and I go to the same

school, but <u>we're not</u> (5) in the same class.

We always go <u>with the</u> (6) bike. At our school <u>it gives</u> (7)

a recording studio and a cafeteria. We always go <u>at one</u>

<u>o'clock to the cafeteria</u> (8). My mum and my dad are

great, but my little brother isn't. He often <u>goes</u> (9) on my

nerves because he plays tricks <u>at</u> (10) me. He's jealous

<u>on</u> (11) me because I can watch TV after dinner.

1. _____

2. _____

3. _____

4. _____

5. _____

6. _____

7. _____

8. _____

_____

9. _____

10. _____

11. _____

Green Line 1 Bayern
Vorschläge zur Leistungsmessung
ISBN: 978-3-12-803121-5

© Ernst Klett Verlag GmbH, Stuttgart 2017 | www.klett.de
Von dieser Druckvorlage ist die Vervielfältigung für den eigenen
Unterrichtsgebrauch gestattet. Die Kopiergebühren sind
abgegolten. Alle Rechte vorbehalten.

Textquelle: Michael Faselt, Bamberg

12 Language: My family → after Station 2

Complete the text. You can use some words again. There are two extra words.

> bring • chat • come • eat • get up • go • interesting • love • sleep • stop • think • watch

I love Saturdays! On Saturdays we _____ (1) at about nine o'clock and then we

_____ (2) breakfast. Our cat usually _____ (3) home before breakfast

and she sometimes _____ (4) a mouse too! She _____ (5) the mouse and we

_____ (6) toast. So we're all happy. Our cat _____ (7) to bed after breakfast.

She _____ (8) all day.

We never _____ (9) all day. We do a lot of _____ (10) things. We are all

into sports. My dad _____ (11) swimming, and my sisters _____ (12)

netball. And me? I think football is great! I _____ (13) it on TV every Saturday

afternoon. My father usually _____ (14) football with me. That's always great fun.

My sisters _____ (15) that football is boring. They _____ (16) films about

animals on TV or they _____ (17) to the cinema.

13 Language: Tiger, the cat → after Story

Complete the text. Be careful: Remember which is which: there, their and they're!

"Hello, my name is Tiger and I'm a cat. I live with the Millers in _____ (1) big house in

Grove Street. I'm black, only my f_____ (2) and t_____ (3) are black and

white. I like the Millers very much because they always look _____ (4)

_____ (5) pet. _____ (6) really good to me!

_____ (7) the mornings, my people are a _____ (8) very

b_____ (9). They get up, have _____ (10) and _____ (11)

they go _____ (12) work. The Millers have got a shop w_____ (13) people

can buy school things: books, exercise books, p_____ (14), p _____ (15),

r_____ (16) and r_____ (17). People can get d_____ (18)

and sweets _____ (19) too.

When the Millers are at work I sleep on my favourite c_____ (20) in the living room or in

the garden. S _____ (21) Rascal, the Millers' neighbours' dog, comes to our house.

I'm not scared _____ (22) Rascal because he's f_____ (23) and

n_____ (24) barks at cats. Then we go into the garden and play some great games."

Klett

Green Line 3
Vorschläge zur Leistungsmessung
ISBN: 978-3-12-834234-4

© Ernst Klett Verlag GmbH, Stuttgart 2016 | www.klett.de
Von dieser Druckvorlage ist die Vervielfältigung für den eigenen
Unterrichtsgebrauch gestattet. Die Kopiergebühren sind
abgegolten. Alle Rechte vorbehalten.

Textquelle: Michael Faselt, Bamberg

14 Writing: Jay's Saturdays

Look at the pictures and write about Jay's Saturdays. Sometimes Jay is with Luke or his brother and/or his uncle. Write eight sentences and use the following words.

> sometimes ● often ● usually ● afternoon ● evening ● restaurant ● food ● nice

Start like this:

On Saturdays Jay _____

_____

_____

_____

_____

_____

_____

15 Writing: Your Sunday

Write an e-mail to your friend. Tell him/her about your Sunday. Tell what you do, when you do these things and why you like some of these things or not. Write 50–60 words.

_____

_____

_____

_____

_____

_____

_____

Green Line 1 Bayern
Vorschläge zur Leistungsmessung
ISBN: 978-3-12-803121-5

© Ernst Klett Verlag GmbH, Stuttgart 2017 | www.klett.de
Von dieser Druckvorlage ist die Vervielfältigung für den eigenen
Unterrichtsgebrauch gestattet. Die Kopiergebühren sind
abgegolten. Alle Rechte vorbehalten.

Textquelle: Michael Faselt, Bamberg
Illustration: Simone Pahl

33

16   Mediation: David's homework

Dein englischer Freund David soll als Deutschhausaufgabe die Homepage einer deutschen Schule lesen. Er schickt dir den Text und seine Fragen dazu per E-Mail. Antworte ihm auf Englisch.

This text isn't easy for me! Can they only use computers in lessons? Can they buy food at the school? Do they really have two or three sports lessons every day? Please help me! Love, David

_____
_____
_____
_____
_____
_____
_____
_____

Donautal Gymnasium

Der Unterricht fängt jeden Tag um 8 Uhr an. Unsere Schule ist neu und wir haben neue Computer in unseren zwei Computerräumen. Es gibt drei verschiedene Computer-AGs in unserer Schule und diese Schüler können die Computer auch benutzen. Es gibt auch eine Foto-AG und zwei Theater-AGs. Die Schule verfügt über eine Kantine. Dort können unsere Schüler jeden Tag in der Zeit von 11:30 bis 13:00 Uhr Mittagessen kaufen. Sport ist an unserer Schule sehr beliebt. Die Schüler haben jede Woche immer zwei und manchmal auch drei Stunden Sport. Es gibt zwei große Sporthallen direkt neben der Schule.

17   Mediation: A school day in Germany

Deine englische Freundin soll im Unterricht vom Alltag eines deutschen Schülers oder einer deutschen Schülerin berichten. Sie findet einen Bericht im Internet, kennt aber viele Wörter nicht. Hilf ihr und schreibe auf Englisch, was Lara täglich macht und was sie montags und freitags tut.

Hallo, ich bin Lara. Meine Schule ist die Otto-Fritz-Schule in Murnau. Die ist echt cool. Alle meine Freunde gehen dorthin. Um halb sieben ist die Nacht zu Ende. Ich stehe auf und ab geht's ins Bad. Dann gibt's Frühstück, und danach radle ich in die Schule, denn um 8 Uhr geht der Unterricht los. Der dauert normalerweise bis 13 Uhr. Was ich am Nachmittag mache? Natürlich meine Hausaufgaben. Zum Glück ist das aber nicht alles, was ich tue. Wenn ich fertig bin, treffe ich oft Freunde. Allerdings nie montags. Da habe ich um Viertel nach drei Saxofonunterricht. Darauf freue ich mich immer sehr, denn das Saxofon ist ein fantastisches Instrument und meine Lehrerin ist wirklich klasse. Mein Vater ist Tierarzt. Ich finde, das ist ein toller Beruf, weil man da Tieren helfen kann. Am Freitagnachmittag gehe ich in die Praxis meines Vaters und helfe ihm dort. Später möchte ich auch mal Tierarzt werden.

Her name is Lara. She goes to _____

_____

_____

_____

_____

Green Line 3
Vorschläge zur Leistungsmessung
ISBN: 978-3-12-834234-4

© Ernst Klett Verlag GmbH, Stuttgart 2016 | www.klett.de
Von dieser Druckvorlage ist die Vervielfältigung für den eigenen
Unterrichtsgebrauch gestattet. Die Kopiergebühren sind
abgegolten. Alle Rechte vorbehalten.

Textquelle: Michael Faselt, Bamberg

Unit 4 Let's do something fun

1   Reading: Places to visit in and around Greenwich

Welcome to Westfield
Westfield is not just a shopping centre – it's a small town. There are over 300 shops here, 70 cafés and restaurants and a cinema. At the cinema you can watch lots of great films. At the weekend come to Westfield and listen to some music.
Hours*: Monday to Saturday from 10 a.m. to 10 p.m.; Sunday: from 12 noon** to 6 p.m.
How to find us: We're in the centre of Stratford and you can get here by bus, train, car and DLR.
* **hours** Öffnungszeiten | ** **noon** Mittag

The National Maritime Museum
At the National Maritime Museum you can find out all you want to know about Britain's ships - new and old. You can also be the captain of a ship on our modern computers. You can also hear the old stories about many famous sailors. And are they true? Well come on a Saturday, meet a sailor and ask him or her. This is theatre just for you.
Hours: Friday to Wednesday: 10 a.m. to 5 p.m.
Thursday: 10 a.m. to 8 p.m.
How to find us: We're near the River Thames in Greenwich and you can get here by boat, train, bus or DLR (Cutty Sark Station).
Cost: The museum is free for everyone.

a) *Read the texts and tick (✓) the correct answer. One or two answer(s) can be correct.*

	Westfield	Maritime Museum
1. This is open every day.		
2. This is in Greenwich.		
3. You can watch lots of great films here.		
4. You can hear stories here.		
5. You can come here on Sunday morning.		
6. You can get here by bus, train and boat.		

b) *Complete the text..*

The National Maritime Museum is open until _____ (1) on Tuesdays.

Westfield is open until _____ (2) on Wednesdays. On Saturdays there's

_____ (3) at Westfield, or you can _____ (4) at

the cinema. But in the Maritime Museum there are great things to do on Saturdays too: You can

_____ (5) there and ask if the stories about sailors are _____ (6).

c) *Write **two other things** to do at Westfield and **two other things** to do at the Maritime Museum.*

Westfield: _____

Maritime Museum: _____

_____

Green Line 1 Bayern
Vorschläge zur Leistungsmessung
ISBN: 978-3-12-803121-5

© Ernst Klett Verlag GmbH, Stuttgart 2017 | www.klett.de
Von dieser Druckvorlage ist die Vervielfältigung für den eigenen
Unterrichtsgebrauch gestattet. Die Kopiergebühren sind
abgegolten. Alle Rechte vorbehalten.

Textquelle: Michael Faselt, Bamberg

2   Reading: The Greenwich survey

It's Saturday, and the children need to do a survey. Holly and Olivia are in the park at 10 a.m.:

"Hello. Can we ask you some questions for a survey for school, please?" Holly asks a woman, but she can't speak English. Other people don't have time to talk to them. At last a nice woman answers their questions. "Do you live in Greenwich?" asks Olivia.

"No, she says. I'm from Brighton."

"And do you like the park?" asks Holly.

"Oh yes. It's very nice and the museum is interesting."

Then they interview a boy. He lives in Greenwich and often meets his friends here.

Now it's 1 p.m. "This isn't easy!" says Olivia. "We've only got two answers!" They want to eat lunch and so they go to a café. There they see Dave, Luke and Jay, but the boys don't see them.

"OK, what's your favourite place in Greenwich?" asks Luke.

"Oh, I like the river and the museums," answers Dave in a funny voice.

"And do you live here?" asks Jay.

"No, I'm from Germany," says Dave, and then the boys see the girls. The boys say "Oh no!"

"Look," says Olivia to Holly, "this is the easy way to do a survey!"

a) *Read the text and tick (✓) the correct answer.*

	true	false
1. Olivia and the other children need to do a survey for school at the weekend.		
2. Olivia and Holly are in the park on Saturday.		
3. Olivia and Holly interview only tourists about Greenwich.		
4. The girls talk to a German woman and a boy from Greenwich.		
5. The boy from Greenwich often meets his friends in the café.		
6. The boys don't ask visitors their questions.		

b) *Correct the false sentences (4–5 words).*

_____

_____

_____

_____

c) *Complete the text with the correct information.*

Some people do not answer Olivia and Holly's questions because _____

_____ (1) or _____ (2).

After _____ (3) hours the girls _____ (4)

because they _____ (5) there.

There they see Dave, Luke and Jay. When the boys _____ (6) they

are not very _____ (7) and say: "Oh no."

Green Line 3
Vorschläge zur Leistungsmessung
ISBN: 978-3-12-834234-4

© Ernst Klett Verlag GmbH, Stuttgart 2016 | www.klett.de
Von dieser Druckvorlage ist die Vervielfältigung für den eigenen
Unterrichtsgebrauch gestattet. Die Kopiergebühren sind
abgegolten. Alle Rechte vorbehalten.

Textquelle: Michael Faselt, Bamberg

3 Listening: Let's go! But where?

Olivia, Dave, Luke, Holly and Jay are in Whitepool. Where do they want to go?

a) *Listen. What do they say about these places? Complete the white boxes of the table.*

Place	What can you do there?	What does it cost?	When is it open?
Whitepool Museum	1. _____ _____ _____	2. _____ _____ _____	
leisure centre	3. _____ _____ _____		4. _____ _____ _____
the farm	5. _____ _____ _____	6. _____ _____ _____	

b) *Tick (✓) the correct answers. One or two answers can be correct.*

1. Dave doesn't want to go to the leisure centre because …

☐ a) he wants to go to the café.
☐ b) it costs too much.
☐ c) he doesn't like sport.
☐ d) he wants to go to the museum.

2. Olivia doesn't want to go to the shops because …

☐ a) Whitepool Museum is free.
☐ b) she wants to play computer games.
☐ c) she hasn't got much money.
☐ d) she wants to go to the leisure centre.

c) *Complete the text.*

Olivia thinks that the brochures[1] from the _____ (1) _____ (2)

are _____ (3) and they can help the children to find out what they can do.

Dave wants to go to the _____ (4) because there they can

_____ (5).

It opens at _____ (6). Holly doesn't like this idea. She wants to _____

_____ (7) in the _____ (8).

But in the end the children go to the _____ (9).

---

1 brochure Broschüre

 **Klett**

Green Line 1 Bayern
Vorschläge zur Leistungsmessung
ISBN: 978-3-12-803121-5

© Ernst Klett Verlag GmbH, Stuttgart 2017 | www.klett.de
Von dieser Druckvorlage ist die Vervielfältigung für den eigenen
Unterrichtsgebrauch gestattet. Die Kopiergebühren sind
abgegolten. Alle Rechte vorbehalten.

Textquelle: Michael Faselt, Bamberg

4   Listening: Can I help you?

⊙ **a)** *Listen to dialogue 1 and answer the following questions. You don't need to write complete sentences.*

1. Is Mudchute Farm open on Saturdays? _____

2. When does Mudchute Farm open and close at the weekend? _____

   _____

3. Why is Mudchute Farm a good place for little children? _____

   _____

4. When does the restaurant of Mudchute Farm close on Sundays? _____

5. How can people get to Mudchute Farm? _____

b) *True or false? Listen to dialogue 2 and tick (✓) the correct answer.*

	true	false
1. The woman is alone in London.		
2. The woman doesn't like museums.		
3. A ride on the London Eye is half an hour.		
4. People can start a boat trip near the London Eye.		
5. The woman thinks the ideas from the Tourist Information Centre are bad.		

c) *Listen to dialogues 1 and 2 again and complete the two texts with words from the dialogues.*

1   The man wants to visit Mudchute Farm with his _____ (1) little

_____ (2) at the _____ (3). The woman says that Pets Corner

closes at _____ (4) every day. Mudchute Farm has got a _____ (5) too.

Its name is Mudchute _____ (6). People can't go there on _____ (7)

because it doesn't open then.

2   The woman is in London for _____ (1) and wants to do something

_____ (2). The man from the Tourist Information Centre says that the London

Eye is a _____ _____ (3) to see a lot of London. The woman asks if there are

_____ (4) but the man says people _____ (5) to wait if they

_____ (6) for the London Eye on the internet.

Klett

Green Line 3
Vorschläge zur Leistungsmessung
ISBN: 978-3-12-834234-4

© Ernst Klett Verlag GmbH, Stuttgart 2016 | www.klett.de
Von dieser Druckvorlage ist die Vervielfältigung für den eigenen
Unterrichtsgebrauch gestattet. Die Kopiergebühren sind
abgegolten. Alle Rechte vorbehalten.

Textquelle: Michael Faselt, Bamberg

5 Viewing: A look at Greenwich

a) *Watch the film. Which of these things do they show in the film? Tick (✓) them.*

☐ 1. Royal Naval College

☐ 2. Science Museum

☐ 3. Greenwich Market

☐ 4. Greenwich Foot Tunnel

☐ 5. O2 Arena

☐ 6. Arches Leisure Centre

☐ 7. The Royal Observatory

☐ 8. Greenwich Park

b) *Watch the film again. True or false? Tick (✓) the correct answer.*

	true	false
1. The Cutty Sark is near the centre of Greenwich.		
2. You can't look at the Cutty Sark from below.		
3. You can listen to concerts at the O2 Arena.		
4. Mudchute Farm is across the Thames in Greenwich Park.		

c) *What animals **haven't** they got at Mudchute Farm? Tick (✓) the correct answer.*

☐ 1. pigs   ☐ 2. guinea pigs   ☐ 3. horses   ☐ 4. cows   ☐ 5. cats

d) *Answer these questions.*

1. How old is the Cutty Sark?

_____

2. What time is it in Germany when it is 3:15 p.m. in Greenwich?

_____

e) *Which text describes which place? Put in the correct letters.*   1. ____ 2. ____ 3. ____ 4. ____

1. Stars play here. You can go and watch them.

2. This is next to the Cutty Sark and you can walk through it and under the Thames.

3. You can visit this place and buy lots of different things.

4. This building is in Greenwich Park. Greenwich Mean Time starts here.

a) Cutty Sark

b) Greenwich Market

c) Arches Leisure Centre

d) Royal Observatory

e) O2 Arena

f) Greenwich Foot Tunnel

6   Vocabulary: What can we do? → after Station 1

Complete the dialogue. The first letters can help you.

Lilly: Let's do something s_____ (1) together!

Mike: That's a good idea. What a_____ (2) football in the park?

Lilly: Oh no! That isn't e_____ (3), it's b_____ (4). Let's go to the f_____ (5).

Mike: But I'm not really i_____ (6) animals. Hey, we can go to the car m_____ (7)!
There are lots of great old cars!

Lilly: Oh, that isn't interesting and it c_____ (8) too much money.

Mike: Hmmm. Then let's go to the l_____ (9) centre. The water s_____ (10) are fun!

Lilly: Good idea! What t_____ (11) can you go?

Mike: E_____ (12) questions! Let's go now!

Lilly: F_____ (13)! Let's go!

7   Vocabulary: At the Millers' → after Station 2

The Dachsensteiners from Munich have got friends in Cheshunt near London. The Millers are teachers. Paula Dachsensteiner is twelve. She is in Cheshunt at the Millers' now. When she talks to the Millers, she doesn't understand all the words, and the Millers need to explain them to her. Sometimes the Millers correct Paula, because they want to help her to be good at English. Complete the dialogue.

Mrs M: I can't find my timetable.
Paula: A timetable? What's that?

Mrs M: A timetable _____ (1)
Paula: OK. I can see it. It's over there, on the chair.
Mrs M: Thank you, Paula.
Paula: Please.

Mrs M: You can't say "please", Paula, When I say "thank you", you need to answer

_____ (2).
Paula: Good to know. What can we do at the weekend?
Mrs M: We can go swimming at our leisure centre.
Paula: I like swimming, but I don't like leisure centres. There are always so many persons there.

Mrs M: We don't say "persons" in English, we usually say _____ (3).
Paula: Thanks, Mrs Miller. Can't we go to the little sea near Cheshunt?

Mrs M: "Sea" is the wrong word. There's the North Sea, but what you want to say is _____ (4).
Mr M: I think I have got a good idea. We can go to London at the weekend. There are lots of sights.
Paula: Sights? What's that?

Mr M: A sight is _____ (5)
Paula: London is a great idea.
Mrs M: And we can have dinner at Jamie Oliver's new restaurant. He's very famous.
Paula: I don't know the word "famous".

Mrs M: A person is famous if _____ (6)

Green Line 3
Vorschläge zur Leistungsmessung
ISBN: 978-3-12-834234-4
Textquelle: Michael Faselt, Bamberg

8 Vocabulary: Wales → after Story

Complete the text.

Many tourists like Wales. It has got nice small v _ _ _ _ _ _ _ (1) and 600 c _ _ _ _ _ _ (2).
There are lots of farms in Wales too, with lots and lots of animals: s _ _ _ _ (3), h _ _ _ _ _ (4),
cows, p _ _ _ (5) and chickens. Cardiff is the c _ _ _ _ _ _ (6) city of Wales.
There are a few i _ _ _ _ _ _ _ _ _ _ (7) museums in Cardiff. In one museum people can see the
pictures of old ships and of famous captains. There are w _ _ _ _ _ (8), l _ _ _ _ _ _ _ _ _ (9) and
l _ _ _ _ _ _ _ (10) from old ships in the museum too. At the weekend old s _ _ _ _ _ _ (11) tell
the visitors e _ _ _ _ _ _ _ (12) stories about d _ _ _ _ _ _ _ _ (13) storms, big w _ _ _ _ (14) and
the b _ _ _ _ (15) men aboard.

9 Language: An interview → after Station 1

*Complete the dialogue. Use questions with **do/does** and short answers.*

Charlie: Hello, Maria. Today I want to ask where you live and what you do.

_____ (1) in the city?

Maria: No, I don't. I live on a farm.

Charlie: _____ (2) you and your family _____ (3) animals?

Maria: Yes, _____ (4). _____ (5) lots of cows and sheep on

the farm and my little sister _____ (6) a rabbit.

We _____ (7) like cats, so we _____ (8) cats, but we

_____ (9) three dogs.

Charlie: Do _____ (10) you with your work?

Maria: Yes, _____ (11).

Charlie: And where _____ (12)?

Maria: Slick and Slack live in the house with us, but Wag, the sheepdog, _____ (13) want

to sleep in the house. He _____ (14) in his own house outside.

Charlie: Do you often _____ (15) your parents?

Maria: Yes, _____ (16). My mum _____ (17) a lot on the farm, so

she _____ (18) help in the house.

Charlie: What _____ (19)?

Maria: I tidy the house, but I _____ (20) my sister's room. That's her job.

Charlie: _____ (21) your sister help your parents too?

Maria: No, _____ (22). She _____ (23) to work

because she _____ (24) her free time.

 Klett

Green Line 1 Bayern
Vorschläge zur Leistungsmessung
ISBN: 978-3-12-803121-5

© Ernst Klett Verlag GmbH, Stuttgart 2017 | www.klett.de
Von dieser Druckvorlage ist die Vervielfältigung für den eigenen
Unterrichtsgebrauch gestattet. Die Kopiergebühren sind
abgegolten. Alle Rechte vorbehalten.

Textquelle: Michael Faselt, Bamberg

41

10 Language: Conny and her farm → after Station 2

Conny lives in a crazy place! What happens there every day? Look at the picture and words in the box. Then write four questions with four short answers. Use all of the words.

> Conny • chickens • pigs • horse • read books • go swimming • live in a town • ride bikes

1. Does Conny _____

   No, _____

2. Do _____

   Yes, _____

3. _____

   _____

4. _____

   _____

11 Language: Dave's cousin → after Station 2

One weekend Dave's cousin, Lisa, sends him an e-mail. She wants to visit him. Holly wants to know a lot about Lisa. This is what Dave tells Holly. Complete the text.

Well, Lisa doesn't live in a city. She and her parents _____ (1) on a small farm in

Scotland. They've _____ (2) some pigs and a few c_____ (3). Lisa can't visit

us very often, _____ (4) she's always really busy. She _____ (5) to school,

of course. When she comes home _____ (6) school, she and her mother eat

_____ (7).

Lisa doesn't do homework in the a_____ (8), because she helps her _____

(9) on the farm. Her parents can't _____ (10) all of the work, so they n_____

(11) their daughter's help. In the e_____ (12), Lisa does her homework. Sometimes she

can _____ (13) games with her parents, but they don't watch _____ (14),

because they think it's boring.

At the w_____ (15), Lisa and her parents don't _____ (16) so much. Lisa

doesn't go to school. She often m_____ (17) her friends Claire and Sandy, and the

three _____ (18) go to cinema. Lisa's p_____ (19) often visit Lisa's uncle.

He's _____ (20) a nice café.

Green Line 3
Vorschläge zur Leistungsmessung
ISBN: 978-3-12-834234-4

© Ernst Klett Verlag GmbH, Stuttgart 2016 | www.klett.de
Von dieser Druckvorlage ist die Vervielfältigung für den eigenen
Unterrichtsgebrauch gestattet. Die Kopiergebühren sind
abgegolten. Alle Rechte vorbehalten.

Textquelle: Michael Faselt, Bamberg
Illustration: Simone Pahl

12 Language: A garden party → after Station 2

Complete the dialogue with the words in the box. There are five extra words.

at (2x) • her • him • his • it • its • me • My • our • their • them (2x) • to (2x) • us (2x) • with • you • your

Carla: _____ (1) sister and I want to have a party together. We want to have _____ (2) in

the garden if the weather is good. Do you want to come?

Kate: Oh, yes, please. Can I help _____ (3) _____ (4) the food or music?

Carla: Yes, please. You can help _____ (5) to make some food. Thanks.

Kate: Can you ask David and Ben to come _____ (6) _____ (7) party too?

Carla: David and Ben? Why do you want _____ (8) _____ (9) our party?

Kate: Ask your sister! It's _____ (10) idea!

Carla: OK. Look what I've got! Photos from our last party. Let's look _____ (11) _____ (12).

Kate: Hey, it's a photo of _____ (13)! We look so funny! And is that a photo of Henry?

Carla: No, it isn't. You can' t see _____ (14) on the photo. It's me!

Kate: Ha ha. Very funny. It doesn't look like you!

13 Language: Weekend activities → after Station 2

Complete the dialogue with the correct questions.

Jim: _____ (1) at the weekends?

Jenny: We usually go swimming.

Jim: _____ (2) swimming?

Jenny: At the leisure centre.

Jim: _____ (3) to the leisure centre?

Jenny: We always go at 2 p.m.

Jim: _____ (4) to the leisure centre?

Jenny: I go by bike, but my big sister goes by bus.

Jim: _____ (5) by bus?

Jenny: She goes by bus because she doesn't like to ride her bike there.

Jim: _____ (6) to the cinema too?

Jenny: No, I don't.

Jim: _____ (7)?

Jenny: I don't go to the cinema because it costs too much money.

Jim: _____ (8) enough pocket money?

Jenny: Yes, they do. My parents give me lots of pocket money, but I need it for other things.

Green Line 1 Bayern
Vorschläge zur Leistungsmessung
ISBN: 978-3-12-803121-5

© Ernst Klett Verlag GmbH, Stuttgart 2017 | www.klett.de
Von dieser Druckvorlage ist die Vervielfältigung für den eigenen
Unterrichtsgebrauch gestattet. Die Kopiergebühren sind
abgegolten. Alle Rechte vorbehalten.

Textquelle: Michael Faselt, Bamberg

14　Writing: In Greenwich

You're on holiday in Greenwich with your parents, and your mum asks a lot of questions about Greenwich. You know the answers! Complete the dialogue.

Mum:　Why do many boys and girls like Greenwich Park?

You:　*(two sentences)* _____

_____ (1)

Mum:　Aha. And what's the Cutty Sark?

You:　*(two sentences)* _____

_____ (2)

Mum:　Is it free?

You:　_____ (3)

Mum:　Why do many tourists go to Greenwich Pier?

You:　*(two sentences)* _____

_____ (4)

Mum:　That's interesting. And what's so interesting about the Royal Observatory?

You:　*(two sentences)* _____

_____ (5)

15　Writing: An e-mail from Greenwich

You're at a hotel in Greenwich with your parents. Write an e-mail to your American friend Lindsey. Tell her some interesting facts about Greenwich, what tourists can do there and what you like or don't like about your hotel. Write 80–90 words and use three of these words in your e-mail.

tunnel ● Meridian line ● pier ● ship ● park

Hi Lindsey, _____

_____

_____

_____

_____

_____

_____

_____

_____

_____

Bye, _____

Green Line 3
Vorschläge zur Leistungsmessung
ISBN: 978-3-12-834234-4

© Ernst Klett Verlag GmbH, Stuttgart 2016 | www.klett.de
Von dieser Druckvorlage ist die Vervielfältigung für den eigenen
Unterrichtsgebrauch gestattet. Die Kopiergebühren sind
abgegolten. Alle Rechte vorbehalten.

Textquelle: Michael Faselt, Bamberg

16 Mediation: Schloss Trumm[1]

Dein englischer Cousin Tom, der dich am kommenden Wochenende besuchen will, hat dich in einer E-Mail gefragt, was ihr unternehmen könnt. Du hast den folgenden Artikel über Schloss Trumm gelesen und schlägst Tom vor, dorthin zu gehen. Tom ist ein sportlicher Junge, der Tiere liebt, aber nichts mag, was mit Pferden zu tun hat. Beschreibe in deiner E-Mail alles, war für ihn interessant sein könnte und ihn von deinem Vorschlag überzeugt. Schreibe 60–70 Wörter.

> Das Freizeitparadies Schloss Trumm hat nach einer einjährigen Renovierungsphase wieder seine Tore geöffnet und lädt kleine und große Kinder zum Besuch ein. Besonders beliebt ist der Streichelzoo: Meerschweinchen, Kaninchen und viele andere putzige Pelztierchen warten auf ihre Besucher. Sie sind zutraulich, freuen sich, wenn man mit ihnen spielt und lassen sich auch gerne füttern. Futter gibt's an vielen Ständen zu kaufen.
>
> Besonders für Pferdefreunde ist viel geboten. Ponyreiten auch für Anfänger, ein kleiner Parcours für Fortgeschrittene, die Möglichkeit, professionelle Reitstunden zu nehmen: Kein Wunsch bleibt unerfüllt. Wer noch mehr Kontakt zu den 25 Ponys und Pferden sucht, kann auch gerne beim Füttern helfen oder die Tiere von der Stallung auf die Weide führen.
>
> Auch Wasserratten kommen voll auf ihre Kosten. Ein zum Schloss gehörender See lädt zum Kanufahren ein, eine Wasserlandschaft mit tollen Rutschen auf dem Schlossgelände zum Schwimmen und Toben.
>
> Und für das leibliche Wohl ist natürlich auch gesorgt. Im Schlossrestaurant und an vielen Ständen kann man prima rasten und leckeres Essen und eine große Auswahl an Getränken genießen. Alles in allem: Ein einmaliges Vergnügen!

1 Schloss Trumm Trumm Castle

17 Mediation: A class trip to Bavaria

Die Klasse deiner englischen Cousine Rebecca möchte einen einwöchigen Klassenausflug nach Bayern machen. Rebecca hat gefragt, ob du eine Firma kennst, die solche Reisen anbietet. Du hast den Prospekt der Firma „Bayernlandreisen" gefunden, die auf Schülerfahrten spezialisiert ist. Fasse zusammen, was die Klasse deiner Cousine machen kann. Informiere sie auch über Unterbringung und Kosten. Schreibe 70–80 Wörter.

> Seit über 30 Jahren organisiert die Firma Bayernlandreisen für Schulklassen, Jugendgruppen und Jugendmannschaften aus allen Teilen der Welt einwöchige Aufenthalte in Bayern. Wir kennen die Bedürfnisse von Jugendlichen und gehen darauf ein. Das fängt mit den Unterkünften an. Unsere Hotels für Leute mit kleinen Geldbeuteln verbinden das Beste aus zwei Welten. Sie sind in Dörfern gelegen, in denen es noch preiswerte Hotels gibt und in denen sich genügend Gelegenheiten bieten, sich nach dem Abendessen an der frischen Luft auszutoben, z.B. beim Fußball oder Völkerball. Sie liegen aber immer in der Nähe von Großstädten mit ihren faszinierenden Sehenswürdigkeiten und dem umfassenden kulturellen Angebot, das von Museen über Theatervorstellungen speziell für Kinder und Jugendliche bis hin zu Konzerten reicht.
>
> Unser Programm schließt den Besuch zweier Großstädte mit Einkaufsbummel, Stadtführung und Kulturprogramm nach Wahl sowie zwei Tage in Bayerns wunderschönen Bergen und Wäldern ein, die zu kleinen oder größeren Wanderungen einladen. Der Preis von 350,00 Euro beinhaltet Übernachtung, Frühstück, Mittag- und Abendessen sowie den eigenen Bus[1], der die Gruppen sicher und bequem zu den Ausflugszielen bringt. Die Reise beginnt und endet[2] in München[3].

Start like this: Dear Rebecca, Your class can go with "Bayernlandreisen". ...

1 (Reise-)Bus coach | **2 enden** to finish | **3 München** Munich

Unit 5 Let's go shopping

1   Reading: Aunt Frances goes shopping

It's Saturday afternoon and Aunt Frances is shopping. She's looking for a new pair of shoes because she wants to wear them to a neighbour's party tomorrow. She likes lots of the shoes – but they're all expensive. Then the man in the shop says, "We've got other shoes on special offer. Let me show them to you."

So Aunt Frances goes with the man. There are so many different shoes! Then she sees a very nice white pair.

She walks around the shop in the new white shoes. 'They look nice with my white T-shirt!' she thinks. But they're too big. She can't walk right.

The man says, "Wait here, please. These are too big. I have some other nice shoes."

So Aunt Frances sits down. Then she sees some black shoes under the chair next to her. They're very special. 'Oh, those are great!' thinks Aunt Frances.

She walks around the shop with the black shoes. They're perfect! Aunt Frances loves them and she wants to buy them.

But suddenly, a woman comes to her and says, "Excuse me. Why are you wearing my shoes?" She doesn't look happy!

Aunt Frances' face is red. She's wearing the other woman's shoes! She can't buy these!

a) *Find one picture for the beginning[1] (1), the middle (2) and the end (3) of the story.*

1 beginning Anfang

b) *Complete the dialogue with information from the story.*

Aunt Frances: Excuse me. Can you _____ (1) me? I need new _____ (2) for my

neighbour's _____ (3) tomorrow. But there are so many _____ (4) shoes here.

Shop assistant: Of _____ (5) I can help you. We've got shoes on _____ (6)

offer. What about these _____ (7) shoes here?

Aunt Frances: They match my white _____ (8). I like them. But they're _____ (9) big.

Shop assistant: Please _____ (10) here. I have some _____ (11) nice shoes.

Aunt Frances sits down on a _____ (12). She sees a _____ (13) of black shoes.

Aunt Frances (thinks): These _____ (14) shoes are great! And they _____ (15)

too big. I want to buy them.

Woman: Excuse me. _____ (16) are my shoes! You can't _____ (17) them!

Aunt Frances: I'm so _____ (18)!

Green Line 3
Vorschläge zur Leistungsmessung
ISBN: 978-3-12-834234-4

Textquelle: Michael Kleis, Geltendorf
Illustration: Simone Pahl

👤 *Look at your picture and talk about the room.*

👤 *Look at your picture and talk about the room.*

👥 **A** *Talk to your partner about the living room in this house and the room in his/her picture. How is his/her room like the room in your picture, or different? Say what you like and don't like. Talk about ideas for a nice living room.*

👥 **B** *Talk to your partner about the living room in this house and the room in his/her picture. How is his/her room like the room in your picture, or different? Say what you like and don't like. Talk about ideas for a nice living room.*

👤 *Look at the picture of the English classroom and talk about it.*

👤 *Look at the picture of the English classroom and talk about it.*

👥 **A** *Ask your partner questions about his / her school. Answer your partner's questions about the school you see here. Talk to your partner about ideas for a good school.*

👥 **B** *Answer your partner's questions about the school you see here. Ask your partner questions about his / her school. Talk to your partner about ideas for a good school.*

B

A

👤 **a)** *Here are some things Mark does in his free time (Freizeit). Talk about what he does and when he does them.*

Monday	3:30–4:30 p.m. Computer Club
Tuesday	
Wednesday	5–5:30 p.m. saxophone lesson
Thursday	
Friday	
Saturday	2–3:45 p.m. football
Sunday	12:30 p.m. call Grandma

b) *Talk about what things you do in your free time, and when you do them.*

👤 **a)** *Here are some things Lara does in her free time (Freizeit). Talk about what she does and when she does them.*

Monday	
Tuesday	6–7 p.m. tennis
Wednesday	3:15–5 p.m. Cooking Club
Thursday	
Friday	6–8:30 p.m. Swimming Club
Saturday	3–4:30 p.m. – netball
Sunday	

b) *Talk about what things you do in your free time and when you do them.*

👥 **A** *You want to do something with partner B next week in your free time. Look at your planner, choose a day and a time and ask him/her about your idea. Say why you think it's good. Is your partner's idea different? Find an idea and a day and time that is good for you and your partner.*

Monday	8:15 a.m.–3 p.m. *School*	3:15–4:15 p.m. Homework Club
Tuesday	8:15 a.m.–3 p.m. *School*	
Wednesday	8:15 a.m.–3 p.m. *School*	5–7 p.m. Drama Club
Thursday	8:15 a.m.–3 p.m. *School*	
Friday	8:15 a.m.–3 p.m. *School*	4:45–5:30 p.m. sax lesson
Saturday		
Sunday		12:30–1 p.m. family lunch

👥 **B** *Partner A wants to do something with you next week in your free time. He/she asks you about an idea and about a day and a time. Is the idea OK for you? Why/why not? Have you got time then? Look at your planner and talk about it. Find an idea and a day and time that is good for you and your partner.*

Monday	8:15 a.m.–3 p.m. *School*	
Tuesday	8:15 a.m.–3 p.m. *School*	6–7:30 p.m. football
Wednesday	8:15 a.m.–3 p.m. *School*	3:15–4:15 p.m. Homework Club
Thursday	8:15 a.m.–3 p.m. *School*	4–6:15 p.m. Help mum in the shop
Friday	8:15 a.m.–3 p.m. *School*	
Saturday		9–10:45 a.m. Swimming Club
Sunday		

B

A

⌨ *What is this place? Look at the pictures. What can you do there? Do you want to go there? Why / why not?*

Open: 7 a.m. to 10 p.m.
Monday – Saturday

How to get here:
by car or by bus

⌨ *What is this place? Look at the pictures. What can you do there? Do you want to go there? Why / why not?*

Open: 9 a.m. to 4 p.m.
Tuesday – Sunday

How to get here:
by car or by bike

A *You talk to your friend from Greenwich about Greenwich and what you can do there.*
Ask questions. What do you like?
What don't you like? Why?

Greenwich Foot Tunnel

Meridian Line

Royal Observatory

Greenwich Market

B *You are from Greenwich. Answer your partner's questions about activities in Greenwich.*
Find an activity that you and your partner want to do.

Greenwich Pier

Cutty Sark

Greenwich Park

boating lake

⌕ *Look at this flea market table. What do you want to buy? Why? What don't you want to buy? Why not?*

⌕ *Look at this flea market table. What do you want to buy? Why? What don't you want to buy? Why not?*

A **Buyer:** *You don't want to pay the price the seller wants for something! Say what you want to buy, and why. Say what you want to pay and why this is a good price. Can you and the buyer find a price you like?*

B **Seller:** *The buyer tells you what he/she wants to buy and why, but he/she doesn't want to pay your price. The buyer says what he/she wants to pay. What do you think? Can you and the buyer find a price you like?*

B

A

👤 *You show your friend the swimming pool (Freibad) at the leisure centre. Tell him / her about what's happening here. What can you do? What can't / mustn't you do? Do some of the people here not remember the rules?*

👤 *You show your friend the cafeteria at the swimming pool (Freibad). Tell him / her about what's happening here. What can you do? What can't / mustn't you do? Do some of the people here not remember the rules?*

 © Ernst Klett Verlag GmbH, Stuttgart 2017.
Alle Rechte vorbehalten. ISBN 978-3-12-803121-7

 © Ernst Klett Verlag GmbH, Stuttgart 2017.
Alle Rechte vorbehalten. ISBN 978-3-12-803121-7

A **a)** *You and your partner want to celebrate your birthdays together. Talk about the ideas here and say which one you like, and why.*
   b) *Choose (Wählt … aus) one of the four ideas on cards A or B with your partner and plan your party.*

👥 **B** **a)** *You and your partner want to celebrate your birthdays together. Talk about the ideas here and say which one you like, and why.*
   b) *Choose (Wählt … aus) one of the four ideas on cards A or B with your partner and plan your party.*

 © Ernst Klett Verlag GmbH, Stuttgart 2017.
Alle Rechte vorbehalten. ISBN 978-3-12-803121-7

 © Ernst Klett Verlag GmbH, Stuttgart 2017.
Alle Rechte vorbehalten. ISBN 978-3-12-803121-7

B

A

2 Reading: The school flea market

Every summer the school has a flea market for a charity. Every class has a table and the children bring things to sell. A lot of the money goes to charity, but the children can make some too.

Parents make food and drink to sell, and people can buy raffle tickets. It's a great day for many people, but not for Tom. He doesn't like it because he doesn't want to sell any of his things.

Tom's mum is in his room one day. She finds lots of old games and toys. He never uses them now, so she takes some of them to the school. "You can sell these!" she tells the teacher.

When Tom comes home from school, he says, "Where are all my old toys and games?"

Mum says, "They're at the flea market. You're too old for them! When you sell them you can help the charity *and* earn some money!"

Tom isn't happy! He goes to the flea market to see if people buy his things. They do, and he earns some money. He buys a raffle ticket with some of it. 'Let's hope I'm lucky!' he thinks.
And he gets first prize – a bike!

'Flea markets aren't so bad!' he thinks.

a) *Read the text. Are the sentences true or false? Tick (✓) the correct answer.*	**true**	**false**
1. The flea market is always in the last part of the school year.		
2. All the money from the flea market goes to charity.		
3. People can eat and drink at the flea market.		
4. Tom doesn't like flea markets because there are always too many people.		
5. Tom sometimes plays with his old things, but his mum wants to take them to the flea market.		
6. Tom's mum earns money when he sells his things.		
7. Tom buys a raffle ticket because he wants to win a prize.		
8. At the end, Tom thinks: "Flea markets are OK now."		

b) *What do we learn about Tom and flea markets? Tick (✓) the correct answers.*

☐ 1. Tom wants to be at the flea market with his class.

☐ 2. Tom is happy that a lot of money comes from the parents' food and drink.

☐ 3. Tom doesn't want to give away all of his old things.

☐ 4. Tom makes a lot of money at the flea market.

☐ 5. Tom doesn't like raffles.

☐ 6. Tom thinks that money is not important.

☐ 7. Tom thinks that his mum doesn't understand him.

☐ 8. Tom loves his prize!

Green Line 1 Bayern
Vorschläge zur Leistungsmessung
ISBN: 978-3-12-803121-5

© Ernst Klett Verlag GmbH, Stuttgart 2017 | www.klett.de
Von dieser Druckvorlage ist die Vervielfältigung für den eigenen
Unterrichtsgebrauch gestattet. Die Kopiergebühren sind
abgegolten. Alle Rechte vorbehalten.

Textquelle: Michael Kleis, Geltendorf
Foto: Klett-Archiv (Dr. Gilles Floret), Stuttgart

47

3 Listening: Where are they?

a) *Listen to the four dialogues and tick (✓) the correct answer.*

Dialogue 1

1. Luke's talking to a girl. They're …

☐ a) outside a book shop.
☐ b) in a toy shop.
☐ c) at a flea market.
☐ d) in a snack bar.

2. The girl buys …

☐ a) a toy and a computer game.
☐ b) a football and a computer game.
☐ c) a football for her friend Harry.
☐ d) nothing.

Dialogue 2

1. Jay and Holly are …

☐ a) in a clothes shop. Jay likes the shoes.
☐ b) at a market. Holly wants to buy shoes.
☐ c) in a supermarket. Holly buys the shoes.
☐ d) outside a clothes shop. Jay has got £8.

2. Jay …

☐ a) buys the shoes for £15.
☐ b) can't buy the shoes.
☐ c) doesn't like any of the shoes.
☐ d) buys the shoes for £8.

Dialogue 3

1. Olivia and Holly are …

☐ a) at a charity shop.
☐ b) at a flea market.
☐ c) outside a jewellery shop.
☐ d) outside a book shop.

2. Olivia needs to …

☐ a) buy a lucky charm for her mum.
☐ b) buy a lucky charm for Holly.
☐ c) go to another shop to buy a charm.
☐ d) buy an expensive lucky charm.

Dialogue 4

1. Dave is …

☐ a) in a toy shop.
☐ b) outside a supermarket.
☐ c) in a supermarket.
☐ d) in a snack bar.

2. Dave wants to buy …

☐ a) a cheeseburger with tomato.
☐ b) a cheeseburger and orange juice.
☐ c) a cheeseburger and lemonade.
☐ d) a computer game.

b) *Listen to the four dialogues again and put in the missing words.*

What are they doing? The girl, Jay, Olivia and David are all at _____ (1) shops and they

want to _____ (2) something. Jay and Olivia aren't _____ (3) because the things

they want to buy _____ (4) too much money.

Olivia wants to go to a _____ _____ (5). Maybe there is a nice _____

_____ (6) there and maybe it isn't so _____ (7). But Jay can't get the

_____ (8).

The girl's _____ (9) for her _____ (10) Henry is great! He _____ (11)

computer games and _____ (12).

Dave's food isn't a _____ (13) cheeseburger because it hasn't got _____ (14).

But that's how he _____ (15) it!

Klett

Green Line 3
Vorschläge zur Leistungsmessung
ISBN: 978-3-12-834234-4

© Ernst Klett Verlag GmbH, Stuttgart 2016 | www.klett.de
Von dieser Druckvorlage ist die Vervielfältigung für den eigenen
Unterrichtsgebrauch gestattet. Die Kopiergebühren sind
abgegolten. Alle Rechte vorbehalten.

Textquelle: Michael Kleis, Geltendorf

4 Listening: In the charity shop

a) *Jack and Amber Smith live in London. They bring things to sell at a charity shop. Listen and complete the sentences in 1–5 words.*

1. Amber and Jack bring two boxes full of _____

2. The woman in the shop likes _____

3. The shop always needs _____

4. Jack is looking at _____

5. The prices of the shoes are _____

6. It's good to shop here because _____

b) *Amber wants to buy some things too. What does she buy? Listen and tick (✓) the correct answers.*

A ☐   B ☐   C ☐

D ☐   E ☐   F ☐

c) *Put the headings for parts of the dialogue in the correct order. Write 1–5 in the boxes.*

☐ Let's remember – we don't want to buy new things.

☐ Good quality is always welcome at the charity shop.

☐ But only three things are OK!

☐ We're clearing out old things.

☐ Things in this shop really don't cost much.

d) *Match the sentence parts.*

1. Jack is	a) with nice animals on them.	1.
2. The shop always	b) it helps people if she shops here.	2.
3. Amber never	c) they have got many things at home.	3.
4. There are T-shirts	d) carrying boxes into the shop.	4.
5. The prices are	e) uses the nice bag.	5.
6. Amber thinks that	f) needs things for charities.	6.
7. Jack says	g) on the things.	7.

Green Line 1 Bayern
Vorschläge zur Leistungsmessung
ISBN: 978-3-12-803121-5

© Ernst Klett Verlag GmbH, Stuttgart 2017 | www.klett.de
Von dieser Druckvorlage ist die Vervielfältigung für den eigenen
Unterrichtsgebrauch gestattet. Die Kopiergebühren sind
abgegolten. Alle Rechte vorbehalten.

Textquelle: Michael Kleis, Geltendorf
Illustration: Simone Pahl

49

5   Vocabulary: In a jewellery shop → after Check-in

Ellie and Ben are in a jewellery shop and a young man helps them. Complete the dialogue.

Ellie: Next week it's Christmas! We need to buy a _____ (1) for Mum.

Have you got _____ (2) idea?

Ben: Well, she loves _____ (3).

Ellie: Yes, she _____ (4). What about a new b_____ (5)?

That one _____ (6) there is r_____ (7) nice.

Ben: Yes, but isn't it very _____ (8)?

Ellie: Let's ask. E_____ _____ (9). How _____ (10) is this?

Man: Ah! Let me _____ (11) at the _____ (12). It's £45.

Ben: Oh no! That's _____ (13) much _____ (14) for us.

Man: I know it isn't _____ (15). But it's top _____ (16). And it's on

_____ _____ (17) this week. It's _____ (18) £60!

Ellie: Sorry, _____ (19) we haven't got enough _____ (20).

Let's go to a _____ (21) shop, Ben. Goodbye.

Ben: Yes, _____ (22) go. Goodbye.

Man: That's OK. Bye.

6   Vocabulary: Let's clear out the garage! → after Station 1

Oh no – these words are not in the text! Put them in the correct places. There's one example.

boxes • charity • make • many • of • old • out • price • sell • throw • worry

"I've got an idea. Let's clear the garage and take all of our things

to the shop," Kerry says. "Oh yes!" Sam says. "Then they

can money and we don't need to everything away." "But the

garage is full old books. How does the charity shop want?"

asks Mum. "Don't ," says Kerry. "They always want books. And

it's easy for them to the books, because the is always so

cheap." "OK", says Mum. "I've got lots of ↑ here. You can

boxes

have them." "Thank you Mum!" says Kerry. "You're great!"

Klett

Green Line 3
Vorschläge zur Leistungsmessung
ISBN: 978-3-12-834234-4

© Ernst Klett Verlag GmbH, Stuttgart 2016 | www.klett.de
Von dieser Druckvorlage ist die Vervielfältigung für den eigenen
Unterrichtsgebrauch gestattet. Die Kopiergebühren sind
abgegolten. Alle Rechte vorbehalten.

Textquelle: Michael Kleis, Geltendorf

7 Vocabulary: A present for Jay's grandma → after Station 2

There is something wrong with the underlined words. Write down the correct words on the right.

Dave helps Jay to find a <u>presant</u> for his grandma.

"You can give her a <u>modell</u> cat. Look, there's a shop

with lots <u>off</u> special <u>overs</u>!"

"Oh no," says Jay. "She doesn't <u>laik</u> those. But she

does like <u>jullery</u>! I want to <u>by</u> something in Greenwich

Market. Maybe a <u>braslet</u> would be nice."

_____

_____

_____

_____

_____

_____

8 Language: The bookshop → after Station 1

It's busy in Mrs Green's bookshop. A friend calls Jake, and Jake tells him about what's happening. Look at the picture and fill in the missing words.

Jake: Oh, hello Charlie. I'm in Mrs Green's bookshop!

Charlie: I can hear noisy people there with you today! Are there a lot of people there? What _____ (1)?

Jake: Well, you know, there's a table where people can _____ (2). Two women are talking there.

Charlie: But I can hear somebody singing! Who's _____ (3)?

Jake: Oh, there are _____ (4) on the floor. They're playing with _____ (5).

Charlie: A dog in a bookshop? Where is he? Does Mrs Green know that he's there?

Jake: He's sitting _____ _____ (6). Maybe she can't see him.

Charlie: I can hear Mrs Green too. Who _____ to (7)?

Jake: A boy. He's paying for a book.

Charlie: It's a _____ (8) bookshop today! Is anybody quiet there?

Jake: Hmm. Yes, a man is sitting at a table by the window, and he's

_____

_____ (9). And there's Jenna, _____ (10) next to the table. She's looking at the new _____ (11).

Charlie: Can you ask Jenna if there's a good book for me there?

Jake: OK, Charlie. I can ask her. Now I really _____ (12), Charlie. The man at the table is looking at me. I think he's angry! Bye, Charlie, see you later!

Charlie: Bye, Jake!

Green Line 1 Bayern
Vorschläge zur Leistungsmessung
ISBN: 978-3-12-803121-5

© Ernst Klett Verlag GmbH, Stuttgart 2017 | www.klett.de
Von dieser Druckvorlage ist die Vervielfältigung für den eigenen
Unterrichtsgebrauch gestattet. Die Kopiergebühren sind
abgegolten. Alle Rechte vorbehalten.

Textquelle: Michael Kleis, Geltendorf
Illustration: Simone Pahl

9 Language: A busy street → after Station 1

Complete the text with the correct letters.

It's Saturday at 10 a.m. in Town Street and lots of things are happening. M__ __ Green is

go__ __ __ into t__ __ market. S__ __ often bu__ __ her fr__ __ __ and ot__ __ __ things

t__ eat he__ __ . And s__ __ sometimes se__ __ her frie__ __ __ here t__ __ . One o__ her

frie__ __ __ , Mr Bla__ __ , sometimes sle__ __ __ late o__ Saturday morn__ __ __ __ ,

but to__ __ __ he's shop__ __ __ __ early. H__'s i__ the bo__ __ shop bec__ __ __ __

he's loo__ __ __ __ for a pres__ __ __ for h__ __ cousin. Anot__ __ __ friend, M__ __

Grey, i__ in the music sh__ __ and s__ __' __ listening t__ a n__ __ CD b__ her

favo__ __ __ __ __ singer. S__ __ really li__ __ __ the mu__ __ __ ! And th__ __ __ is

M__ __ White, M__ __ Green's be__ __ friend. S__ __'s run__ __ __ __ down To__ __

Street t__ stay f__ __ . She al__ __ __ runs he__ __ . Look, __ dog is chas__ __ __ Mrs

Wh__ __ __ ! It's M__ Brown's d__ __ and h__ sometimes cha__ __ __ after h__ __ .

Mrs Wh__ __ __ usually lau__ __ __ about i__ , but n__ __ always. A__ the mo__ __ __ __

the d__ __ is get__ __ __ __ on h__ __ nerves!

10 Language: Max's class survey → after Station 2

Complete the text with the correct words.

Max and his friends are doing a class survey. "Has anybody got a hamster?" asks Max. "I've got

_____ (1) hamsters," says Leo. "I've _____ (2) got one hamster," says Lucy.

_____ (3) says anything. "OK," says _____ (4). "There are three hamsters

_____ (5) our class." "Oh Max," _____ (6) Lucy. "There aren't any _____

(7) in our class! They're _____ (8) home!" "OK, OK," says Max. "_____ (9) next

question: Is there _____ (10) here with two brothers?" "_____ (11) got two

brothers," says Mia. "_____ (12) I've got three brothers," _____ (13) Daniel.

"That's not two _____ (14)," says Max. "I only _____ (15) people with *two*

brothers." "_____ (16) I *have* got two _____ (17)," says Daniel. "I've got

_____ (18) brothers and another brother _____ (19)." "Oh Daniel," says Max.

"_____ (20) know, but that's not _____ (21) same. Mia, you've got _____ (22)

brothers. Is there anybody _____ (23)?" "You, Max", says Mia. "_____ (24) can

you forget?" "_____ (25) yes," says Max. "Of _____ (26), I've got two brothers.

_____ (27) question: Can anyone play _____ (28) guitar?" "I can play _____

(29)," says Luke. "Luke!" shouts Max. "Don't be silly! Now, can someone play the guitar here?" All of

the children say nothing. "I don't like surveys," says Max. "Nobody gives me the right answers."

Klett
Green Line 3
Vorschläge zur Leistungsmessung
ISBN: 978-3-12-834234-4
© Ernst Klett Verlag GmbH, Stuttgart 2016 | www.klett.de
Von dieser Druckvorlage ist die Vervielfältigung für den eigenen
Unterrichtsgebrauch gestattet. Die Kopiergebühren sind
abgegolten. Alle Rechte vorbehalten.
Textquelle: Michael Kleis, Geltendorf

11 Language: Lunch time at Luke's house → after Station 2

Use words from the box to complete the text. There are four extra words.

> a couple ● a lot of (2x) ● any (2x) ● bottles ● café ● cheese ● eats ● food ● fridge ● little ●
> lunch ● many (2x) ● money ● much ● no ● reads ● some (2x) ● tomorrow ● true

Olivia: Can we make some _____ (1), please?

Luke: I want to eat too, but there's _____ (2) lunch in the house. What can we do?

Olivia: That can't be _____ (3)! There must be some _____ (4) in the kitchen!

Luke: Hey, there's a lot of _____ (5) in the fridge.

Olivia: Have you got _____ (6) tomatoes?

Luke: No, but we've got _____ (7) tomato juice.

Olivia: How _____ (8) bottles?

Luke: Just _____ (9). And here are _____ (10) biscuits in the cupboard.

Olivia: How _____ (11)?

Luke: Just six. My brother always _____ (12) them when he finds them! He never

leaves _____ (13) biscuits for me.

Olivia: OK, you're right. Let's go to the _____ (14). There's _____ (15) food there.

Luke: But I haven't got _____ (16) lunch money today.

Olivia: I can give you some _____ (17). You can give it back _____ (18).

Luke: Great, thanks Olivia!

12 Language: In the shopping centre → after Check-out

There is something wrong with the underlined words. Write down the correct words on the right.

Woman: Can I helping you? _____

Holly: Yes, please. I look for a T-shirt. How many is this _____

one? _____

Woman: Let's look at the prize. It's £4.99. It's on bargain this _____

week. _____

Holly: Wow! I usually pay a lot of more! And I need any _____

shoes too. _____

Woman: They're £28. They're top charity. _____

Holly: I can't spending so many money on shoes. Wait, that _____

woman is geting some nice shoes from the table _____

there. Are there much sheep shoes there? _____

Woman: Of course. A couple of our shoes are not expensive. _____

Green Line 1 Bayern
Vorschläge zur Leistungsmessung
ISBN: 978-3-12-803121-5

© Ernst Klett Verlag GmbH, Stuttgart 2017 | www.klett.de
Von dieser Druckvorlage ist die Vervielfältigung für den eigenen
Unterrichtsgebrauch gestattet. Die Kopiergebühren sind
abgegolten. Alle Rechte vorbehalten.

Textquelle: Michael Kleis, Geltendorf
Illustration: Simone Pahl

13 Writing: Let's go shopping!

You're at a shopping centre and you're sending a text message to a friend. Maybe he/she wants to come too? Tell your friend (1) where you are now, (2) what you're doing, (3) what he/she can do and/or buy. The pictures can help you. Write 50–60 words.

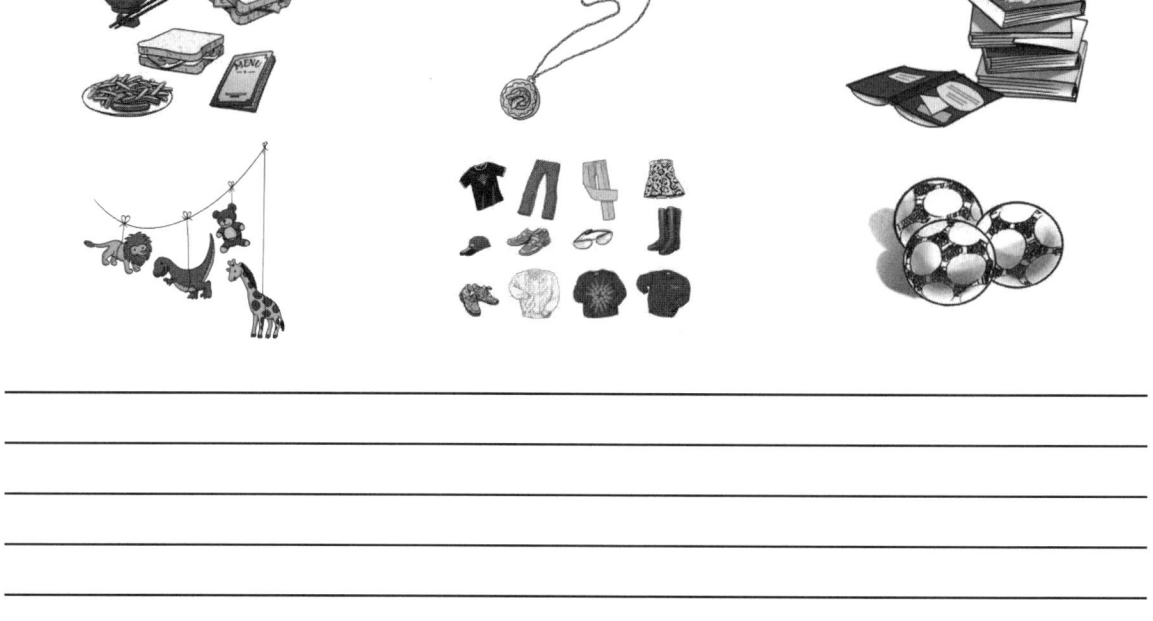

_____

_____

_____

_____

_____

_____

14 Writing: At Big Town Flea Market

You are a radio reporter and you want people to come to this flea market. Write a radio report and tell people about (1) where and when this flea market is, (2) what they can buy there, (3) what they can do there, (4) what people are doing. Write 70–80 words.

_____

_____

_____

_____

_____

Green Line 3
Vorschläge zur Leistungsmessung
ISBN: 978-3-12-834234-4

© Ernst Klett Verlag GmbH, Stuttgart 2016 | www.klett.de
Von dieser Druckvorlage ist die Vervielfältigung für den eigenen
Unterrichtsgebrauch gestattet. Die Kopiergebühren sind
abgegolten. Alle Rechte vorbehalten.

Textquelle: Michael Kleis, Geltendorf
Illustration: Simone Pahl, Katja Rau

15   Mediation: Do you want to go to a flea market with me?

Lisa aus England ist bei dir zu Besuch und ihr plant zu dem
Kinderflohmarkt in Bamberg zu gehen.
Berichte Lisa über den Flohmarkt und erkläre ihr, wo und wann
der Flohmarkt stattfindet, was hauptsächlich dort verkauft wird
und was man sonst noch dort machen kann. Schreibe das
Gespräch auf.

Am 25.9. ab 11 Uhr in der Thomas-Weber-Schule in Bamberg
Flohmarkt für Kinderkleidung und Spielsachen
Willkommen auf der Webseite eines der größten Flohmärkte für Kinderkleidung und Spielsachen
im Umland von Bamberg. Dieser große und erfolgreiche Flohmarkt findet immer in einer Schule
(wetterunabhängig) statt.
Es gibt ALLES für Ihre Kinder: Autositze, Kleidung und Spielzeug für Babys, Mädchen und
Jungen. Nach dem Stöbern und Einkaufen können Sie sich mit Ihrer Familie in unserer Cafeteria
bei einem Stück Kuchen und Getränken erholen.
Ein Teil des Erlöses ist für wohltätige Zwecke bestimmt. Wenn Sie hierüber genauere
Informationen wünschen, können Sie die Namen der Organisationen unter dem nebenstehenden
Link erfahren.
Weitere Infos erhalten Sie telefonisch unter 0156/5717926.
Wir wünschen allen viel Spaß!

Start like this:

You: Lisa, do you want to go to a flea market with me?
Lisa: Of course I want to go. Have you got an idea …?
You: …

16   Mediation: Let's go to the shopping centre!

Dein englischer Freund Tim kommt zu Besuch und du willst ihm vorschlagen, dass ihr am
Wochenende ins Einkaufszentrum geht, das gerade sein 25-jähriges Jubiläum feiert.
Erkläre ihm in einer E-Mail, was dort geboten wird, wann und warum man an diesem Wochenende
einkaufen kann und schlage ihm zwei Orte – mit Begründung – vor, an denen ihr einkaufen könnt.
Schreibe ca. 100 Wörter.

---

25 Jahre Einkaufen im Kaufhaus des Herzens!
Es gibt uns jetzt seit einem Vierteljahrhundert – und kein Ende ist in Sicht! In unserem
Einkaufszentrum bekommen Sie alles, was Ihr Herz begehrt. Und das Beste: Auf vier Etagen
finden Sie alles unter einem Dach, den Buchladen neben dem Supermarkt, das Sportgeschäft
neben dem Café, das Computergeschäft neben dem Döner-Stand und vieles mehr.

Feiern Sie ein ganzes Wochenende lang unseren Geburtstag mit uns. Kommen Sie mit der
ganzen Familie am Samstag und Sonntag und kaufen von 10 Uhr bis 22 Uhr (das ganze
Wochenende!) bei uns ein. Es warten unzählige Köstlichkeiten auf Sie. Sie werden sehen – es
wird ein Fest. Viele Artikel werden reduziert angeboten werden, so dass Sie wirkliche
Schnäppchen machen können. Clowns und andere Unterhaltungsangebote runden das Erlebnis
ab. So wird für jeden etwas dabei sein – und Sie werden noch lange an dieses Wochenende
zurückdenken!

Green Line 1 Bayern
Vorschläge zur Leistungsmessung
ISBN: 978-3-12-803121-5

© Ernst Klett Verlag GmbH, Stuttgart 2017 | www.klett.de
Von dieser Druckvorlage ist die Vervielfältigung für den eigenen
Unterrichtsgebrauch gestattet. Die Kopiergebühren sind
abgegolten. Alle Rechte vorbehalten.

Textquelle: Michael Kleis, Geltendorf
Foto: Klett-Archiv (Studio Leupold), Stuttgart

55

Unit 6 It's my party

1 Reading: Ari's party

A Ari is new in Greenwich. He's from Greece[1] but his mother is English. They live in Greenwich now because his grandma lives there and Ari's mother wants to look after her. Ari wants to go back to Greece, where the weather is always good and the sea is really blue.

B Ari understands English, but he only speaks it a little. At school the children think Ari is strange. They can't understand him and he never laughs or smiles.

C Ari's birthday is on 10th March. In Greece, he always has great fun. He swims in the sea and he and his mother eat in his uncle's restaurant. This year he doesn't know what to do.
"You must have a party," says his mother. "Invite some of your classmates."

D He invites some children to his party, but they aren't very happy about it.
"Oh no," says Luke, "Ari's boring!"
"How can he be fun when I can't even understand him?" Sophie says.

E Ari invites Harry too. Harry is popular now, but he knows how it feels not to be popular.
Harry says, "Thanks Ari. I'd love to come to your party."

F When Harry says yes, this is a surprise for the others! Then they say yes too.
Ari has his party at a friend's restaurant. They all eat great food and play fun games, and they all dance to Greek[2] music. All of Ari's new friends say thank you to Ari for the great party.

1 Greece Griechenland | **2 Greek** griechisch

a) *Put the pictures in the correct order.*

A   **B**   **C**   **D**

b) *Listen again and complete the text.*

Ari isn't happy in Greenwich. The _____ (1) isn't good there and he loves the really

_____ (2) _____ (3) in Greece, but there isn't any in _____ (4). The

_____ (5) at his new _____ (6) can't _____ (7) him, because he

_____ (8) speak _____ (9) English. Ari's mother _____ (10) him to

_____ (11) some friends to his _____ (12), but he _____ (13) got

_____ (14) friends. He invites _____ (15) and Sophie, but they think he's

_____ (16). Ari invites _____ (17) too, and he _____ (18) to come.

So Luke and Sophie come too, and it's great fun with Ari _____ (19) all.

Green Line 3
Vorschläge zur Leistungsmessung
ISBN: 978-3-12-834234-4

© Ernst Klett Verlag GmbH, Stuttgart 2016 | www.klett.de
Von dieser Druckvorlage ist die Vervielfältigung für den eigenen
Unterrichtsgebrauch gestattet. Die Kopiergebühren sind
abgegolten. Alle Rechte vorbehalten.

Textquelle: Michael Kleis, Geltendorf
Illustration: Simone Pahl

2   Reading: Invitation or reply?

a) *Read the texts. Which parts of the e-mails go together? Match a letter with each number.*

1. Dear Sam, Thank you for the invitation to your birthday party. I would love to come, but I can't come before three o'clock.	2. Dear Sam, Thank you for the invitation. I'd love to come to your party but I can't. It's my grandma's birthday and we all have to go to Enfield on Friday evening.	3. Dear Robert, It's my birthday! Please come to my costume party on Saturday 10th June. It starts at 1:30 p.m.
a) The party is at my house and the address is 18 Greenwich Road. Can you please call me (435 8992) and let me know if you can come? Love, Sam	b) I hope this isn't a problem! I have a football match at 12:30 p.m. What do you want for your birthday? See you on Saturday! Love, Fred	c) I'm sorry that I can't come but I hope you have a great party. Can we celebrate your birthday at my house after school on Monday? Love, Robert

1. _____   2. _____   3. _____

b) *Write the correct words in the boxes.*

Whose party is it?	Who can't come?	Who can come?	When can he come?
1. _____	2. _____	3. _____	4. _____

c) *Choose the correct meaning[1].*

"I'd love to come but …"

☐ 1. His friend doesn't like the invitation.
☐ 2. His friend wants to come to the party, but there's a problem.
☐ 3. His friend doesn't want to come to the party, so there's a problem.
☐ 4. His friend wants to buy a present, but he can't.

1 meaning Bedeutung

d) *Find the three correct pairs.*   1. _____   2. _____   3. _____

1. Sam is a good friend because

2. Robert is a good friend because

3. Fred is a good friend because

a) he plays football with his friends.
b) he wants to do something special on another day.
c) he wants to buy costumes for his friends.
d) he doesn't want to come to the party.
e) he invites his friends for a party.
f) he wants to buy a present for his friend.

Green Line 1 Bayern
Vorschläge zur Leistungsmessung
ISBN: 978-3-12-803121-5

© Ernst Klett Verlag GmbH, Stuttgart 2017 | www.klett.de
Von dieser Druckvorlage ist die Vervielfältigung für den eigenen
Unterrichtsgebrauch gestattet. Die Kopiergebühren sind
abgegolten. Alle Rechte vorbehalten.

Textquelle: Michael Kleis, Geltendorf
Foto: iStockphoto (TeresaKasprzycka), Calgary, Alberta

57

3   Listening: What can I do on my birthday?

a) *True or false? Listen to Holly and Olivia and tick (✓) the correct answer.*

b) *Listen again and correct the wrong sentences (1–4 words).*

	true	false	right answer
1. Holly would like to drink lemonade.			_____
2. Holly always has cake on her birthday.			_____
3. Olivia can do lots of outside activities on her birthday.			_____
4. Every four years Olivia celebrates her birthday on 1st March.			_____
5. Holly's birthday is in March.			_____
6. Olivia doesn't want to plan a sleepover.			_____
7. Olivia likes bowling, but it's too expensive.			_____
8. Olivia's sister can't skate and so she can't come.			_____

c) *What does Holly or Olivia say about each activity? Write one or more letter(s) for each activity.*

Place / Activity	Letter (A–H)	Why? (What's good or bad?)
1. Celebrate a birthday on 29th February		A It's expensive.
2. Invite friends for a sleepover		B There's a disco here on Saturdays. C You can do this only every four years.
3. Watch a film at the cinema		D You can't talk when you do this. E There are great films.
4. Go bowling		F You must buy food. G It's always great fun.
5. Go to the ice rink		H Olivia's sister can't go.

Klett   **Green Line 3**
 Vorschläge zur Leistungsmessung
 ISBN: 978-3-12-834234-4   © Ernst Klett Verlag GmbH, Stuttgart 2016 | www.klett.de
 Von dieser Druckvorlage ist die Vervielfältigung für den eigenen
 Unterrichtsgebrauch gestattet. Die Kopiergebühren sind <br> abgegolten. Alle Rechte vorbehalten.   **Textquelle:** Michael Kleis, Geltendorf

4 Listening: Ava's Fourth of July

Read the exercises for every part. You will hear every part two times.

a) *True or false? Listen to Ava and Max and tick (✓) the correct answer. Then correct the wrong sentences (2–4 words).*

	true	false	right answer
1. Ava and Max don't celebrate the same things on the Fourth of July.			_____
2. They're on vacation.			_____
3. Ava and Max are e-mailing.			_____

b) *Fill in the gaps.*

Ava tells Max that the US were an _____ (1) country on the 4th of July.

Max _____ (2) this at school.

c) *Find the three correct pairs. Draw lines.*

1. Ava says that

2. Max says that

a) his grandma made his favourite chocolate cake.
b) fireworks on the 4th of July are always awful.
c) her parents let her stay up till midnight.
d) all his relatives came to his birthday.
e) he made a wish when he blew out the candles.

d) *Max **doesn't** say two of these sentences. Put in a cross (x).*

☐ 1. "The Fourth of July is special to me too."   ☐ 3. "My cake had twelve candles on it."

☐ 2. "We had fireworks in the evening."   ☐ 4. "My wish is to see America one day."

e) *True or false? Tick (✓) the correct answer.*

	true	false
1. Ava doesn't like ice-cream very much.		
2. Max got a lot of presents for his birthday.		
3. Ava invites Max to New York.		

f) *Tick (✓) the correct picture for what Ava says at the end.*

 ☐  ☐  ☐

Green Line 1 Bayern
Vorschläge zur Leistungsmessung
ISBN: 978-3-12-803121-5

© Ernst Klett Verlag GmbH, Stuttgart 2017 | www.klett.de
Von dieser Druckvorlage ist die Vervielfältigung für den eigenen
Unterrichtsgebrauch gestattet. Die Kopiergebühren sind
abgegolten. Alle Rechte vorbehalten.

Textquelle: Michael Kleis, Geltendorf
Foto: MEV Verlag GmbH, Augsburg; shutterstock (Osugi), New York, NY;
Fotolia.com (kropic), New York

5   Vocabulary: Dates → after Check-in

It's the beginning of a new year and the Smiths are talking about their plans. Look at their calendar and then complete the text. Write the dates in words.

Tom: Mum, can I have a party on _____

_____? It's three days after my birthday and it's a Saturday.

Then all my friends can come.

Mum: Yes, _____ idea. Let's write

this down. Have you got something for the calendar, Tina?

Tina: Yes, I have. On _____ there's a

charity event at our school.

Tom: Isn't it on _____?

Tina: No, that's the next day, a Saturday. The event is on Friday.

Mum: Peter, _____?

Peter: Well, on _____ there's an

important football match. I want to go and see it.

Tina: Then we must write down the _____

_____ too because the new J. K. Rowling book comes

out on that day.

February
Mo Tu We Th Fr Sa Su
(12) 13 14 13 14 15 16
Football match

February/March
Mo Tu We Th Fr Sa Su
26 27 28 (1) 2 3 4
JKR new book!

June
Mo Tu We Th Fr Sa Su
18 19 20 21 (22) 23 24
charity event

July/August
Mo Tu We Th Fr Sa Su
27 28 (1) 2 3 4 5
Tom's birthday!

6   Vocabulary: My birthday party → after Station 1

Put in the missing words.

15th January ● birthday ● blow ● can (2x) ● candles ● celebrate ● cream ● favourite ● food ●
have school ● ice rink ● invitation ● jelly ● Monday ● must ● mustn't (2x) ● need ● needn't ●
prepare ● skates ● skating ● trifle ● wish

My birthday is on _____ (1), but that's a _____ (2). A lot of my friends

_____ (3) come on that day because we _____ _____ (4) in the afternoon,

so my parents say I _____ (5) _____ (6) on Saturday after my _____ (7).

In the _____ (8) I _____ (9) tell my friends to bring their _____ (10)

because then we _____ (11) go to the _____ _____ (12). I love

_____ (13) but we _____ (14) run on the ice! My mother says I _____ (15)

help her to make the _____ (16), but I want to! It's easy. My _____ (17)

dessert is _____ (18) and I know how to _____ (19) it. You _____ (20)

sponge cake, _____ (21), custard and _____ (22). At my party we

_____ (23) forget the _____ (24) because I want to _____ (25)

them out and make a _____ (26). Perfect!

Green Line 3
Vorschläge zur Leistungsmessung
ISBN: 978-3-12-834234-4

© Ernst Klett Verlag GmbH, Stuttgart 2016 | www.klett.de
Von dieser Druckvorlage ist die Vervielfältigung für den eigenen
Unterrichtsgebrauch gestattet. Die Kopiergebühren sind
abgegolten. Alle Rechte vorbehalten.

Textquelle: Michael Kleis, Geltendorf

7 Vocabulary: Sleepovers → after Station 1

Tick (✓) the correct answer. Only one answer is correct.

1. Sleepovers ☐ a) need   be great fun!
   ☐ b) can
   ☐ c) can't

2. If your parents think it's OK, you can ☐ a) invate   your friends for a party.
   ☐ b) to invite
   ☐ c) invite

3. When it's late, your friends ☐ a) needn't   go home.
   ☐ b) needn't to
   ☐ c) mustn't

4. You ☐ a) must make turns   when you open the presents.
   ☐ b) can take turns
   ☐ c) need take turns

5. One of you ☐ a) needs   start.
   ☐ b) must
   ☐ c) needn't

6. But you ☐ a) must   be careful, you ☐ a) needn't   break it!
   ☐ b) mustn't   ☐ b) mustn't
   ☐ c) needn't   ☐ c) mustn't to

7. After opening the presents, it's time to have some trifle or cake with ☐ a) candels   on it.
   ☐ b) candle
   ☐ c) candles

8. When you blow them out, you can ☐ a) say   a wish.
   ☐ b) make
   ☐ c) ask

9. For example, if it's your ☐ a) twelth   birthday, you can blow out twelve candles.
   ☐ b) twelvth
   ☐ c) twelfth

10. Later, after the food, it's time to play games. ☐ a) Know you   lots of games?
    ☐ b) Do you know
    ☐ c) Knowst you

11. ☐ a) There are   so many games for ☐ a) childrens   parties! Have a lot of fun!
    ☐ b) It gives   ☐ b) children
    ☐ c) It has   ☐ c) children's

12. And then ☐ a) celebrate your sleepover!
    ☐ b) selebrate
    ☐ c) celibrate

Green Line 1 Bayern
Vorschläge zur Leistungsmessung
ISBN: 978-3-12-803121-5

© Ernst Klett Verlag GmbH, Stuttgart 2017 | www.klett.de
Von dieser Druckvorlage ist die Vervielfältigung für den eigenen
Unterrichtsgebrauch gestattet. Die Kopiergebühren sind
abgegolten. Alle Rechte vorbehalten.

Textquelle: Michael Kleis, Geltendorf

61

8   Language: Planning a party → after Station 1

Use words from the box to complete the text. There are four extra words.

> any • blue • broken • Bye • can • can't (2x) • decorate • eat • haven't • Hello • must (3x) •
> mustn't • need • needn't • new • party • pink • tidy

Jane: Mum! If I tidy the house today, I can't _____ (2) my room for the party.

Mum: Jane, you _____ (2) tidy the house today. We can decorate your room later.

Dad: Jane! Stop that! You _____ (3) eat all that trifle!

Jane: But Dad, I'm hungry! Mum, _____ (4) we watch a film at the party?

Mum: Sorry, Jane. The TV is _____ (5). You _____ (6) watch a film. Is

                that your phone, Jane? Something's ringing.

Mia: What's your _____ (7) theme, Jane?

Jane: Hello Mia. It's pink. Everybody _____ (8) wear _____ (9) things! But

                you _____ (10) bring any food. We've got enough food here.

Mia: OK, thanks, Jane. _____ (11)!

Dad: Jane, I hope you _____ (12) just got trifle for the party, because there's not

                much trifle here _____ (13) more!

Mum: Oh, you two are silly! Of course we've got more things to _____ (14). You know

                there's a cake in the kitchen. But I _____ (15) make another trifle now,

                because you two are eating too much!

9   Language: My awful birthday party last year → after Station 2

Complete the text with the correct letters.

"What do you want to do on your birthday this year?" asked my mum. "Er …," I answ__ __ __ __ .

Then I remem__ __ __ __ __ my birt__ __ __ __ last ye__ __ . I invi__ __ __ some

frie__ __ __ for m__ first sleep__ __ __ __ and I w__ __ very exc__ __ __ __ .

My frie__ __ __ came to m__ house a__ 5 o'cl__ __ __ and th__ __ gave m__ some

gre__ __ presents. Th__ __ we watc__ __ __ a fi__ __ on TV, a__ __ we we__ __ to

b__ __ at 10 o'clock. Wh__ __ we we__ __ in b__ __ , we tal__ __ __ a l__ __ , and

th__ __ we wan__ __ __ some mo__ __ food. "W__ can b__ __ some a__ the

super__ __ __ __ __ __ ," said George. "I__ closes a__ 12 o'cl__ __ __ and i__ '__ only

11 o'clock." S__ we clim__ __ __ out o__ the win__ __ __ , but th__ __ George trip__ __ __

and fe__ __ and hu__ __ his le__ . He shou__ __ __ for he__ __ and m__ parents r__ __

out o__ the hou__ __ . That's ho__ my sleep__ __ __ __ ended. "So, what do you want to do

this year?" my mum repeated. "Er … Can I invite some friends for a … trifle and lemonade?" –

"Well, I think I like that idea."

Green Line 3
Vorschläge zur Leistungsmessung
ISBN: 978-3-12-834234-4

© Ernst Klett Verlag GmbH, Stuttgart 2016 | www.klett.de
Von dieser Druckvorlage ist die Vervielfältigung für den eigenen
Unterrichtsgebrauch gestattet. Die Kopiergebühren sind
abgegolten. Alle Rechte vorbehalten.

Textquelle: Michael Kleis, Geltendorf

10 Language: My last birthday → after Station 2

Use the correct forms of the words from the box to complete the text. There are four extra words.

answer • ask • be • bedroom • come • do • get • go • hear • need • present • problem
• read • say • sleep • talk • tell • think • year

Last year before my 11th birthday my dad asked me what I wanted to have as a present.

"We haven't got much money now because we _____ (1) to do some work on the house",

he _____ (2). But I _____ (3) of only one wish: my own bedroom. My sister and

I _____ (4) in the same room and there _____ (5) always lots of problems!

When I _____ (6) my homework, she always _____ (7) in and _____

(8) on her mobile. When I _____ (9) her I _____ (10) to sleep, she still

_____ (11) her book. It _____ (12) so unfair! When my dad _____

(13) about my wish, he _____ (14): "Well, Zara's only nine, but I understand your

_____ (15). And your wish isn't very expensive." So I _____ (16) my own

bedroom. And I'm so happy now!

11 Language: Dave's vacation in the USA → after Station 3

Complete the dialogue.

It is Saturday evening. Dave is skyping with his American friend, Emily from the USA.

Emily: What are your plans for the summer _____ (1)?

Dave: You mean, my holidays? Well, last year the four of us _____ (2) to the USA

        for the first time. I don't know about this year. We haven't got any plans.

Emily: Wow, you _____ (3) here? _____ (4) it?

Dave: Oh, we _____ (5) a lot of fun. We _____

        (6) it was too hot – the weather was really good. We _____ (7) around a lot

        and we _____ (8) a lot of sights.

Emily: _____ (9)?

Dave: We saw the Statue of Liberty and the Empire State Building.

Emily: _____ (10) up the Empire State Building?

Dave: Of course we _____ (11). And we _____ (12) how wonderful

        New York City is.

Emily: _____ (13) after New York?

Dave: Well, we were in Washington _____ (14) a week and then we had another

        _____ (15) in Florida.

Emily: And would you like to come again this year?

Dave: I can ask my parents. Maybe …

 **Green Line 1 Bayern**
Vorschläge zur Leistungsmessung
ISBN: 978-3-12-803121-5

© Ernst Klett Verlag GmbH, Stuttgart 2017 | www.klett.de
Von dieser Druckvorlage ist die Vervielfältigung für den eigenen
Unterrichtsgebrauch gestattet. Die Kopiergebühren sind
abgegolten. Alle Rechte vorbehalten.

Textquelle: Michael Kleis, Geltendorf

63

12   Language: Ryan and Luke → after Station 3

Ryan and Luke are talking to each other. Sometimes there are misunderstandings[1] because Ryan speaks American English and Luke speaks British English. Complete the text.

Ryan: I love my vacation.

Luke: I'm sorry, _____ (1)?

Ryan: Oh, I think you say "h_____" (2). Well, I _____ (3) it when I can sleep

in every day for two and a half months. In the s_____ (4), we _____ (5)

a lot of b_____ (6) in our y_____ (7), they're a_____ (8)!

What kind of food _____ (9)?

Luke: I _____ (10) sweets, and fish and c_____ (11).

Ryan: Oh, you mean candy and fish and f_____ (12)?

Luke: That s_____ (13) funny. Hmm … y_____ (14) Dave _____ (15)

and we _____ (16) a lot of sweets when we _____ (17) TV. But it

_____ (18) too much. So, today I _____ (19) a bit ill.

Ryan: That's bad l_____ (20)! I've got a question: _____ (21)

to come to the USA next year?

Luke: I _____ (22) there with Dave's family last year. I _____

(23) I can go again next year. It's too e_____ (24).

Ryan: Well, maybe I can come and visit you.

Luke: That's a great idea!

1 misunderstanding Missverständnis

13   Language: Did you stay at home last night → after Check-out

Complete the text.

Tom: Nathan, did you stay at home last night?

Nathan: Yes, I did. But it wasn't much fun. I _____ (1) to invite my friends to watch

a _____ (2) at 7 p.m., but my sister invited her friends instead.

Tom: _____ (3) her friends?

Nathan: She invited them _____ (4) a sleepover.

Tom: _____ (5) about that?

Nathan: Of course, I wasn't happy! _____ (6)! They _____ (7)

a lot and _____ (8) noisy games.

Tom: Oh, I'm _____ (9). Maybe you can invite us now for next Friday!

Nathan: _____ (10). Bye, Tom!

Tom: Bye, Nathan! See you next Friday!

Klett

Green Line 3
Vorschläge zur Leistungsmessung
ISBN: 978-3-12-834234-4

© Ernst Klett Verlag GmbH, Stuttgart 2016 | www.klett.de
Von dieser Druckvorlage ist die Vervielfältigung für den eigenen
Unterrichtsgebrauch gestattet. Die Kopiergebühren sind
abgegolten. Alle Rechte vorbehalten.

Textquelle: Michael Kleis, Geltendorf

14 Writing: You're invited!

Write an invitation to your birthday party in five to six sentences. Use the checklist for help.

Checklist:	Dear _____,
→ Day? → Time? → Place? → Theme? → Bring something? → Wear something special? → Answer by e-mail or call?	_____ _____ _____ _____ _____ _____ _____ Love, _____

15 Writing: A reply

You've got two invitations for the same day, but you can only go to one party. Which party do you want to go to? Why can't you go to the other party? Be polite! Do you have any other questions? Write each reply in three to four sentences.

Dear _____, Please come to my ice party on Saturday 22nd July. The party is at the ice rink at 3 p.m. but we meet at my house at 2 p.m. You needn't bring skates. Let me know if you can come. Love, Lisa	Dear _____, Please come to my swimming party on Saturday 22nd July. The party is at the leisure centre at 3 p.m. but we meet at my house at 2 p.m. Please bring your swimming costume[1]. Let me know if you can come. Love, Kevin

1 swimming costume Badeanzug

Dear Lisa, _____   Dear Kevin, _____

_____   _____

_____   _____

_____   _____

_____   _____

_____   _____

_____   _____

_____   _____

Green Line 1 Bayern
Vorschläge zur Leistungsmessung
ISBN: 978-3-12-803121-5
© Ernst Klett Verlag GmbH, Stuttgart 2017 | www.klett.de
Von dieser Druckvorlage ist die Vervielfältigung für den eigenen
Unterrichtsgebrauch gestattet. Die Kopiergebühren sind
abgegolten. Alle Rechte vorbehalten.
Textquelle: Michael Kleis, Geltendorf
65

16   Mediation: Four tips for Justin's birthday party

Justin ist neu an deiner Schule und möchte seinen Geburtstag mit seinen neuen Freunden feiern. Aber er weiß nicht, ob man in Deutschland Geburtstage wie in den USA feiert. Du hast im Internet gesurft und schreibst Justin die Antwort auf seine Fragen.

Justins Fragen:
- Wo feiert man Partys am besten?
- Wie viele Leute sollten kommen?
- Was kann man bei der Party machen?
- Wie sieht es mit Essen und Getränken aus?

Du planst eine Geburtstagsparty?

Dann sind wir genau richtig für dich! Die folgenden Tricks sollen dir helfen, eine erfolgreiche Geburtstagsparty zu veranstalten.

Draußen oder im eigenen Zimmer?

Bei schönem Wetter solltest du natürlich im Freien feiern (im eigenen Garten, auf dem Sportplatz usw.). Aber auch das eigene Zimmer kann toll sein. (Aber: Vorher aufräumen!!!). Wenn genügend Platz in der Wohnung oder im Haus ist, dann kann der Spaß auch dort losgehen!

Partygäste einladen

Das Wichtigste sind die Leute, die du einladen möchtest. Es sollten gleich viele Mädchen und Jungen sein – vielleicht aus deiner Klasse oder deinem Sportverein. Die Anzahl ist wichtig – nicht zu viele und nicht zu wenige. Bei mehr als zehn Gästen wird es schnell unübersichtlich!

Spiele spielen?!

Macht euch im Vorfeld Gedanken darüber, welche Spiele (Karten-, Gruppen- oder Gesellschaftsspiele) gut bei euren Freunden ankommen. Manchmal gehören auch Verkleidungen dazu. Entweder stellt ihr die Kostüme oder aber jede(r) muss bereits im Kostüm kommen. Das muss dann in der Einladung stehen!

Wichtig – das Essen und die Getränke

Wenn ihr viel in Bewegung seid – und das sollt ihr ja! – ist es wichtig, ausreichend Getränke zur Verfügung zu haben. Chips sind zum Beispiel gut für den kleinen Hunger. Am Abend kann es dann Pizza oder Hamburger geben. Das kommt immer gut an!

Wie ist es mit der Musik?

Klar, Musik ist wichtig. Sonst kommt man nicht so richtig in Schwung. Aber macht's nicht zu laut. Das stört die Nachbarn und irgendwann ist auch die laute Musik für euch nicht mehr lustig. Schaut zu, dass für jeden Geschmack etwas dabei ist. Meistens haben Freunde ja sowieso einen ähnlichen Geschmack.

---

17   Mediation: 3rd October: A special day in Germany

Deine amerikanische Freundin Jasmine hat im Geschichtsunterricht von der Wiedervereinigung Deutschlands gehört und möchte wissen, wie man den Tag der Deutschen Einheit normalerweise feiert. Du hast auf einer Website die folgenden Informationen zum 3. Oktober gefunden. Schreibe Jasmine in einer E-Mail, wo und wie der 3. Oktober gefeiert wird. Lade sie am Ende auf einen Besuch in Deutschland ein.

Der Tag der Deutschen Einheit

Am 3. Oktober feiern wir die Einheit Deutschlands. Jedes Jahr findet diese Feier in einem anderen Teil des Landes statt. Der 25. Jahrestag wurde 2015 in Frankfurt am Main gefeiert, 2016 waren die Feierlichkeiten in Dresden und 2017 ist Mainz an der Reihe. Vom 1.–3. Oktober wird unter dem Motto „Brücken bauen" gefeiert. Im jeweiligen Stadtzentrum stellen sich die 16 Bundesländer mit vielen Köstlichkeiten und typischen Besonderheiten vor. Am Vorabend des 3. Oktober gibt es viele Veranstaltungen, bei denen Bilder-, Licht- und Lasershows für viel Spaß sorgen. Essen und Getränke gibt es natürlich auch. Es werden Gegrilltes, Eis und verschiedenste Getränke angeboten. Nicht nur die Kinder kommen dabei auf ihre Kosten! Am 3. Oktober selbst darf natürlich ein Feuerwerk nicht fehlen. Zum Abschluss des Feiertages werden die Besucher aus aller Welt während der Fernsehübertragungen ihre Freude an diesem Ereignis haben.

Green Line 3
Vorschläge zur Leistungsmessung
ISBN: 978-3-12-834234-4

Textquelle: Michael Kleis, Geltendorf
Illustration: Dorothee Wolters

English: Class test _____ Name: _____ Date: _____

1 Reading: Children and their hobbies

A I'm Ann, and I'm into books! I've got lots in my room! I like animals too. I've got two mice here. I've got a keyboard. I can't play it but I can start lessons next week. I like skateboarding and cycling.

B I'm Ellis and my favourite sport is football. I'm the best in my class! I like basketball too. I don't like swimming. I like to read, but I haven't got lots of books. I love music. I can play the keyboard in music class, but I haven't got a keyboard at my house.

C I'm Harry and my favourite hobby is reading. I've got lots of books. I've got a computer and lots of computer games too. I love animals. I want a guinea pig, but Mum says no. I like to paint. I know what I can do! I can paint a picture of a guinea pig for my room!

D I'm Lilly. My hobbies are football, computer games and music. I've got a computer and games. I like to take photos of my friends. You can see them on my walls. I've got a keyboard too.

a) *Read the text. Match the children and their rooms. Write the letter in the box.*

b) *There are three wrong things in one room. Write them down.*

_____'s room: _____

c) *Match the sentence parts.*

1. Ann has got	a) good at sports.	1.
2. Ann and Ellis like	b) photos of her friends.	2.
3. Ellis is	c) music.	3.
4. Ellis can	d) reading.	4.
5. Harry and Lilly have got	e) into painting.	5.
6. Harry is	f) a computer.	6.
7. Lilly has got	g) play the keyboard.	7.
8. Lilly and Ellis like	h) pets.	8.

d) *Who can be a good friend for you: Ann, Ellis, Harry or Lilly? Explain your answer (2 sentences).*

__ / __

_____

_____

Green Line 1 Bayern
Vorschläge zur Leistungsmessung
ISBN: 978-3-12-803121-5

© Ernst Klett Verlag GmbH, Stuttgart 2017 | www.klett.de
Von dieser Druckvorlage ist die Vervielfältigung für den eigenen
Unterrichtsgebrauch gestattet. Die Kopiergebühren sind
abgegolten. Alle Rechte vorbehalten.

Textquelle: Dorothea Jakob, Nürnberg
Bildquelle: Simone Pahl

67

Muster-Schulaufgabe (Unit 2)

English: Class test _____ Name: _____ Date: _____

2 Vocabulary: Trouble with a friend

Complete the dialogue with the correct words or phrases.

Holly is angry: Some people always f_____ (1) their school things, and they always

j _____ (2) ask me! "Holly, can I have your rubber? Holly, I _____ (3)

a pen! Holly, can you _____ (4) me your ruler? Please!" And I'm always nice

and say: "Yes, _____ _____ _____ (5)!" I don't

want to _____ (6) trouble, but the teachers think I talk too _____ (7).

And then they say to me: "_____ (8) it! Listen now, Holly and be quiet!"

But it's just because Emma asks me for my things again and again! It's awful!

Olivia: Well, why are you always so polite to Emma? You can be r_____ (9):

Don't answer her! Then the teacher can't hear your _____ (10) because you are

quiet.

Holly: Oh, great! I'm s_____ (11) that's a good idea! Olivia, you are

r_____ (12) cool!

__ / __

3 Language: Panic before school

*Complete the text with the correct words (_ _ _ _) and **this**, **that**, **these** or **those**.*

What's the time? Oh no, look at _____ (1) clock there! I have only got two minutes,

so please help me to be _ _ _ _ (2) now! And I can't _ _ _ _ (3) the brown shoes[1] with

_____ (4) blue uniform, Mum! Where are my new shoes? Maybe in one of

_____ (5) boxes here? And where is my English _ _ _ _ _ _ _ _ (6) for the first

lesson with Mr Swindon, the story about my family? Ah, it's here in _____ (7) exercise

book.

Let's put all _____ (8) books over there in my _ _ _ _ _ _ _ _ _ (9) too.

I need them for the other lessons. And I haven't got money for the lunch _ _ _ _ _ (10)!

I want to eat at the cafeteria today ! The _ _ _ _ (11) there is really good, I like the chips and the

chocolate pudding, too! And I can _ _ _ (12) next to my friends and talk, that's fun.

Ah, _____'s (13) Luke at the door. Now let's run. Mr Swindon is _ _ _ _ _ (14) when

we are _ _ _ _ (15).

__ / __

1 shoes Schuhe

Green Line 1 Bayern
Vorschläge zur Leistungsmessung
ISBN: 978-3-12-803121-5

Textquelle: Dorothea Jakob, Nürnberg

English: Class test _____ Name: _____ Date: _____

4 Language: Rules at your school

What are the rules at your school? Use 3–4 positive and 3–4 negative imperative forms.

Example: Be polite! / Don't be rude!

Positive   Negative

_____   _____

_____   _____

_____   _____

_____   _____

_____   _____

__ / __

5 Writing: A new friend

*You are new in London. There are nice boys and girls in your new sports club. You tell your English school friends about your new friend Kate **or** Tom. Look at the information and write 5–6 sentences about Kate **or** Tom.*

- From: Stratford, London
- Family: Two sisters, dog, cat
- Hobbies: skating, cycling and computers
- Music: saxophone, sing
- Best friend: Liz
- School: old, no recording studio

- From: Greenwich
- Family: only child, eight cousins
- Hobbies: drawing, football
- School: London Road School
- Favourite lesson: Art
- School: new, great computer room

_____

_____

_____

_____

_____

_____

__ / __

__ / __

Good luck!

3/3

Green Line 1 Bayern
Vorschläge zur Leistungsmessung
ISBN: 978-3-12-803121-5

© Ernst Klett Verlag GmbH, Stuttgart 2017 | www.klett.de
Von dieser Druckvorlage ist die Vervielfältigung für den eigenen
Unterrichtsgebrauch gestattet. Die Kopiergebühren sind
abgegolten. Alle Rechte vorbehalten.

Textquelle: Dorothea Jakob, Nürnberg
Illustration: Simone Pahl, jani lunablau, Barcelona

69

Muster-Schulaufgabe (Unit 5)

English: Class test _____ Name: _____ Date: _____

1   Listening: In the charity shop

a) *Jack and Amber Smith live in London. They bring things to sell at a charity shop. Listen and complete the sentences in 1–5 words.*

1. Amber and Jack bring two boxes full of _____

2. The woman in the shop likes _____

3. The shop always needs _____

4. Jack is looking at _____

5. The prices of the shoes are _____

6. It's good to shop here because _____

b) *Amber wants to buy some things too. What does she buy? Listen and tick (✓) the correct answers.*

A ☐   B ☐   C ☐

D ☐   E ☐   F ☐

c) *Put the headings for parts of the dialogue in the correct order. Write 1–5 in the boxes.*

☐ Let's remember – we don't want to buy new things.

☐ Good quality is always welcome at the charity shop.

☐ But only three things are OK!

☐ We're clearing out old things.

☐ Things in this shop really don't cost much.

d) *Match the sentence parts.*

1. Jack is	a) with nice animals on them.	1.
2. The shop always	b) it helps people if she shops here.	2.
3. Amber never	c) they have got many things at home.	3.
4. There are T-shirts	d) carrying boxes into the shop.	4.
5. The prices are	e) uses the nice bag.	5.
6. Amber thinks that	f) needs things for charities.	6.
7. Jack says	g) on the things.	7.

___ / ___

Green Line 1 Bayern
Vorschläge zur Leistungsmessung
ISBN: 978-3-12-803121-5

© Ernst Klett Verlag GmbH, Stuttgart 2017 | www.klett.de
Von dieser Druckvorlage ist die Vervielfältigung für den eigenen
Unterrichtsgebrauch gestattet. Die Kopiergebühren sind
abgegolten. Alle Rechte vorbehalten.

Textquelle: Michael Kleis, Geltendorf
Illustration: Simone Pahl

English: Class test _____ Name: _____ Date: _____

2   Vocabulary: Let's clear out the garage!

Oh no – these words are not in the text! Put them in the correct places. There's one example.

~~boxes~~ • charity • make • many • of • old • out • price • sell • throw • worry

"I've got an idea. Let's   clear   the   garage   and   take   all   of   our   things

to   the   shop," Kerry   says.   "Oh   yes!" Sam   says.   "Then   they

can   money   and   we   don't   need   to   everything   away."   "But   the

garage   is   full   old   books.   How   does   the   charity   shop   want?"

asks   Mum.   "Don't   ,"   says   Kerry.   "They   always   want   books.   And

it's   easy   for   them   to   the   books,   because   the   is   always   so

cheap."   "OK", says   Mum.   "I've   got   lots   of ↑ here.   You   can

boxes

have   them." "Thank   you   Mum!" says   Kerry.   "You're   great!"

___ / ___

3   Language: A busy street

Complete the text with the correct letters.

It's Saturday at 10 a.m. in Town Street and lots of things are happening. M__ __   Green is

go__ __ __ into t__ __ market. S__ __ often bu__ __ her fr__ __ __ and ot__ __ __ things

t__ eat he__ __. And s__ __ sometimes se__ __ her frie__ __ __ here t__ __. One o__ her

frie__ __ __, Mr Bla__ __, sometimes sle__ __ __ late o__ Saturday morn__ __ __ __,

but to__ __ __ he's shop__ __ __ __ early. H__'s i__ the bo__ __ shop bec__ __ __ __

he's loo__ __ __ __ for a pres__ __ __ for h__ __ cousin. Anot__ __ __ friend, M__ __

Grey, i__ in the music sh__ __ and s__ __'__ listening t__ a n__ __ CD b__ her

favo__ __ __ __ __ singer. S__ __ really li__ __ __ the mu__ __ __! And th__ __ __ is

M__ __ White, M__ __ Green's be__ __ friend. S__ __'s run__ __ __ __ down To__ __

Street t__ stay f__ __. She al__ __ __ runs he__ __. Look, __ dog is chas__ __ __ Mrs

Wh__ __ __! It's M__ Brown's d__ __ and h__ sometimes cha__ __ __ after h__ __.

Mrs Wh__ __ __ usually lau__ __ __ about i__, but n__ __ always. A__ the mo__ __ __ __

___ / ___   the d__ __ is get__ __ __ __ on h__ __ nerves!

Green Line 1 Bayern
Vorschläge zur Leistungsmessung
ISBN: 978-3-12-803121-5

© Ernst Klett Verlag GmbH, Stuttgart 2017 | www.klett.de
Von dieser Druckvorlage ist die Vervielfältigung für den eigenen
Unterrichtsgebrauch gestattet. Die Kopiergebühren sind
abgegolten. Alle Rechte vorbehalten.

Textquelle: Michael Kleis, Geltendorf

71

English: Class test _____ Name: _____ Date: _____

4 Language: In the shopping centre

There is something wrong with the <u>underlined</u> words. Write down the correct words on the right.

Woman: Can I <u>helping</u> you? _____

Holly: Yes, please. I <u>look</u> for a T-shirt. How <u>many</u> is this _____

one? _____

Woman: Let's look at the <u>prize</u>. It's £4.99. It's on <u>bargain</u> this _____

week. _____

Holly: Wow! I usually pay <u>a lot of </u>more! And I need <u>any</u> _____

shoes too. _____

Woman: They're £28. They're top <u>charity</u>. _____

Holly: I can't <u>spending</u> so <u>many</u> money on shoes. Wait, that _____

woman is <u>geting</u> some nice shoes from the table _____

there. Are there <u>much</u> <u>sheep</u> shoes there? _____

Woman: Of course. <u>A couple</u> of our shoes are not expensive. _____

___ / ___

5 Mediation: Let's go to the shopping centre!

Dein englischer Freund Tim kommt zu Besuch und du willst ihm vorschlagen, dass ihr am Wochenende ins Einkaufszentrum geht, das gerade sein 25-jähriges Jubiläum feiert.
Erkläre ihm in einer E-Mail, was dort geboten wird, wann und warum man an diesem Wochenende einkaufen kann und schlage ihm zwei Orte – mit Begründung – vor, an denen ihr einkaufen könnt. Schreibe ca. 100 Wörter.

> **25 Jahre Einkaufen im Kaufhaus des Herzens!**
> Es gibt uns jetzt seit einem Vierteljahrhundert – und kein Ende ist in Sicht! In unserem Einkaufszentrum bekommen Sie alles, was Ihr Herz begehrt. Und das Beste: Auf vier Etagen finden Sie alles unter einem Dach, den Buchladen neben dem Supermarkt, das Sportgeschäft neben dem Café, das Computergeschäft neben dem Döner-Stand und vieles mehr.
>
> Feiern Sie ein ganzes Wochenende lang unseren Geburtstag mit uns. Kommen Sie mit der ganzen Familie am Samstag und Sonntag und kaufen von 10 Uhr bis 22 Uhr (das ganze Wochenende!) bei uns ein. Es warten unzählige Köstlichkeiten auf Sie. Sie werden sehen – es wird ein Fest. Viele Artikel werden reduziert angeboten werden, so dass Sie wirkliche Schnäppchen machen können. Clowns und andere Unterhaltungsangebote runden das Erlebnis ab. So wird für jeden etwas dabei sein – und Sie werden noch lange an dieses Wochenende zurückdenken!

___ / ___

___ / ___

Good luck!

72  **Green Line 1 Bayern** Vorschläge zur Leistungsmessung ISBN: 978-3-12-803121-5   © Ernst Klett Verlag GmbH, Stuttgart 2017 | www.klett.de Von dieser Druckvorlage ist die Vervielfältigung für den eigenen Unterrichtsgebrauch gestattet. Die Kopiergebühren sind abgegolten. Alle Rechte vorbehalten.   **Textquelle:** Michael Kleis, Geltendorf **Illustration:** jani lunablau, Barcelona

Unit 1

1 Reading: One bedroom for Sienna and Alexa

a) 1. <u>bathroom</u> – bedrooms, 2. (correct), 3. <u>clocks</u> – photos, 4. <u>brown</u> – red, 5. <u>Alexa</u> – Millie,
6. (correct), 7. (correct), 8. <u>floor</u> – chair

b) 1. new, nice, small, 2. (x), 3. small, blue, 4. (x), 5. brown, 6. (x), 7. big, old, red, 8. big

2 Reading: In Brook Lane

a) true: 1., 5., 8.; false: 2., 3., 4., 6., 7.

b) 1. a) + b), 2. (a +) c), 3. a), 4. c), 5. a) + b) + c), 6. a)

3 Listening: Olivia and Holly

a) 1. b) + d), 2. c) + d), 3. a) + c), 4. a) + d), 5. a) + b)

b) 1. They're on Holly's phone. 2. He's behind Dave in the street. 3. They go to the park.

c) 1. things, photos, 2. on the cupboard, 3. pink, 4. in the street, 5. Sherlock,
6. (5 things) her guinea pigs, the colours pink and white, Sherlock, her friends, photos;
(1 thing) cycling

4 Listening: In the park

a) 1. b), 2. a), 3. b), 4. a), 5. a), 6. c)

b) 1. d), 2. e), 3. b), 4. c), 5. a)

c) 1. C, 2. E, 3. A, 4. F, 5. B, 6. D

5 Vocabulary: Can't you see?

1. live, 2. different/isn't small, 3. families, 4. boys/children, 5. animals, 6. black, 7. white, 8. room,
9. small, 10. easy, 11. biscuits, 12. living, 13. kitchen, 14. garden, 15. awful, 16. maybe,
17. on/under/next to/behind, 18. child

6 Vocabulary: Where are Luke and Sherlock?

1. in, living, 2. next to, 3. on, floor, 4. books, under, 5. in front of, 6. behind

7 Vocabulary: How old are they?

1. fifteen, 2. thirteen, 3. twelve, 4. forty-two, 5. thirty-nine, 6. sixty-three, 7. seventy-four,
8. ninety-five

8 Language: Nina and her family

1. are, 2. isn't, 3. She's, 4. is, 5. I'm, 6. aren't, 7. they, 8. are, 9. We, 10. isn't, 11. is, 12. It's,
13. are, 14. They're, 15. you, 16. he's

9 Language: Luke and his family

1. is, I'm, 2. aren't, are, 3. isn't, She's, 4. isn't, He's, I'm, 5. is, isn't

10 Language: Questions to the friends

1. Is this your new T-shirt, Luke? 2. Where are my biscuits, Dave? 3. Are Holly and Olivia in the
park too? 4. Who are the boys in this football photo? 5. Where's our big red ball? 6. What's the
name of Holly's sister?

11 Language: An interview with Holly

1. your/their, 2. my, her, 3. My, 4. our, 5. Their, 6. Its, 7. his

Green Line 1 Bayern
Vorschläge zur Leistungsmessung
ISBN: 978-3-12-803121-5

© Ernst Klett Verlag GmbH, Stuttgart 2017 | www.klett.de
Von dieser Druckvorlage ist die Vervielfältigung für den eigenen
Unterrichtsgebrauch gestattet. Die Kopiergebühren sind
abgegolten. Alle Rechte vorbehalten.

Textquellen: Michael Faselt, Bamberg; Dorothea Jakob, Nürnberg;
Michael Kleis, Geltendorf

73

12 Language: Two rooms

a) *Lösungsvorschlag*

1. In A there's a fridge, but in B there isn't a fridge.
2. In A there are biscuits on the table, but in B there are biscuits under the table.
3. In A there are four chairs, but in B there are two chairs.
4. In A there are two boys under the table, but in B there's a girl on the table.
5. In A the pictures are next to the door, but in B the pictures are next to the clock/cupboard.
6. In A there isn't a football in the cupboard, but in B there's a football in the cupboard.

b) 1. No, there isn't. 2. Yes, it is. 3. No, there aren't. 4. Yes, there are. 5. No, they aren't,
6. Yes, there is.

13 Writing: A family

a) *Lösungsvorschlag*

… Her parents are Tom and Sandra Brown. Her brothers are Tim and Kevin Brown. Tim is thirteen and Kevin is six. One grandad and one grandma are from London. They are the Browns. Grandma and Grandad Bauer are from Germany.

b) *Individuelle S-Lösungen.*

14 Writing: Martin's room

a) *Lösungsvorschlag*

There are football pictures on the wall. My bed is behind the door. There's a table next to it. A chair is in front of the table. My wardrobe is next to the door. My cars are on the floor. My football is under the bed. There isn't a TV and there isn't a sofa in my room.

b) *Individuelle S-Lösungen.*

15 Mediation: A problem

Lösungsvorschlag

Hi Luke! I can tell you about a boy, Leon. His problem is like the problem in your house. In his flat, there is only one room for him and his brother Michi/for the two boys. It's fun too. They can play together in their room. That's fun for Leon. But Michi is six and his things are everywhere. His cars are on the floor, his ball is in Leon's bed and his biscuits are under the table. And Leon is so scared of rats!

16 Mediation: A penfriend for Felix

Lösungsvorschlag

Hi Alina,

Can you find a penfriend for my friend from school? He says: "I'm Felix Neuberger. I'm 11. My favourite sport is cycling and I love books. Pizza is my favourite food. I like cats, but I'm scared of dogs." Maybe there's a girl or a boy in your school for him. Thank you! Say hello to your dog from me!

Bye, (name)

Unit 2

1 Reading: Children and their hobbies

a) C – D – B – A

b) Ellis's room: the posters, lots of books, the keyboard

c) 1. h), 2. d), 3. a), 4. g), 5. f), 6. e), 7. b), 8. c)

d) *Lösungsvorschlag:* Ann can be a good friend for me. I like books and animals too.

 **Green Line 1 Bayern**
Vorschläge zur Leistungsmessung
ISBN: 978-3-12-803121-5

© Ernst Klett Verlag GmbH, Stuttgart 2017 | www.klett.de
Von dieser Druckvorlage ist die Vervielfältigung für den eigenen
Unterrichtsgebrauch gestattet. Die Kopiergebühren sind
abgegolten. Alle Rechte vorbehalten.

Textquellen: Michael Faselt, Bamberg; Dorothea Jakob, Nürnberg;
Michael Kleis, Geltendorf;

2 Reading: A trick, a trick!

a) 1. E, 2. C, 3. D, 4. (–), 5. B, 6. F, 7. (–), 8. A

b) 1. Amy, 2. uncle, 3. swimming lesson, 4. under, 5. bed, 6. garden, 7. play, 8. trick

c) true: 1., 5., 8.; false: 2., 3., 4., 6., 7.

3 Listening: At school

a) 1. a) + c), 2. c), 3. b), 4. d), 5. b) + c) + d), 6. c), 7. a), 8. b)

b) 1. shop, pencil-case, football, 2. cafeteria, lunch, pay, 3. recording studio, sing, Jay, 4. classroom, animal, fantasy, animal

4 Listening: Rules

a) 1. B, 2. C, 3. D, 4. A

b) true: 2., 4., 7.; false: 1., 3., 5., 6.

c) 1. e), 2. f), 3. g), 4. c), 5. i), 6. a), 7. d), 8. b), 9. h)

d) Sisters can't go in my/his bedroom.

5 Viewing: Schools in the UK

a) 2 – 4 – 1 – 3

b) 1. d), 2. c), 3. b) + c), 4. d), 5. a), 6. b) + c), 7. a), 8. c)

c) 1. old, new, 2. school uniforms, black, 3. the same, Sports/Science, Music, 4. cafeteria, eat, drink, 5. go/walk home

6 Vocabulary: A different Art lesson

1. boring, 2. lessons, 3. silly, 4. Well, 5. paint, 6. teacher, 7. Wait, 8. everyone, 9. call, 10. magazine, 11. take, 12. question

7 Vocabulary: Trouble with a friend

1. forget, 2. just 3. need, 4. give, 5. here you are, 6. make, 7. much, 8. Stop, 9. rude, 10. voice, 11. sure, 12. really

8 Language: In the classroom

1. planner/exercise book, I have, 2. rubber, he hasn't, 3. money, we haven't, sweets, 4. pencil-cases, they have, 5. pen, it hasn't, 6. ruler, she has

9 Language: Panic before school

1. that, 2. fast, 3. wear, 4. this, 5. these 6. homework, 7. this, 8. those, 9. schoolbag, 10. break, 11. food, 12. sit, 13. that, 14. angry, 15. late

10 Language: The friends from TTS

1. Has Olivia got, has, 2. has got, 3. hasn't got, 4. Have Luke and Holly got, have, 5. has got, has got, 6. haven't got, 7. have got, 8. Has Dave got, has, 9. hasn't got

11 Language: Rules at your school

Lösungsvorschlag:

Positive: 1. Say hello to everybody. 2. Bring your books to school. 3. Listen to your teacher. 4. Do your homework.

Negative: 1. Don't be late. 2. Don't run in class. 3. Don't eat in the classrooms. 4. Don't use your phones in school.

 **Green Line 1 Bayern**
Vorschläge zur Leistungsmessung
ISBN: 978-3-12-803121-5
© Ernst Klett Verlag GmbH, Stuttgart 2017 | www.klett.de
Von dieser Druckvorlage ist die Vervielfältigung für den eigenen
Unterrichtsgebrauch gestattet. Die Kopiergebühren sind
abgegolten. Alle Rechte vorbehalten.
Textquellen: Michael Faselt, Bamberg; Dorothea Jakob, Nürnberg;
Michael Kleis, Geltendorf

75

12 Language: Don't forget your school things!

1. 've got, 2. haven't got, 3. Have, 4. haven't, 5. has got. 6. hasn't got, 7. has, 8. have, 9. 've got, 10. haven't got, 11. Has, 12. hasn't, 13. Have, 14. have, 15. has got

13 Language: In the Art lesson

1. don't talk, 2. Listen, 3. look at, 4. tell me about, 5. Don't run, 6. Don't sit

14 Language: At the Elliots'

1. a, Elliots, kids', books, Irina's, an, Luke's, an, boys'; 2. an, an, sister's, a, an; 3. Elliots', there's, an, a

15 Language: New at school

1. Can, can't, can't, have got, has got; 2. haven't got, Can, can't, hasn't got, can; 3. Has, has, haven't got

16 Writing: A new friend

Lösungsvorschlag
1. Kate is from Stratford in London. She's got two sisters, a dog and a cat. Her best friend is Liz. Her hobbies are cycling, skating and computers. She can play the saxophone and sing. Kate's school is old and it hasn't got a recording studio.
2. Tom is from Greenwich. He's an only child but he's got eight cousins. Tom is at/goes to London Road School and his favourite lesson is Art. He likes drawing and football. Tom's school is new. It's got a great computer room.

17 Writing: My fantasy school

Individuelle S-Lösungen.

18 Mediation: New at TTS

Lösungsvorschlag
Hi, I'm (name), I'm eleven and I'm from Munich, that's in Germany. My parents have got jobs in London now, so I'm new at this school. I haven't got friends here. Maybe you can help me?
What is our English teacher's name? Can you tell me where the cafeteria is? Maybe you can go to the cafeteria with me today?

19 Mediation: At the recording studio

Lösungsvorschlag
I'm sorry, Sam, you can't take photos here, but you can buy photos of the studio in the shop. In the shop you can buy a film DVD or a music CD for your mum and dad too. They're always busy with the stars here, so you can't make a recording. But maybe we can listen to a star today!

Muster-Schulaufgabe 1 (Unit 2)

Aufgabe 1: siehe Lösungen zu Aufgabe 1
Aufgabe 2: siehe Lösungen zu Aufgabe 7
Aufgabe 3: siehe Lösungen zu Aufgabe 9
Aufgabe 4: siehe Lösungen zu Aufgabe 11
Aufgabe 5: siehe Lösungen zu Aufgabe 16

 **Klett**

Green Line 1 Bayern
Vorschläge zur Leistungsmessung
ISBN: 978-3-12-803121-5

© Ernst Klett Verlag GmbH, Stuttgart 2017 | www.klett.de
Von dieser Druckvorlage ist die Vervielfältigung für den eigenen
Unterrichtsgebrauch gestattet. Die Kopiergebühren sind
abgegolten. Alle Rechte vorbehalten.

Textquellen: Michael Faselt, Bamberg; Dorothea Jakob, Nürnberg;
Michael Kleis, Geltendorf

Unit 3

1 Reading: Who's lucky?

a) 1. … talk and look at a shop or two. 2 …. she likes the food, she can meet her friends there.
3. … he practises the saxophone in the lunch break. 4. … she goes to bed at eight o'clock.

b) 1. 7:30 a.m., 2. 12.45 p.m., 3. 8 p.m., 4. 8:45 a.m., 5. 12.15 p.m., 6. 3:15 p.m., 7. 8 a.m.,
8. 9 p.m.

c) 1. a), b), d); 2. c)

2 Reading: A new pet?

a) 1. a), b); 2. a); 3. a), c); 4. b), 5. a); 6. b), c); 7. a), b); 8. c)

b) (–) – 2 – 1 – 3

3 Listening: Jay's day

a) A – Dialogue: 3, Time: 6 p.m.; B – Dialogue: 4, Time: 8:15 p.m.;
C – Dialogue: 1, Time: 7:30 a.m.; Dialogue: 2, Time: 3:45 p.m.

b) 1. b), 2. c), 3. a). 4. c)

c) 1 1. in bed, 2. get up/go to school
   2 1. Cooking Club, 2. 4:30 p.m.

d) 3 1. kitchen, 2. twenty, 3. can't, 4. half
   4 5. (dog-)tired, 6. know, 7. nine/9, 8. Friday(s), 9. half past eight/8:30

4 Listening: Homework is fun!

a) true: 3., 4., 7., 8., 10.; false: 1., 2., 5., 6., 9.

b) 1. Jay calls his mum at quarter past three. 2. Jay's at school. 5. Irina goes swimming on
Thursday(s). 6. Irina goes swimming at 4 (p.m.). 9. They like computer games/their homework
(today).

c) 1. five/5:00, 2. eat, 3. living room, 4. can, 5. because, 6. half past five/5:30, 7. homework,
8. games, 9. about, 10. love/like

5 What time is it and where's Jay?

1. half past three (a.m.), bed; 2. ten to eight (a.m.), breakfast; 3. quarter past eleven (a.m.), lesson;
4. quarter to 12 (a.m.), lunch; 5. twenty past two (p.m.), room/lesson; 6. ten past six (p.m.), dinner;
7. eight o'clock (p.m.); 8. quarter to nine (p.m.)

6 Vocabulary: Steve's Sundays

1. d) + n), 2. a) + j), 3. g) + i), 4. f) + m), 5. c) + l), 6. e) + p), 7. b) + o), 8. h) + k)

7 Vocabulary: Two different brothers

1. tall/big, 2. new, 3. awful, 4. polite/friendly, 5. always, 6. after

8 Vocabulary: The Winslows' busy days

1. where, 2. breakfast, 3. lunch, 4. every, 5. tired, 6. work, 7. because, 8. basketball, 9. other,
10. tidy, 11. usually, 12. dinner, 13. then

9 Vocabulary: Help!

1. loft, 2. house, 3. quiet, 4. problem, 5. neighbour, 6. gets, 7. asks, 8. even, 9. tired, 10. snores,
11. friendly, 12. Why, 13. situation

10 Language: Our week

Lösungsvorschlag

1. (In the evenings) I always practise the saxophone (in the evenings). 2. (On Thursday afternoons) Adam and Oscar are usually at Cooking Club (on Thursday afternoons). 3. (On Tuesdays) My friends and I are often in the park (on Tuesdays). 4. (On Wednesdays) Adam has got his saxophone lessons at school (on Wednesdays). 5. (On Saturdays) I sometimes play netball (on Saturdays). 6. (On Fridays) My friends usually come to my house after school (on Fridays).

11 Language: David's e-mail

1. our, 2. often works, 3. on, 4. to, 5. we aren't, 6. by, 7. there's/there is, 8. to the cafeteria at one o'clock, 9. gets, 10. on, 11. of

12 Language: My family

1. get up, 2. eat, 3. comes, 4. brings, 5. eats, 6. eat, 7. goes, 8. sleeps, 9. sleep, 10. interesting, 11. loves/goes, 12. love, 13. watch, 14. watches, 15. think, 16. watch, 17. go

13 Language: Tiger, the cat

1. their, 2. face/feet, 3. tail, 4. after, 5. their, 6. They're, 7. In, 8. always. 9. busy, 10. breakfast, 11. then, 12. to, 13. where, 14. pens, 15. pencils, 16. rubbers, 17. rulers, 18. drinks, 19. there, 20. chair, 21. Sometimes, 22. of, 23. friendly, 24. never

14 Writing: Jay's Saturdays

Lösungsvorschlag

On Saturdays Jay <u>usually</u> gets up at 8:30 a.m. He and his <u>nice</u> friend Luke <u>often</u> meet in town in the morning. In the <u>afternoon</u> Jay <u>sometimes</u> plays football with his friends in the park. That's fun. Jay <u>often</u> helps his uncle in his <u>restaurant</u>. He often has dinner there, together with his uncle and his brother. The two brothers like their uncle's restaurant because the <u>food</u> is very good. In the <u>evening</u> Jay watches TV.

15 Writing: Your Sunday

Lösungsvorschlag

Hi (name),

On Sundays my parents and I always get up late and eat a big breakfast. I love that because we can talk a lot. Then we usually visit my grandparents. That's great because they are very nice and my grandad has got lots of computer games and he plays with me. But in the afternoon I always do my homework for Monday. That's boring.

Bye, (name)

16 Mediation: David's homework

Hi David,

Yes, I can help you! They can use the computers in a computer club too, not only in lessons. There are three computer clubs at the school. Yes, they can buy food in the lunch break and eat it in the school cafeteria. But no, they can't do sports lessons every day. They've got two or three sports lessons every week, not every day!   Love (name)

17 Mediation: A school day in Germany

Her name is Lara. She goes to Otto-Fritz-Schule in Murnau. She usually gets up at half past six, goes to the bathroom and washes and then she has breakfast. She goes to school by bike. Her school begins at 8:00 a.m. and usually ends at 1:00 p.m. In the afternoon she does her homework and often meets friends. On Monday afternoon she has her saxophone lessons at 3:15 p.m. On Friday afternoon she goes to her father's surgery and helps him there.

Green Line 1 Bayern
Vorschläge zur Leistungsmessung
ISBN: 978-3-12-803121-5

© Ernst Klett Verlag GmbH, Stuttgart 2017 | www.klett.de
Von dieser Druckvorlage ist die Vervielfältigung für den eigenen
Unterrichtsgebrauch gestattet. Die Kopiergebühren sind
abgegolten. Alle Rechte vorbehalten.

Textquellen: Michael Faselt, Bamberg; Dorothea Jakob, Nürnberg;
Michael Kleis, Geltendorf

Unit 4

1 Reading: Places to visit in and around Greenwich

a) 1. Westfield and Maritime Museum, 2. Maritime Museum, 3. Westfield, 4. Maritime Museum, 5. Maritime Museum, 6. Maritime Museum

b) 1. five p.m. 2. ten p.m. 3. music, 4. watch a film, 5. meet a sailor, 6. true

c) Westfield: 1. go to shops, 2. go to a café/restaurant, Maritime Museum: 1. find out about old ships, 2. be a captain on the computer

2 Reading: The Greenwich survey

a) true: 1., 2., 6., false: 3., 4., 5.

b) 3. The boy is from Greenwich. 4. The woman is from Brighton. 5. They meet in the park.

c) 1. they can't speak English, 2. they don't have time, 3. three, 4. go to a café, 5. want to eat lunch, 6 see the girls, 7. happy

3 Listening: Let's go! But where?

a) 1. You can find out all about Whitepool. 2. It's free. 3. You can do lots of sports. 4. All day. 5. You can see lambs and horses. 6. It costs too much.

b) 1. c), 2. a) + c)

c) 1. information, 2. centre, 3. useful, 4. (place on the) pier, 5. play great computer games, 6. ten, 7. go to the shops, 8. the small streets (of Whitepool), 9. pier

4 Listening: Can I help you?

a) 1. yes, 2. It opens at nine a.m. and closes at five p.m. 3. They can play with little animals (like guinea pigs and rabbits). 4. It closes at five p.m. 5. by car, bus or train

b) true: 3., 4., false: 1., 2., 5.

c) **1** 1. two, 2. girls/children, 3. weekend, 4. four, 5. restaurant, 6. Kitchen, 7. Mondays,
2 1. one afternoon, 2. interesting, 3. great way, 4. queues, 5. don't need, 6. pay

5 Viewing: A look at Greenwich

a) 1., 3., 4., 5., 7., 8.

b) true: 1., 3., false: 2., 4.

c) 2., 4., 5.

d) 1. The Cutty Sark is (about) 150 years old. 2. It is 4:15 p.m. in Germany.

e) 1. e), 2. f), 3. b), 4. d)

6 Vocabulary: What can we do?

1. special, 2. about, 3. exciting, 4. boring, 5. farm, 6. into, 7. museum, 8. costs, 9. leisure, 10. slides, 11. time, 12. Enough, 13. Fine

7 Vocabulary: At the Millers'

1. shows you what lessons you have (and when)/shows the times for buses or trains, 2. you're welcome, 3. people, 4. lake, 5. an interesting thing to see in a city/a famous place like a castle, 6. a lot of people know him/her

8 Vocabulary: Wales

1. villages, 2. castles, 3. sheep, 4. horses, 5. pigs, 5. capital, 7. interesting, 8. wheels, 9. lifeboats, 10. lifebuoys, 11. sailors, 12. exciting, 13. dangerous, 14. waves, 15. brave

Green Line 1 Bayern
Vorschläge zur Leistungsmessung
ISBN: 978-3-12-803121-5

© Ernst Klett Verlag GmbH, Stuttgart 2017 | www.klett.de
Von dieser Druckvorlage ist die Vervielfältigung für den eigenen
Unterrichtsgebrauch gestattet. Die Kopiergebühren sind
abgegolten. Alle Rechte vorbehalten.

Textquellen: Michael Faselt, Bamberg; Dorothea Jakob, Nürnberg;
Michael Kleis, Geltendorf

79

9 Language: An interview

1. Do you live, 2. Do, 3. like, 4. we do, 5. We've got, 6. has got, 7. don't, 8. haven't got, 9. have got, 10. the/your dogs help, 11. they do, 12. do your dogs live, 13. doesn't 14. sleeps, 15. help, 16. I do, 17. works, 18. needs, 19. do you do, 20. don't tidy, 21. Does, 22. she doesn't, 23. doesn't want, 24. loves

10 Language: Conny and her farm

Lösungsvorschlag

1. Does Conny live in a town? – No, she doesn't. 2. Do the chickens ride bikes? – Yes, they do. 3. Do the pigs go swimming? – No, they don't. 4. Does the horse read books? – Yes, it does.

11 Language: Dave's cousin

1. live, 2. got, 3. chickens, 4. because, 5. goes, 6. from, 7. lunch, 8. afternoon(s), 9. parents, 10. do, 11. need, 12. evening(s), 13. play, 14. TV, 15. weekend(s), 16. work/do, 17. meets, 18. girls, 19. parents, 20. got

12 Language: A garden party

1. My, 2. it, 3. you, 4. with, 5. us, 6. to, 7. your, 8. them, 9. at, 10. her, 11. at, 12. them, 13. us, 14. him, extra words: his its, me, our, their

13 Language: Weekend activities

1. What do you do, 2. Where do you go, 3. When do you go, 4. How do you get, 5. Why does she go, 6. Do you go, 7. Why don't you go to the cinema? 8. Don't your parents give you

14 Writing: In Greenwich

Lösungsvorschlag

1. They like it because it is very big. So they can play football there/They can go on the boating lake there. 2. The Cutty Sark is an old ship. Now it is a very interesting museum. 3. No, it isn't./No, it costs money to go there./I don't know, but we can ask at the information centre! 4. Greenwich Pier is a good place to watch the boats on the Thames. The Greenwich Foot Tunnel starts from the pier. 5. At the Royal Observatory you can stand over the Meridian Line. One foot can be in the east and the other foot can be in the west.

15 Writing: An e-mail from Greenwich

Lösungsvorschlag

Hi Lindsey, I'm in Greenwich with my parents. It's great here. Near Greenwich Pier there's the Greenwich Foot Tunnel. It's fun to run under the river. People can watch the ships on the Thames from the pier too. There are lots of shops in Greenwich. People can buy lots of things there. The Meridian Line is very interesting. You can stand with one foot in the west and with the other foot in the east. I like our hotel very much, because there's a TV in my room/I don't like my hotel because the breakfast is awful.
Bye, (name)

16 Mediation: Schloss Trumm

Lösungsvorschlag

Hi Tom, We can go to Trumm Castle. It's great there because there are guinea pigs and rabbits and other animals. We can give them food and we can play with them. The castle has got a lake too. There we can go kayaking. We can use the water slides at the castle too and we can go swimming there. There are many places where we can eat and drink too.
Bye, (name)

 **Klett**   **Green Line 1 Bayern** Vorschläge zur Leistungsmessung ISBN: 978-3-12-803121-5   © Ernst Klett Verlag GmbH, Stuttgart 2017 | www.klett.de Von dieser Druckvorlage ist die Vervielfältigung für den eigenen Unterrichtsgebrauch gestattet. Die Kopiergebühren sind abgegolten. Alle Rechte vorbehalten.   **Textquellen:** Michael Faselt, Bamberg; Dorothea Jakob, Nürnberg; Michael Kleis, Geltendorf

17 Mediation: A class trip to Bavaria

Lösungsvorschlag

Dear Rebecca,

Your class can go with "Bayernlandreisen". The hotels are in villages, so they don't cost much money. In the evenings you can play games. You can visit two big cities and see famous sights and go to museums, concerts or to the theatre. You can go to the mountains and forests of Bavaria too, where you can go hiking. People pay 350 euros for the hotel, breakfast, lunch and dinner and the coach. The trips start and finish in Munich. What do you think?

Love, (name)

Unit 5

1 Reading: Aunt Frances goes shopping

a) 1. (the beginning) picture 4, 2. (the middle) picture 1, 3. (the end) picture 3

b) 1. help, 2. shoes, 3. party, 4. different/expensive, 5. course, 6. special, 7. white, 8. T-shirt, 9. too, 10. wait/stay, 11. more/other, 12. chair, 13. pair, 14. black, 15. aren't, 16. Those, 17. wear/buy, 18. sorry

2 Reading: The school flea market

a) true: 1., 3., 7., 8., false: 2., 4., 5., 6.

b) correct: 3., 7., 8.

3 Listening: Where are they?

a) Dialogue 1: 1. c), 2. b), Dialogue 2: 1. a), 2. b), Dialogue 3: 1. c), 2. c), Dialogue 4: 1. d), 2. b)

b) 1. different, 2. buy, 3. happy, 4. cost, 5. charity shop, 6. lucky charm, 7. expensive, 8. shoes, 9. present, 10. friend, 11. likes, 12. football(s), 13. typical, 14. tomato, 15. likes

4 Listening: In the charity shop

a) 1. toys and books and clothes, 2. Amber's bag/old clothes, 3. things to sell for charity, 4. DVDs, 5. on the shoes/cheap, 6. things are cheap/the money goes to charity

b) B, D

c) correct order: 4 – 2 – 5 – 1 – 3

d) 1. d), 2. f), 3. e), 4. a), 5. g), 6. b), 7. c)

5 Vocabulary: In a jewellery shop

1. present, 2. an, 3. jewellery, 4. does, 5. bracelet, 6. over, 7. really, 8. expensive, 9. Excuse me, 10. much, 11. look, 12. price, 13. too, 14. money, 15. cheap, 16. quality, 17. special offer, 18. usually, 19. but, 20. money, 21. different/charity, 22. let's

6 Vocabulary: Let's clear out the garage!

"Let's clear **out** the garage and take all of our **old** things to the **charity** shop," Kerry says. "Oh yes! Sam says. "Then they can **make** money and we don't need to **throw** everything away." "But the garage is full **of** old books. How **many** does the charity shop want?" asks Mum. "Don't **worry**," says Kerry. "They always want books. And it's easy for them to **sell** the books, because the **price** is always so cheap." "OK", says Mum. "I've got lots of **boxes** here. You can have them." "Thank you Mum!" says Kerry. "You're great!"

7 Vocabulary: A present for Jay's grandma

1. present, 2. model, 3. of, 4. offers, 5. like, 6. jewellery, 7. buy, 8. bracelet

Green Line 1 Bayern
Vorschläge zur Leistungsmessung
ISBN: 978-3-12-803121-5

© Ernst Klett Verlag GmbH, Stuttgart 2017 | www.klett.de
Von dieser Druckvorlage ist die Vervielfältigung für den eigenen
Unterrichtsgebrauch gestattet. Die Kopiergebühren sind
abgegolten. Alle Rechte vorbehalten.

Textquellen: Michael Faselt, Bamberg; Dorothea Jakob, Nürnberg;
Michael Kleis, Geltendorf

81

8 Language: The bookshop

1. are they doing, 2. sit and talk/drink tea, 3. that/singing, 4. two children, 5. a dog, 6. under the table, 7. is she talking, 8. noisy/busy, 9. reading a book, 10. she's standing, 11. books, 12. need to go/be quiet

9 Language: A busy street

Mrs Green is **going** into **the** market. **She** often **buys** her **fruit** and **other** things **to** eat **here**. And **she** sometimes **sees** her **friends** here **too**. One **of** her **friends**, Mr **Black**, sometimes **sleeps** late **on** Saturday **mornings**, but **today** he's **shopping** early. **He** is **in** the **book** shop **because** he's **looking** for a **present** for **his** cousin. **Another** friend, Mrs **Grey**, **is** in **the** music **shop** and **she's** listening **to** a **new** CD **by** her **favourite** singer. **She** really **likes** the **music**! And **there** is **Mrs** White, **Mrs** Green's **best** friend. **She** is **running** down **Town** Street **to** stay **fit**. She **always** runs **here**. Look, **a** dog is **chasing** Mrs **White**! It's **Mr** Brown's **dog** and **he** sometimes **chases** after **her**. Mrs **White** usually **laughs** about **it**, but **not** always. **At** the **moment** the **dog** is **getting** on **her** nerves!

10 Language: Max's class survey

1. two, 2. just/only, 3. Nobody, 4. Max, 5. in, 6. says, 7. hamsters, 8. at, 9. My/The, 10. anyone/anybody, 11. I've, 12. And, 13. says, 14. brothers, 15. need/want, 16. But, 17. brothers, 18. two, 19. too, 20. I, 21. the, 22. two, 23. else, 24. How, 25. Oh, 26. course, 27. Next, 28. the, 29. football

11 Language: Lunch time at Luke's house

1. lunch, 2. no, 3. true, 4. food, 5. cheese, 6. any, 7. some, 8. many, 9. a couple, 10. some, 11. many, 12. eats, 13. any, 14. café, 15. a lot of, 16. much, 17. money, 18. tomorrow
extra words: bottles, fridge, little, reads

12 Language: In the shopping centre

1. help, 2. I'm looking, much, 3. price, special offer, 4. a lot, some, 5. quality, 6. spend, much, 7. getting, 8. many/any, cheap, 9. Many

13 Writing: Let's go shopping!

Lösungsvorschlag

Hi, I'm in the new sports shop now. It's very big and there are so many great things here! I'm looking for a new football for my little brother. Why don't you come to the new shopping centre too? We can meet and eat something at the cafe, and then you can look for a book at the book shop. Then you can buy a present at the jewellery shop for your mum!   (72 words)

14 Writing: At Big Town flea market

Lösungsvorschlag

Hi, I'm talking to you here from the Big Town Flea Market. The flea market is from Friday 2nd April to Sunday 4th April from 10 a.m. to 6 p.m. A lot of great things are happening here. People are buying clothes for great prices. You can buy a T-shirt for only £5. There are books on special offer. Children are buying lots of toys for good prices. There are food and drinks and even a raffle. There's something for everyone here!   (83 words)

Green Line 1 Bayern
Vorschläge zur Leistungsmessung
ISBN: 978-3-12-803121-5

© Ernst Klett Verlag GmbH, Stuttgart 2017 | www.klett.de
Von dieser Druckvorlage ist die Vervielfältigung für den eigenen
Unterrichtsgebrauch gestattet. Die Kopiergebühren sind
abgegolten. Alle Rechte vorbehalten.

Textquellen: Michael Faselt, Bamberg; Dorothea Jakob, Nürnberg;
Michael Kleis, Geltendorf

15 Mediation: Do you want to go to a flea market with me?

Lösungsvorschlag

You: Lisa, do you want to go to a flea market with me?

Lisa: Of course I want to go. Have you got an idea where and when it is?

You: There is a flea market at Thomas Weber School in Bamberg. It's on 25th September. It starts at 11 a.m.

Lisa: Is it outside?

You: No, it's inside. So it's not too cold.

Lisa: That's great. What's special about it?

You: Oh, there are many things for children like clothes and toys. And you can go and eat cake and get a drink too

Lisa: Who gets the money?

You: Some money goes to charity. We can find the organisations on the website or we can call a mobile number to find out which charities they are.

Lisa: I want to go there.

You: Great, then let's do that!

16 Mediation: Let's go to the shopping centre!

Lösungsvorschlag

Dear Tim,

At the weekend we can go shopping at our shopping centre! It is 25 years old and they're open on Saturday and Sunday from 10 a.m. until 10 p.m. They have got many different shops and there are supermarkets too. I want to go to the computer shop because I like computer games. And we can eat and drink at the shopping centre too. They have "Döner", a special food. I really like it. Do you know what it is? I can show you when we're there. And there are clowns and other interesting events for families. A lot of the things are on special offer, so we can get real bargains!

Let's go there when you're here.

Bye,/Love from (name)   (121 words)

Muster-Schulaufgabe 2 (Unit 5)

Aufgabe 1: siehe Lösungen zu Aufgabe 4
Aufgabe 2: siehe Lösungen zu Aufgabe 6
Aufgabe 3: siehe Lösungen zu Aufgabe 9
Aufgabe 4: siehe Lösungen zu Aufgabe 12
Aufgabe 5: siehe Lösungen zu Aufgabe 16

Unit 6

1 Reading: Ari's party

a) correct order: 4 – 2 – 1 – 3

b) 1. weather, 2. blue, 3. sea, 4. Greenwich/London, 5. children, 6. school, 7. understand, 8. doesn't/can't, 9. much, 10. tells, 11. invite, 12. party, 13. hasn't, 14. any, 15. Luke, 16. boring, 17. Harry, 18. wants/decides, 19. after

2 Reading: Invitation or reply?

a) 1. b), 2. c), 3. a)

b) 1. Sam's, 2. Robert, 3. Fred, 4. 3 o'clock

c) 2.

d) 1. e), 2. b), 3. f)

Green Line 1 Bayern
Vorschläge zur Leistungsmessung
ISBN: 978-3-12-803121-5

© Ernst Klett Verlag GmbH, Stuttgart 2017 | www.klett.de
Von dieser Druckvorlage ist die Vervielfältigung für den eigenen
Unterrichtsgebrauch gestattet. Die Kopiergebühren sind
abgegolten. Alle Rechte vorbehalten.

Textquellen: Michael Faselt, Bamberg; Dorothea Jakob, Nürnberg;
Michael Kleis, Geltendorf

83

3 Listening: What can I do on my birthday?

a) true: 1., 6., 8., false: 2., 3., 4., 5., 7.

b) 2. trifle, not cake, 3. weather not good, 4. Birthday 28th, not 29th, 5. May, 7. doesn't like bowling

c) 1. C, 2. F, G, 3. D, E, 4. A, 5. B, H

4 Listening: Ava's Fourth of July

a) true: 1., false: 2. (Max isn't on vacation), 3. (it's a video chat)

b) 1. independent, 2. learned

c) 1. c), 2. a), e)

d) 2., 3.

e) true: 2., 3., false: 1.

f) B

5 Vocabulary: Dates

1. the fourth of August, 2. that's a good, 3. the twenty-second of June, 4. the twenty-third of June, 5. have you got anything for the calendar?/have you got any dates?, 6. the twelfth of February, 7. the first of March

6 Vocabulary: My birthday party

1. 15th January, 2. Monday, 3. can't, 4. have school, 5. can, 6. celebrate, 7. birthday, 8. invitation, 9. must, 10. skates, 11. can, 12. ice rink, 13. skating, 14. mustn't, 15. needn't, 16. food, 17. favourite, 18. trifle, 19. prepare, 20. need, 21. jelly, 22. cream, 23. mustn't, 24. candles, 25. blow, 26. wish

7 Vocabulary: Sleepovers

1. b) can, 2. c) invite, 3. a) needn't, 4. b) can take turns, 5. b) must, 6. a) must, b) mustn't, 7. c) candles, 8. b) make, 9. c) twelfth, 10. b) Do you know, 11. a) There are, c) children's, 12. a) celebrate

8 Language: Planning a party

1. decorate, 2. must, 3. can't, 4. can, 5. broken, 6. can't, 7. party, 8. must, 9. pink, 10. needn't, 11. Bye, 12. haven't, 13. any, 14. eat, 15. must

9 Language: My awful birthday party last year

"Er …," I **answered**. Then I **remembered** my **birthday** last **year**: I **invited** some **friends** for **my** first **sleepover** and I **was** very **excited**. My **friends** came to **my** house **at** 5 o'clock and **they** gave **me** some **great** presents. **Then we watched** a **film** on TV, **and we went** to bed at 10 o'clock. **When** we were in bed, we talked a lot, and then we wanted some more food. "We can buy some at the **supermarket**," said George. "**It** closes **at** 12 **o'clock** and **it's** only 11 o'clock." **So we climbed** out **of** the **window**, but **then** George **tripped** and **fell** and **hurt** his **leg**. He **shouted** for **help** and **my** parents **ran** out **of** the **house**. That's **how** my **sleepover** ended.

10 Language: My last birthday

1. need, 2. said, 3. thought, 4. slept, 5. were, 6. did, 7. came, 8. talked, 9. told, 10. needed, 11. read, 12. was, 13. heard, 14. answered, 15. problem, 16. got

11 Language: Dave's vacation in the USA

1. vacation, 2. went, 3. came/were, 4. Did you like, 5. had, 6. didn't think, 7. moved/went, 8. visited/saw, 9. What did you see?, 10. Did you go, 11. did, 12. saw 13. Where did you go, 14. for, 15. week

Green Line 1 Bayern
Vorschläge zur Leistungsmessung
ISBN: 978-3-12-803121-5

© Ernst Klett Verlag GmbH, Stuttgart 2017 | www.klett.de
Von dieser Druckvorlage ist die Vervielfältigung für den eigenen
Unterrichtsgebrauch gestattet. Die Kopiergebühren sind
abgegolten. Alle Rechte vorbehalten.

Textquellen: Michael Faselt, Bamberg; Dorothea Jakob, Nürnberg;
Michael Kleis, Geltendorf

12 Language: Ryan and Luke

1. what do you love, 2. holidays, 3. love, 4. summer, 5. have, 6. barbecues, 7. yard, 8. awesome, 9. do you like, 10. like, 11. chips, 12. fries, 13. sounds, 14. Yesterday, 15. came, 16. ate, 17. watched, 18. was, 19. felt, 20. luck, 21. Do you want, 22. went, 23. don't think, 24. expensive

13 Language: Did you stay at home last night?

1. wanted, 2. film, 3. Why did your sister invite, 4. for, 5. Were you happy, 6. I hated it/I was angry, 7. laughed, 8. played, 9. sorry, 10. That's a good idea!/Yes, I can!

14 Writing: You're invited!

Lösungsvorschlag

Dear Ben,

Please come to my birthday party on Saturday 22nd February! We're celebrating at White Ice Rink! After we skate we can eat cake and play party games there! The party is from
1 p.m. to 5 p.m. Please don't forget your skates! Please call me or e-mail me if you can come! I hope you can!
Love, (name)

15 Writing: A reply

Lösungsvorschlag

1. Dear Lisa, Thank you for your invitation! I'd love to come to your party! What do you want for your birthday? See you on Saturday! Love, (name)
2. Dear Kevin, I'm sorry, but I can't come to your party because I'm going to another party on Saturday. I'm really sorry! Maybe we can go swimming next Sunday? I hope you have a nice party! Love, (name)

16 Mediation: Four tips for Justin's birthday party

Lösungsvorschlag

Hi, Justin,

You can celebrate outside, for example in your garden if the weather is nice. A big room or a big flat is good too. But you must tidy it up! Don't invite more than ten friends! You can play cards and other games, you can play music (but not too loud!) or you can tell your friends to bring costumes. They're fun. But you must write about costumes in your invitation! You must have enough drinks for everyone and you can have pizza or hamburgers. Crisps are great too.
Love, (name)

17 Mediation: 3rd October: A special day in Germany

Lösungsvorschlag

Dear Jasmine,

In Germany, 3rd October is a special day. Every year a party takes place in a different part of the country. For example, in 2015 it was in Frankfurt, in 2016 in Dresden and in 2017 in Mainz. The party is usually from 1st to 3rd October and in the city centre, the 16 parts of Germany sell special food and other typical things. On the day before 3rd October there are lots of shows, for example laser shows. It's great fun! People sell food and drinks and there are even barbecues in the streets. And there are fireworks too! Would you like to come to Germany and visit us, maybe next year on 3rd October?
Love, (name)

Green Line 1 Bayern
Vorschläge zur Leistungsmessung
ISBN: 978-3-12-803121-5

© Ernst Klett Verlag GmbH, Stuttgart 2017 | www.klett.de
Von dieser Druckvorlage ist die Vervielfältigung für den eigenen
Unterrichtsgebrauch gestattet. Die Kopiergebühren sind
abgegolten. Alle Rechte vorbehalten.

Textquellen: Michael Faselt, Bamberg; Dorothea Jakob, Nürnberg;
Michael Kleis, Geltendorf

85

Unit 1

Warm up:
- What's in your room?
- Where are your things?
- What color is your bed / chair / …?
- What do you like / not like in your room?

Monologues: Model answers

1. The walls are yellow. There's a big bed here. A rabbit and a squirrel are under the bed. There are animal posters of cats and rabbits on the wall. There's a table in front of a green chair. A cat is on the chair. There's a cat in front of the chair too. There's a brown cupboard over the bed. Pictures of a rabbit, a cat and a girl with a cat are on it. A red wardrobe is next to the door.

2. The walls are blue. There's a small bed next to the wall. A football is under the bed. A dog is on the floor next to the bed. There are pictures of boats on the walls. There are football pictures on the walls and the yellow door. A small table is next to the bed. There's a small clock and a model of a red and white boat on it. There's a small wardrobe behind the door.

Dialogues: Useful questions and phrases

- Let's talk about my / your living room.
- Is there a … in your room?
- What colour is the …?
- Are there animals there? Where are they?
- Where's the chair / TV …?

- In my room there's a … but in your room …
- What's your favourite thing in the room?
- What's a nice idea for our room?
- I like / don't like … .
- There is / isn't a … in our room!

Dialogues: Model answers

A The walls are green in this living room. There are two big brown chairs and a big table in front of them. A cat is on one of the chairs. There are biscuits on the table. There are two cupboards, a clock and a picture of grandma and grandad on one wall. There are pictures of old cars too. There's a garden outside.

B There's a TV in this living room. There's a green sofa and two yellow chairs. A model of a dog and a picture are on a small pink table. There are pictures of a family and a dog on the wall. A small white dog is in front of one of the chairs. Outside there's a street with houses and cars.

Unit 2

Warm up:
- What rooms / places has your school / hasn't your school got?
- What can you / can't you do at your school / in the rooms?

Monologues: Model answers

1. There are lots of students in the classroom. They've got a spelling test next week. A girl has got a question. The students have got pencils, pens, pencil-cases, exercise books and books on the tables. Their schoolbags are under the tables. There are lots of books in front of the class. The students' poems are on the wall. A picture of London (Big Ben) is too. The students' uniforms are purple and black.

2. The students have got English projects today. A boy's project is about his hobbies. The students have got computers in this classroom. They are in front of them on the tables. There are also books and exercise books on the tables. Schoolbags are under the tables. There's a big yellow cupboard in the room. The teacher is in front of the class. The students' uniforms are white and grey.

Green Line 1 Bayern
Vorschläge zur Leistungsmessung
ISBN: 978-3-12-803121-7

© Ernst Klett Verlag GmbH, Stuttgart 2017 | www.klett.de
Von dieser Druckvorlage ist die Vervielfältigung für den eigenen
Unterrichtsgebrauch gestattet. Die Kopiergebühren sind

Dialogues: Useful questions and phrases

- Please describe *(beschreibe)* your school. How is it outside / in the school?
- Has your school got a cafeteria / computer room / …?
- What can you /can't you do in the computer room / cafeteria / …?
- What can you do outside in the lunch break?
- What colour are the uniforms at your school?

- In my school there's a … but in your school …
- I like / don't like … because …
- A good school has / hasn't got …
- You can … outside a good school.
- In a good school you can / can't … in the classroom / cafeteria / ….
- In a good school there is / there are … in the computer room / recording studio …

Dialogues: Model answers

A This school is new and small. The uniforms here are red and black. The school has got a computer room with lots of computers. There's a cafeteria. You can pay for your food with your finger / you can't pay with money. Students bring their own food to big tables. In the lunch break you can go outside and play ball, or talk with friends or sit under a big tree.

B This school is old and big. The students' uniforms are green and blue. There's a recording studio here. The cafeteria is nice! Students sit at small tables and they bring food for everyone to the tables. Outside the school you can play basketball or talk with friends.
The school has got a garden too.

Unit 3

Warm up:
- Talk about a typical school day. What classes have you got and when are they?
- What can people do in their free time *(Freizeit)*?

Monologues: Model answers

1. a) On Mondays Mark's got Computer Club from 3:30 till 4:30 p.m. He plays the saxophone / has got a saxophone lesson on Wednesdays from 5 till 5:30 p.m. He plays football from 2 till 3:45 p.m. on Saturdays, and on Sundays he always calls his grandma at 12:30 p.m.
b) *individuelle S-Antwort*

2. a) Lara plays tennis from 6 till 7 p.m. on Tuesdays. On Wednesdays she's got Cooking Club from 3:15 to 5 p.m. She's got Swimming Club on Fridays from 6 till 8:30 p.m. Laura plays netball on Saturdays from 3 till 4:30 p.m.
b) *individuelle S-Antwort*

Dialogues: Useful questions and phrases

- Let's go to …
- Let's meet on … and … at …
- Have you got a different idea?
- Maybe we can …
- When have you got time / When can you go?

- I've got a different idea. Let's …
- I don't like … Why can't we …?
- I can't go that day because …
- I've only got time till … because …
- That's not much time.

Dialogues:
individuelle S-Antworten

Unit 4

Warm up:
- Where do you / don't you like to go in your town? Why / why not?
- Where is your favourite place in your town? How do you get there from where you live?

Monologues: Model answers

1. I want to go to the leisure centre! You can have fun on the water slides and swim. There's a place to play football here even if it's not nice outside! There's a nice café / cafeteria, where you can buy lots of great food and have fun with your family and friends. You can get there by car or bus and it's open six days in the week!

2. I want to go to the farm! I love animals, and here you can see lots of lambs, chickens and pigs. You can give food to the animals and play with them too. There are horses here too, and you can ride them! There's even a place for people to have picnics. You can get here by car or by bike. This is great because I love cycling!

Dialogues: Useful questions and phrases

- What can we do ...?
- What can we do there?
- Why do you think it's interesting?
- Is it free?
- Does it cost much money?

- It/That costs too much.
- Sorry, but I don't like that idea.
- I think it's boring.
- Have you got more ideas?
- That's a great idea.

Dialogues: Model answers

A
- Let's do something fun in Greenwich. What can we do today? Is the Greenwich Foot Tunnel good? What can we do there?
- Oh yes, I like boats. Does it cost much money to go into the Cutty Sark museum?
- Oh dear, it's a great idea, but it costs too much. Have you got more ideas?
- What can we do at the Royal Observatory? I like that idea. We can take photos at the Meridian Line.
- Football is boring. I can play football at home. Let's go to the boating lake. That's a great idea. Or what do you think about Greenwich Market?
- Yes, but I haven't got much money for books and DVDs. Let's go to the pier and watch the boats. Then we can go to the park, to the Meridian Line and the boating lake! Is that OK?

B
- The Greenwich Foot Tunnel starts near Greenwich Pier: It's fun to run under the Thames. We can look at the River Thames from the pier too, and watch the boats on the river, or go to the Cutty Sark. It's a ship and a museum.
- It isn't free, but it's great. Sailors tell stories about brave sailors and dangerous storms.
- The Royal Observatory is interesting too. It's in Greenwich Park. You can stand over the Meridian Line with one foot in the east and the other in the west.
- We can play football in the park too, or sit in the park and play a computer game. and we can go to the boating lake!
- Of course Greenwich Market is great too. We can buy books and DVDs and lots of other things too.
- That's a great idea. Let's go!

Green Line 1 Bayern
Vorschläge zur Leistungsmessung
ISBN: 978-3-12-803121-7

© Ernst Klett Verlag GmbH, Stuttgart 2017 | www.klett.de
Von dieser Druckvorlage ist die Vervielfältigung für den eigenen
Unterrichtsgebrauch gestattet. Die Kopiergebühren sind
abgegolten. Alle Rechte vorbehalten.

Unit 5

Warm up:
- How do earn your pocket money?
- What do you buy / do with your pocket money

Monologues: Model answers

1. I want to buy some books because I love to read, and I can get three for only £4! I need a present for my brother, so I can buy him a ball and even get one for me. I think £50 is expensive for an old bike, so I don't want to buy it! I don't need any clothes.

2. I want to buy a T-shirt because then I get another one for free! I have enough money to buy a handbag too and one poster. I can put it on my bedroom wall. I don't want to buy any toys, games or magazines because I've got lots already.!

Dialogues: Useful questions and phrases

- I like / don't like … because
- need / don't need …
- Have you got any …?
- What does … cost? / How much is …?
- Can we please talk about the price?
- Sorry, that's too much. I can give you …
- That's too expensive!
- I'd like to pay … for this.

- Can I help you?
- How much can you / do you want to pay?
- I don't like your price because …
- Let's think about the price together.
- I've also got … It doesn't / They don't cost much.
- This … is worth more! It's (almost new / good quality …)
- This is a great …! You can … with it.

Dialogues:
individuelle S-Antworten

Unit 6

Warm up:
- How do you like to celebrate your birthday?
- What must you do before you celebrate? What can / can't you do? What needn't you do?

Monologues: Model answers

1. At the swimming pool people are swimming and talking. They can play ball too. You can put your things in lockers. But some kids don't remember some rules. Before you swim you must use the shower! You can't / mustn't run around the pool. You can't / mustn't eat in the pool.

2. People are buying food and eating in the cafeteria. You can pay for your food with money. There are some rules here, and a few people don't remember some of them. You must wear clothes here. You can sit and eat at the tables, but not under them! You can't / mustn't throw food!

Green Line 1 Bayern
Vorschläge zur Leistungsmessung
ISBN: 978-3-12-803121-7

© Ernst Klett Verlag GmbH, Stuttgart 2017 | www.klett.de
Von dieser Druckvorlage ist die Vervielfältigung für den eigenen
Unterrichtsgebrauch gestattet. Die Kopiergebühren sind
abgegolten. Alle Rechte vorbehalten.

89

Dialogues: Useful questions and phrases

- I'd like to …
- Do you like / want to …?
- I've got an idea! Let's …
- What ideas have you got?
- Can you please do … and I can …
- We / I can't …
- We / I needn't …

- That's a fun / good idea!
- No, I don't want to … because …
- I have a different idea. What about …
- Maybe … is a better idea because
- ???? can do … if you …
- Do you want to ask … to help us?
- What must we do / buy / prepare …?

Dialogues:
individuelle S-Antworten

Bewertung der Sprachkompetenz (Units 1–6)
Auf S. 91 befindet sich ein Bewertungsraster, mit dem Lehrer/innen die Sprachkompetenz der Schüler/innen evaluieren können. Das Raster ist auch in editierbarer Form auf der beiliegenden CD-ROM enthalten.

Green Line 1 Bayern
Vorschläge zur Leistungsmessung
ISBN: 978-3-12-803121-7

Speaking – Bewertungsbogen

Bewertung der Sprachkompetenz

Kriterien/deren Erfüllung	voll	nahezu	im Wesentlichen	teilweise	kaum	nicht
inhaltlich richtig						
inhaltlich vollständig/ausführlich						
sprachlich verständlich						
sprachlich korrekt						
phonetisch korrekt						
intonatorisch korrekt						
adressaten-/ situationsgerecht						
selbstständig						

Green Line 1 Bayern
Vorschläge zur Leistungsmessung
ISBN: 978-3-12-803121-7

© Ernst Klett Verlag GmbH, Stuttgart 2017 | www.klett.de
Von dieser Druckvorlage ist die Vervielfältigung für den eigenen
Unterrichtsgebrauch gestattet. Die Kopiergebühren sind
abgegolten. Alle Rechte vorbehalten.

Inhalt der Audio-CD: Hörverstehenstexte

Track	Unit	Page	Title	Time
1	1	5	Olivia and Holly	01:48
2	1	6	In the park	01:45
3	1		Ben's fantasy house	02:18
4	1		Katie's new friend	02:26
5	2	15	At school	01:51
6	2	16	Rules	01:58
7	2		Who's got Leo's computer game?	02:32
8	2		Max's school project	03:00
9	3	27	Jay's day	02:28
10	3	28	Homework is fun!	02:12
11	3		Blackie's tricks	03:01
12	3		Mia's Saturday	02:58
13	4	37	Let's go! But where?	02:04
14	4	38	Can I help you?	03:29
15	4		Buckingham Palace	03:12
16	4		Holidays	03:35
17	4	48	Where are they?	02:15
18	5	49	In the charity shop	01:53
19	5		Lucy helps Mia to collect stuff	03:52
20	5		A present for Granny	03:26
21	6	58	What can I do on my birthday?	02:23
22	6	59	Ava's Fourth of July	03:34
23	6		At Max's house	03:03
24	6		I'm having a party	02:03

Gesamtspielzeit: 1:03:06

Inhalt der CD-ROM: Filmsequenzen

Unit	Page	Title	Time
2	17	Schools in the UK	02:18
4	39	A look at Greenwich	02:39

Gesamtspielzeit: 04:57

Außerdem finden Sie auf dieser CD-ROM:
- Materialien für Schulaufgaben (inkl. Materialien für Viewing-Tests)
- alle Transkripte zu den Hörverstehenstexten und Filmsequenzen
- ein Bewertungsraster für die Speaking-Tests
- alle Hörverstehenstexte im mp3-Format

Systemvoraussetzungen der CD-ROM
- Webbrowser ab:
  Microsoft Internet Explorer 5.5, Mozilla Firefox 2.0, Safari 3.0, Opera 9.0, Konqueror 3.2
- PC: Pentium 166 MHz
- Mac: 400 Mhz, G3 PowerPC oder Intel-basierter Macintosh Computer
- 512 MB RAM
- CD-ROM Laufwerk
- Adobe Reader ab Version 5
- Adobe Flash Player ab Version 9
- Medienplayer für mp3-Dateien
- Microsoft Office oder kompatible Textverarbeitung.

Sollten Sie Probleme mit dem vorliegenden Programm haben, finden Sie in der Datei „Hotline.txt",
die sich auf der obersten Ebene der CD-ROM befindet, unsere Kontaktdaten und weitere Hilfestellungen.

Auf der CD-ROM befindet sich ein ausführliches Handbuch zum Programm.

Green Line 1 Bayern
Vorschläge zur Leistungsmessung
ISBN: 978-3-12-803121-7

© Ernst Klett Verlag GmbH, Stuttgart 2017 | www.klett.de
Von dieser Druckvorlage ist die Vervielfältigung für den eigenen
Unterrichtsgebrauch gestattet. Die Kopiergebühren sind
abgegolten. Alle Rechte vorbehalten.

Dies ist eine ungewöhnliche Widmung, weil ich Widmungen eigentlich versuche zu vermeiden. Aber bei diesem Buch muss es sein. Weil Du dieses Buch befruchtet hast mit vielen Ideen und Anregungen, Aufmerksamkeiten für Kleinigkeiten, die an der Strecke liegen und die ich häufig übersehe. Weil Du mit mir die ganzen Lutherstätten abgefahren und abgelaufen bist, sie begutachtet und Material gesammelt hast. Weil Du mir immer mit Rat und Tat zur Seite stehst. Die Widmung gilt Dir! Meiner Frau Susanne!

GELEITWORT

Liebe Leserinnen und Leser,

kaum jemand wird alle 95 Lutherorte besuchen können, die hier vorgestellt werden – aber wer dem Leben Martin Luthers nachspüren möchte und sich für seine Bedeutung in unserer Zeit interessiert, wird im Zusammenhang des Reformationsjubiläums sicherlich den einen oder anderen besuchen wollen.

Die Person Luthers und die Entwicklung der Reformation erzählen eine bewegte und bewegende Geschichte. Dieses Buch stellt 95 Orte vor, an denen Martin Luther sich im Laufe seines Lebens aufgehalten hat – in einer Zeit, in der die allermeisten Menschen ihr Dorf oder ihre Stadt und die unmittelbare Umgebung so gut wie niemals verließen.

Luthers Lebensgeschichte war aber nicht nur im geographischen Sinn bewegt. Sie führte ihn vom Eislebener Sohn einer mittelständischen Familie zum Wittenberger Professor; vom Katholiken zum Reformator; vom Mönch zum Ehemann; vom Reformator letztlich zum Gründer einer neuen Kirche. Er veränderte das theologische Denken und die Frömmigkeit seiner Zeit mit der Wiederentdeckung der Erkenntnis, dass die Rechtfertigung des Menschen vor Gott ein Gnadengeschenk ist und nicht erarbeitet werden muss. So setzte er eine geistige Entwicklung in Gang, die schließlich den Anbruch der Neuzeit einleitete. Auf den Reformator geht vieles zurück, was noch heute unser Leben prägt, wie z. B. der Gebrauch einer einheitlichen deutschen Sprache – eine Folge seiner Bibelübersetzung.

Wer Luthers Wegen nachspürt, wird auf seiner Reise spannende Entdeckungen machen und Geschichte wie bleibende Bedeutung des Reformationsgeschehens besser verstehen lernen. Dieses Buch wird dabei helfen, indem es interessante Perspektiven eröffnet.

Jochen Bohl
Landesbischof der Ev.-Luth. Landeskirche Sachsens

GELEITWORT
Liebe Leserinnen und Leser,

auf Luthers Spuren kommen, auf Luthers Spuren unterwegs sein, das hat verschiedene Dimensionen.

Einmal ganz praktisch und konkret: Wo war Martin Luther überall? Was hat ihn dorthin geführt? Was hat er dort gemacht? Welche Spuren und Zeugnisse gibt es davon? Es ist gut, sich die konkreten Orte anzusehen. Manche sind sehr klein, waren es damals auch schon – aber für ihn nicht zu klein. Er hat so viele Orte und Menschen besucht, ganz getragen vom Evangelium, von der guten Botschaft: Jeder Mensch ist von Gott und bei Gott angesehen; Christus verschafft jedem Menschen ein Ansehen bei Gott, unverdient, nicht zu kaufen, aus reiner Liebe.

Das hat Martin Luther auch gelebt, unter anderem darin, dass er die Menschen an so vielen Orten aufgesucht hat.

Damit sind wir schon bei der zweiten Dimension: Wie können wir heute dem wieder und neu auf die Spur kommen, was Martin Luther neu zum Leuchten gebracht hat, die gute, froh machende Botschaft von Gottes Liebe und gnädiger Zuwendung? Diesem inneren Erkennen hilft ein äußeres Kennenlernen.

Wer unterwegs ist mit seinen Füßen, bei dem kommt manches in Fluss, an Gedanken, an Gefühlen, an Einsichten.

Dass das Pilgern gerade am Ende des 20. Jahrhunderts von vielen Menschen wieder entdeckt wurde, hat mit dieser Erkenntnis zu tun:

Es tut wohl, wenn Kopf und Herz von Füßen und Händen unterstützt werden. Wenn wir uns er-gehen in Ansichten von Landschaften, Dörfern und Städten, hilft das auch unserem inneren Ergehen.

Und es tut wohl, wenn wir Neues ansehen, das kann bisherige An- und Einsichten verändern.

Und es tut wohl, sich auf neue Wege zu begeben. So kann ich Abstand und Entlastung finden von allzu tief Eingespurtem – und Neuem auf die Spuren kommen.

Mögen die Wege zu den 95 Lutherorten Ihnen als Leserin und Leser zu solchem Wohlergehen helfen – und zu neuen Einsichten und Spuren für Ihr Leben! Herzlich willkommen im Mutterland der Wittenberger Reformation!

Ilse Junkermann
Landesbischöfin der Evangelischen
Kirche in Mitteldeutschland

Luther allerorten

Über Luther wird viel gesprochen. Man kann die Lutherdekade ruhig an sich vorbeiziehen lassen oder man kann sich Luther stellen. Ich habe mich Luther gestellt und bin seinen Spuren nachgegangen: Wo war dieser Luther in Deutschland unterwegs und was hat er an all diesen Orten gemacht?

Ich begann mit einer gründlichen Recherche. Vorher wusste ich auch nicht mehr über Luther als was man eben im Religionsunterricht und später in Kirchengemeinden über ihn hört. Zusammen mit meiner Frau habe ich viele der Stätten, an denen sich Luther aufgehalten hat und die heute noch irgendwie an Luther erinnern, aufgesucht. Meine Frau war die Pfadfinderin. Sie gab an, wie ich fahren sollte und wo genau sich die Lutherorte befanden. Unterwegs bemerkte sie noch weitere Lutherstätten, die ich in der Recherche übersehen hatte. Auch diese suchten wir auf. Jede war anders, jede interessant. Wir sahen uns die Bauten, die Denkmäler an, ich machte Fotos. Wir sprachen mit Anwohnern, wir sammelten weiteres Material. Es war eine anstrengende, aber auch herrliche Zeit: eintauchen in das Lutherleben. Ich wünschte, Luther hätte 150 Thesen an die Tür der Schlosskirche in Wittenberg genagelt; denn wir hatten uns vorgenommen, 95 Lutherstätten zu veröffentlichen, im Gedenken an die 95 Thesen. Aber es gibt viel mehr Lutherstätten.

Sachsen, Sachsen-Anhalt und Thüringen haben Lutherwege ausgewiesen, die man bewandern und befahren kann. Auch unsere Lutherstätten befinden sich auf diesen Lutherwegen, so dass man als Ergänzung das Material der jeweiligen Fremdenverkehrsämter nutzen kann.

Ich will Ihnen aber auch noch erzählen, was mir an Luther aufgefallen ist. Erstens: Luther war wahnsinnig viel unterwegs. Dabei habe ich die Stätten, die außerhalb der drei genannten Bundesländer liegen, gar nicht erfasst. Er war ja auch in Coburg, Worms, Rom und in vielen anderen Orten. Er war ständig auf Tour. Manchmal ritt er oder nahm eine Kutsche, viele Strecken ging er zu Fuß. Welch eine Leistung!

Zweitens: An vielen der Stätten, die wir aufgesucht haben, hat er gepredigt. Er musste die Predigten ja auch vorbereiten – wo und wie hat er das gemacht? Wann nahm er sich die Zeit dazu? Er hatte eine außergewöhnliche Schaffenskraft. Wenn er zu Hause in Wittenberg war, hielt er äußerst fundierte Reden beim Mittagstisch. Er hatte Tischgäste, die den Reden lauschten, sie niederschrieben und veröffentlichten. Dann hat er noch Briefe, Traktate und Broschüren geschrieben sowie Bibelstellen übersetzt. Unglaublich, was der Mann alles arbeitete!

Drittens: Er besaß viele Unterstützer. Seine Frau Käthe kümmerte sich um ihn, wenn er wieder von einer Reise nach Hause gekommen war, umsorgte ihn und hielt auch seine Launen aus. Vor dieser Frau muss man genauso viel Respekt haben wie vor Luther. Ohne seine Käthe hätte er nie so viel schaffen können. Und: Luther war nicht der einzige Mann der Reformation. Der engere Kreis bestand aus Luther, Melanchthon und Spalatin. Luther war das Raubein, der Emotionale und Grobschlächtige. Melanchthon war der Organisator im Hintergrund. Er schuf die neue evangelische Gemeindeorganisation, er glich aus, wo Luther aufbrauste, er stabilisierte die Reformation. Spalatin war der politische Vermittler, hielt Kontakt zu den Politikern, den Fürsten und Bischöfen. Ohne seine politische Gestaltung wäre die Reformation schnell aufgerieben worden.

Viertens: Luther hätte ein guter Personalchef sein können. Er vermittelte fast alle evangelischen Pfarrer dieser Zeit in die Gemeinden. Die meisten hatten bei ihm studiert und er sandte sie zu den neuen evangelischen Gemeinden.

Bei der Arbeit an den Lutherstätten habe ich jedenfalls ein anderes, auch tiefer gehendes Lutherverständnis bekommen. Schon allein das war der Mühe wert.

Dem Leser möchte ich gute Erlebnisse mit dem Buch und mit Luther wünschen. Ich freue mich, wenn Sie dieses Buch in Ihrem Lesesessel genießen. Noch mehr freue ich mich, wenn Sie vor Ort die Lutherstätten entdecken und besuchen. Wenn Sie dann auch noch Lust auf neue Entdeckungen verspüren, würde es mich ganz besonders freuen, denn das ist der Hauptzweck dieses Buches.

INHALT

Altenburg,
Die Spalatin-Stadt

Er hieß Georg Burkhardt, war ein uneheliches Kind, Vater unbekannt, und wurde am 17. Januar 1484 in Spalt, also in tiefster fränkischer Provinz, geboren. Was sollte aus ihm schon werden? Da hatte er die Kühnheit, sich gemäß damaligem humanistischen Brauch nach seiner Heimatstadt Spalt in Spalatin umzubenennen. Er studierte Theologie, erhielt 1503 die Magisterwürde in Wittenberg und wurde 1507 zum Priester geweiht.

Entscheidend war, dass er eine Stelle als Prinzenlehrer am kurfürstlichen Hof in Torgau erhielt und dadurch schnell das Vertrauen des Kurfürsten Friedrich III. von Sachsen, genannt der Weise, erwarb. Es wird kolportiert, dass er zwar nicht der beste Lehrer, aber der beste Geheimsekretär, geistlicher Berater und Hofprediger war. In Wittenberg lernte er Luther kennen. Sie befreundeten sich. Die Geschichtsschreibung sieht ihn als Bindeglied zwischen Luther und Friedrich dem Weisen, denn Reformator und Kurfürst hatten sich persönlich nie kennengelernt.

Spalatin, der Diplomat, wachte über Luther und beeinflusste Weltgeschichte. Er nahm an allen wichtigen Reichstagen und Fürstentreffen seiner Zeit teil und erkannte schnell die politischen Strömungen. Es war Spalatins Plan, Luther nach dem Reichstag in Worms 1521 zum Schein auf die Wartburg zu entführen, um ihn so in Sicherheit zu bringen.

Nach dem Tod Friedrichs des Weisen verlor auch Spalatin seine Arbeit. Nun konnte sich sein Freund Luther revanchieren. Auf dessen Empfehlung kam er 1525 als Stadtpfarrer nach Altenburg. Spalatin beschloss, in Altenburg die Ideen der Reformation umzusetzen und veränderte die Strukturen der damaligen Stadtgesellschaft vollständig. Die Klöster wurden aufgelöst. Das Gesundheitswesen, das Bildungswesen und auch die Armenversorgung wurden neu und modern organisiert. Herkulestaten.

Spalatin erkannte, dass man Menschen mit Begeisterung motivieren kann – allerdings nur vorübergehend. Danach muss sich das Leben qualitativ verbessern. So erfand er die Methode der Visitationen. Bei diesem Verfahren wurden die kirchlichen Strukturen und die Geistlichen in den Gemeinden überprüft und Verbesserungen eingeführt: In den Jahren von 1527 bis 1542 wurden auf diese Weise die landeskirchlichen

Strukturen geschaffen. Er stand in regelmäßigem Austausch mit Luther, hauptsächlich brieflich, aber sie besuchten sich auch häufig. Spalatin hat seine Bedeutung sehr realistisch eingeschätzt. Er behauptete von sich: *„Wenn ich nicht gewesen wäre, nimmer wäre es mit Luthero und seiner Lehr soweit kommen. "*

Der gewaltige Macher litt in seinen letzten Lebensjahren an Depression. Zu groß waren die Probleme der Umsetzung der Reformation. 1545 starb der Steuermann der Reformation in Altenburg und wurde in der St. Bartholomäikirche beigesetzt.

Wichtigste Person an seiner Seite war seine Frau Katharina, die er am 19. November 1525 in der St. Bartholomäi Kirche von Altenburg geheiratet hatte. Katharina Spalatin war die Chefin des Haushalts: Zwei Töchter, das große Haus, ein kleiner Bauernhof mit sechs Hektar Äckern und Wiesen, zwei Gärten und Vieh, darunter sieben Rinder und vierzehn Schweine, ein eigenes Brauhaus mit einem Ausstoß von 18.000 Liter Bier im Jahr – und viele Gäste. „Meine Fessel" nannte Spalatin seine Frau Katharina, eher bewundernd als lamentierend und als intellektuelles Wortspiel, weil „catena" eben Fessel heißt.

Die Spalatin-und Luther-Stätten in Altenburg sind:

Die **Brüderkiche**, zwar erst 1905 erbaut, allerdings auf dem Grund der alten Franziskaner-Klosterkirche aus dem 13. Jahrhundert. Das Kloster wurde 1529 aufgelöst, die Klostergebäude wurden zu Schulgebäuden.

Das **Renaissance-Rathaus** am Markt schuf der sächsische Baumeister Nicolaus Grohmann, der auch die Schlosskapelle in Torgau als erste protestantische Kirche erbaut hatte. Dies war sein Einsatz für Reformation und Renaissance gleichermaßen.

Die **Nikolaikirche** wurde bald ein Opfer der Reformation: 1528 geschlossen und dann rückgebaut, so dass heute nur noch der Turm existiert. Er ist begehbar und gewährt einen herrlichen Blick über die Stadt.

Das **Augustiner-Chorherrenstift** „die Roten Spitzen", nationales Kulturdenkmal, bestimmt mit seinen Backsteintürmen die Silhouette der Stadt.

Schließlich ist die **Stadtkirche St. Bartholomäi** zu nennen, die älteste Stadtkirche.

Wo rote Spitzen
cool in den Himmel ragen

Die „Roten Spitzen" der Stiftskirche St. Marien prägen das Erscheinungsbild Altenburgs. Kaiser Friedrich Barbarossa stiftete einst die
mächtige Klosteranlage als Symbol kaiserlichen Machtanspruchs, itali-
enische Mönche schufen einen mustergültigen Bau der staufischen Romanik. Der Legende nach wurden die roten Backsteintürme dem Bart
Kaiser Barbarossas nachempfunden.

In Reformationszeiten hatten die Bischöfe von Zeitz-Naumburg das
Sagen. Das bedeutete mannigfache Privilegien: keine Steuern und keine
Abgaben, keine weltliche Gerichtsbarkeit. Das bot eine gute Perspekti-
ve: Man konnte ohne Anstrengung Geld scheffeln. Für die Bevölkerung
waren die Mönche mit ihrem verschwenderischen und unmoralischen
Lebensstil die Maden im Speck. So kam es 1521 zu Ausschreitungen
gegen Mönche und Klostergemeinschaften. Im Frühjahr 1522 hatten die
Altenburger Bürger die Nase voll und wandten sich an den Kurfürsten
und an Martin Luther mit der Bitte um einen protestantischen Prediger.
Luther kam persönlich. Am 22. April 1522 predigte er öffentlich in der
Brüderkirche. Nur zwei Monate später, am 26. Juni, wurde Wenzeslaus
Linck zum ersten evangelischen Prediger Altenburgs ernannt. Luther
selbst hat in St. Marien nie gepredigt. 1543 löste man das Rote-Spit-
zen-Kloster auf, 1665 zog eine Schule ein, 20 Jahre später fand man es
besser, in den Türmen ein Gefängnis einzurichten, das sogar 200 Jahre
lang bestand. Im 17. Jahrhundert baute man das Kirchenschiff um, eta-
blierte ein Witwen- und Waisenhaus. Seine heutige Gestalt erhielt das
Bauwerk im 19. Jahrhundert. Erst seit Ende der 90er Jahre kümmert
man sich wieder um den Bau. Um das Gebäude entstanden viele Pri-
vathäuser, so dass es kaum noch einen Zugang gibt. Die Archäologen
gehen davon aus, dass der Bau noch manches Geheimnis birgt. Das
macht die roten Spitzen noch interessanter, gelten sie doch als das Wahrzeichen der Stadt.

Den lang gezogenen Marktplatz kann man nicht verfehlen. In der Mitte steht das Rathaus. An einem Ende befindet sich die Brüderkirche, am anderen Ende sieht man die „Roten Spitzen". Man muss die Berggasse hoch gehen. Von hier hat man auch einen schönen Ausblick auf die Stadt.

1523

Am 28.1. trat Wenzeslaus Linck als erster evangelischer Pfarrer in Altenburg seinen Dienst an. Er predigt in der St. Bartholomäi Kirche.

Wo Luther in Sicherheit gebracht wurde

Nur die Buche war Zeuge, wie es wohl geschah: Am 26. April 1521 verließ Martin Luther Worms. Er musste das freie Geleit nutzen, um zurückzureisen. Sein Freund Spalatin war wahrscheinlich der Spiritus Rector: Luther sollte zunächst von der Bildfläche verschwinden, danach wollte man die politische Entwicklung abwarten. Friedrich der Weise war einverstanden. Versteck sollte die Wartburg sein.

Luther erreichte am 4. Mai 1521 nachmittags von Möhra und Schweina kommend bei Altenstein eine Buche. Da erschienen vor ihm Hans von Berlepsch, der Schlosshauptmann der Wartburg, und Burkhard Hund, Ritter von Altenstein. Sie gaben ihm Ritterkleidung, versteckten sein Mönchsgewand und brachten ihn unerkannt zur Wartburg.

Auf den Spuren des Entführers Burkhard Hund kommt man zum Park Altenstein mit dem gleichnamigen Schloss. 1492 hatte Hans Hund von Wenkheim vom Kurfürsten Friedrich von Sachsen Altenstein als erbliches Lehen erhalten.

Der Schlossbau, den wir heute sehen, stammt aber nicht aus dieser Zeit. Er stammt auch nicht aus dem Jahr 1736, als ein Barockschloss erbaut wurde, sondern wohl eher aus dem Jahr 1888, als Herzog Georg II. das Schloss grundlegend umbauen ließ. Von Ferne ist es ein beeindruckender Bau. Aus der Nähe erkennt man, dass noch viel renoviert werden muss. Nachweislich war der Komponist Johannes Brahms mehrmals zu Gast.

Beeindruckend ist aber insbesondere die Parkanlage. An der Parkgestaltung wirkten drei herausragende Gartenkünstler des 19. Jahrhunderts mit: Fürst Hermann von Pückler-Muskau, Carl Eduard Petzold und Peter Joseph Lenné.

Schloss und Parkanlage stammen zwar aus der Nach-Luther-Zeit. Die wunderbare Aussicht, die man vom Schloss hat, ist dagegen uralt. Vielleicht hat auch Luther sie einmal genossen.

Die Altensteiner Straße in Ruhla führt genau zum Park. Der Gebäudekomplex des Schlosses wird heute von der TÜV Akademie Thüringen genutzt. Weiterhin gibt es ein kleines Schlossmuseum.

1492

Kurfürst Friedrich von Sachsen vergibt an den Ritter Hans Hund von Wenkheim Burg und Land Altenstein als erbliches Mannlehen.

3 ARNSTADT: BACH-DENKMAL
Wo Bach seine wilden Jahre verbrachte

Luther erzählte gerne von einer Reise nach Arnstadt, wo er als junger Mönch bei den Franziskanern zu Gast war. Er lernte dabei den sehr fortschrittlichen Franziskaner Henricus Kühn kennen, von dessen Predigten in der Oberkirche er sagte: *„Wir jungen Mönche saßen und sperrten Maul und Nase auf, schmatzten auch vor Andacht gegen solch tröstliche Rede von unserer heiligen Möncherei."* Neue Impulse. Er kam noch öfter nach Arnstadt, am 15. März 1516, als er sich mit Generalvikar von Staupitz im Arnstädter Kloster traf. 1531 wurde in Arnstadt die Reformation eingeführt. Die Klöster wurden in den nächsten Jahren säkularisiert. Auf dem Weg nach Schmalkalden übernachtete Luther vom 5. zum 6. Februar 1537 in der Stadt und 1540 ein letztes Mal, als er mit seinem kranken Freund Philipp Melanchthon kurz verweilte. 1553 begannen die Bauarbeiten an Schloss Neideck, der gräflichen Residenz, und 1581 wurde die Kirche des Barfüßerklosters, nunmehr als Oberkirche, die Stadtkirche.

In dieser hatte der junge Johann Sebastian Bach seine erste Anstellung als Organist (1703–1707). Aber bereits im 17. Jahrhundert waren Vorfahren Bachs als Kirchenmusiker tätig und auch nach ihm wirkten Mitglieder der Familie Bach musikalisch in der Stadt. Deshalb nennt sich Arnstadt auch Bachstadt. Johann Sebastian Bach wirkte nur vier Jahre in der Stadt. 1705 überzog er seinen Urlaub um einige Wochen, weil er Dieterich Buxtehude, den berühmtesten Organisten der damaligen Zeit, in Lübeck aufsuchte. Außerdem fand der Rat, *„er verwirre die Gemeinde mit harmoniefremden Tönen"*, was die Zusammenarbeit natürlich nicht verbesserte. Heute ehrt man Bach mit einem Denkmal auf dem Marktplatz. Tipp: Auf Luthers und Bachs Spuren die Oberkirche aufsuchen. Und Schloss Neideck nicht vergessen. 1620 und 1633 wohnte Caspar Bach, der Ahnherr der Arnstädter Bachlinie, als Hausmann und Türmer auf dem Neideckturm.

Das Bach-Denkmal steht am Markt. Schloss Neideck befindet sich im Schloss-garten, Richtung Bahnhofstraße und Dammweg.

1531

wurde in Arnstadt die Reformation eingeführt. Die Klöster wurden in den nächsten Jahren säku-larisiert. Übrigens: In Arnstadt wurde die Thüringer Bratwurst das erste Mal erwähnt (1404), 1617 ebenfalls das Weizenbier – außerhalb Bayerns.

Wo man sehen kann, was die Bauern trieben

Das Wahrzeichen der Stadt ist der Oberkirchturm, vielleicht, weil er aus dem Lot geraten ist. 1382 haben die Mitglieder der christlichen Salzsieder-Gilde die gotische Basilika „Unserer lieben Frauen am Berge" fertiggestellt. 1525 fand in der Kirche der Zusammenschluss der Patrizier und Salzarbeiter mit Thomas Müntzer statt. Das war sicherlich nicht der Grund, dass die Sole unterhalb der Kirche den Untergrund ausgehölt hat. Aber die Turmspitze ist 4,60 m aus dem Lot geraten und damit schiefer als der schiefe Turm von Pisa.

Das Panorama Museum ist der wahre Besuchermagnet. Es steht auf dem Schlachtberg oberhalb der Stadt, ein Gebäuderondell, in dem nur ein einziges Gemälde hängt. Dieses aber ist monumental: Auf 1.722 qm zeigt es mit über 3.000 Einzelfiguren vielfältige Szenen der „Frühbürgerlichen Revolution" – wie man in der DDR zu sagen pflegte – in Deutschland Mitte des 16. Jahrhunderts. Der Leipziger Maler Werner Tübke schuf es von 1976 bis 1987. Grundlage war ein Staatsauftrag der DDR, das Ergebnis ein einmaliges, monumentales Kunstwerk, ein gesellschaftliches Sittengemälde. Allein die Größe der bemalten Fläche ist mit 14 m Höhe und rund 120 m Umlauf ohne Beispiel. Hinzu kommt der Anspruch, ein ganzes Zeitalter möglichst glaubhaft und überzeugend darzustellen. Ob das Ergebnis dem Wunsch des Auftraggebers voll entsprach, weiß man nicht genau. Die Hülle für das Kunstwerk liegt auf historischem Boden oberhalb von Bad Frankenhausen. Hier tobte der Thüringer Aufstand, Höhepunkt des Bauernkrieges. Gewidmet ist es dem Vorbild Thomas Müntzer, den die DDR gerne als kommunistischen Vorkämpfer vereinnahmte.

Das Museum ist seit der Eröffnung ein Publikumsmagnet. Unzählige Besucher kommen und studieren mit viel Geduld das monumentale Werk, das Einblick in die Zeit der Reformation gibt.

Das Panorama Museum befindet sich oberhalb von Bad Frankenhausen (Am Schlachtberg 9). Man sollte unbedingt an einer Führung teilnehmen, die ca. 1/2 h dauert.

1987

Am 16. Oktober übergab der Maler Werner Tübke das fertige Werk seinem Auftraggeber. Er hatte daran mehr als ein Jahrzehnt gearbeitet.

Wo Luthers Eltern getraut wurden

Manches liegt im Dunkel der Geschichte. Von der Husenkirche ist heute nur noch eine Ruine erhalten geblieben, umgeben von einem Friedhof. Die Quellenangaben zur Grundsteinlegung unterscheiden sich erheblich: 1101 oder 1161 soll der steinerne Kirchenbau erschaffen worden sein. Eine erste urkundliche Erwähnung der Husenkirche findet sich 1258. Auf dem Grund der späteren Kirche soll einmal eine Kultstätte gewesen zu sein, ein Holzbau, um 775 erstellt – mitten in der Salzunger Mark.

Kaum 500 m vom Standort der Husenkirche entfernt befand sich das Dorf Salzungen, die Hauptsiedlung des Tales. Später entwickelte es sich zur Stadt und die Husenkirche wurde die Stadtpfarrkirche. In ihr, so heißt es, sollen die Eltern Martin Luthers, Hans Luder und Margarethe Lindemann, um 1479/80 ihre Ehe geschlossen haben. Das ist aber nicht bestätigt. Auch die Jahreszahl ist nicht abgesichert. Es muss vor 1483 gewesen sein. Um 1500 wurde die Kirche im spätgotischen Stil umgebaut. Das hat sich aber kaum gelohnt, denn 1533 wurde die Pfarrei zu Husen auf Anordnung des Kurfürsten Johann von Sachsen mit der Simpliciuskirche in der Stadt vereinigt. Damit diente das Gotteshaus nur noch als städtische Friedhofskirche.

Im Zweiten Weltkrieg wurde die Kirche komplett zerstört. Gerade beim letzten Luftangriff auf Bad Salzungen am 31. März 1945 fielen die Bomben auf das Industriegelände westlich der Stadt. Dabei wurde ein in der Nähe mehr oder weniger zufällig abgestellter Munitionszug getroffen. Die Druckwelle war so stark, dass das Dach der Husenkirche einstürzte. Der Schaden war gravierend, so dass die DDR-Behörden den Wiederaufbau unterließen. Die Kirche sollte Mahnmal werden. Das hat nur teilweise geklappt: Die imposante Ruine kann nicht betreten werden, es besteht Einsturzgefahr. Man muss eben auch eine Ruine absichern. Wind und Wetter lassen das Gebäude zunehmend verfallen.

Bad Salzungen ist eine grüne Stadt mit starker Sole im Herzen Deutschlands. Man kann gut kuren oder sich einfach erholen und bei einer Stadtbesichtigung die Stadt erkunden. Die Ruine befindet sich im Friedhof an der Leimbacher Straße, parallel zur Werra.

UM 1479/80

sollen die Eltern Luthers in dieser Kirche getraut worden sein.

Wo Luther gerne
einen Zwischenstopp einlegte

Das Datum ist bestätigt: Am 2. Mai 1521 kehrte Martin Luther von Bad Hersfeld kommend im Gasthof „Alter Stern" in Berka ein und betrat Thüringer Boden. Bis hierher hatte ihm Abt Krato von Hersfeld mit seinen Mannen Geleitschutz gegeben. Nun verließen sie Luther, denn er befand sich ab hier auf sicherem Land.

Das Haus gibt es noch. Über einem steinernen Sockel erhebt sich ein Fachwerkgeschoss mit Steildach. Das Gasthaus „Alter Stern" existierte bis 1764. Der kulinarische Inhalt wurde dann in den Neubau „Zum goldenen Stern" transferiert. Im 18. Jahrhundert befand sich in dem Fachwerkgebäude das hessische Amtshaus. Quer über der Straße erhebt sich die bullige Dorfkirche St. Laurentius mit dem Juliusturm. Ursprünglich war die Kirchenburg von Mauern und Türmen umgeben. Dem Straßenverkehr zuliebe rissen die Bürger von Berka die Befestigungsanlagen ein. Den Juliusturm kannte noch Luther. Er wurde 1439 mit einer achteckigen Haube und vier Ecktürmchen erbaut. Das Renaissance-Langhaus stammt dagegen erst aus dem Jahr 1616. Sehenswert ist die bemalte hölzerne Tonnendecke.

Im Deutschen Bauernkrieg spielte Berka eine gewisse Rolle, auf die nicht alle stolz sind. Dort und in der Umgebung lebten anscheinend besonders viele aufständische Bauern. Der Aufstand war jedoch erfolglos: Landgraf Philipp von Hessen besetzte 1527 den Ort. In Eisenach wurden einige Bauernführer auf dem Marktplatz hingerichtet, darunter auch der Bauernführer Jakob Töpfer aus Berka. An den Bürgern von Berka ging der Aufstand nicht spurlos vorbei. Sie mussten hohe Strafgelder zahlen und wurden zwangsweise reformiert.

Martin Luther war nur einer der vielen bedeutenden Besucher des Ortes, denn auch Könige und Landesfürsten übernachteten hier, zwischen 1806 und 1813 sogar Kaiser Napoleon. Und 1813 soll er während seiner Flucht im Gasthaus „Zur Post" zu Mittag gegessen haben.

In Berka zweigt links die Lutherstraße ab, rechts die Kirchstraße, über die man zur Kirche kommt. Linker Hand befindet sich der gesuchte Fachwerkbau. Von der A4 bzw. E40 kommt man in die Richelsdorfer Straße. Sie führt genau in den Ort hinein.

1521

Am 2. Mai machte Luther in Berka einen Zwischenstopp und übernachtete im Gasthof „Alter Stern".

Wo Maria die Patin war

Nomen est omen: Die Kirche ist der Jungfrau Maria gewidmet. Sie kann noch mit mehr Namen aufwarten: „Altstädter Kirche", „Stadtkirche", „Kathedralkirche von Anhalt-Bernburg", „Unse lewe Fruwen Kerke to Berneborch".

Der Kirche war eine wichtige Rolle in der Stadtgeschichte zugedacht: In ihr wurde 1526 die Reformation verkündet. Landesherr Fürst Wolfgang ließ sich bekehren und die Untertanen hatten zu folgen. In der Marienkirche feierte man das erste evangelische Abendmahl. Dies war Anlass, die Einrichtung evangelisch zu gestalten: 1533 wurde die hölzerne Kanzel aufgestellt, Emporen wurden eingezogen und eine neue Orgel bestellt. Die Kanzel stand zentral, denn die Predigt stand im Mittelpunkt. Viele Gläubige drängten in die Kirche, die Gottesdienste waren gut besucht.

Um 1600 wurde das Luthertum durch den Calvinismus abgelöst. Die Calvinisten führten die Schlichtheit ein und warfen fünf Altäre hinaus, zeitweise auch die Orgel und andere Gegenstände. 1820 änderte sich das Bekenntnis erneut: Nun galt uniert.

Die Einstellung zur Kirche hat sich seitdem gewandelt, besonders in ostdeutschen Landen. Das Christentum und damit seine Bauten rückten an den Rand der Gesellschaft. Trotz Gemeindefusionen gibt es häufig nicht mehr viele Gemeindemitglieder. Die Marienkirche prägt dennoch wie eh und je das Stadtbild. Sie wirkt überdimensioniert und wird als „Herausforderung" bezeichnet.

Nicht auf dem Kirchturm, aber auf dem romanischen Bergfried arbeitete einst Till Eulenspiegel nach seiner Art als Turmbläser. Zu den Aufgaben des Türmers gehörte auch das Aufziehen der Uhr und das Läuten morgens um 4, mittags um 11 und abends um 20 Uhr. Heute können Besucher die ca. 150 Stufen hochsteigen und einen Rundblick über die Stadt bis hin zum Schloss genießen.

Die Marienkirche befindet sich in der Breiten Straße. Bernburg ist Kulturerbestadt der UNESCO. Unbedingt das Renaissanceschloss mit Museum, Bärengehege, Schlossterrasse und einem Panorama-Schlossrundweg, dem Andreas-Günther-Weg, besuchen.

1526

wurde in Bernburg die Reformation verkündet. Man feierte das erste evangelische Abendmahl in der Marienkirche.

Wo nur ein alter Chor
übrig blieb

Bitterfeld bringt man immer noch in Verbindung mit Umweltzerstörung. Heute kann man sich vom Gegenteil überzeugen: Modern, sauber, herausgeputzt. Für Luther war Bitterfeld Durchgangsstation und Übernachtungsmöglichkeit. Als die Bergleute im Mansfeldischen den Aufstand probten, wurde Luther gerufen. Zusammen mit Melanchthon machte er sich am Ostersonntag, dem 16. April 1525 auf, die erste Rast gönnten sie sich in Bitterfeld.

1531 fand hier die erste evangelische Kirchenvisitation statt. Die Reformation wird eingeführt und Bitterfeld wird Superintendentur. Mit weitreichenden Folgen: Die Ordnung in der Pfarrei wird neu geregelt, ebenso das Schulwesen.

Am 23. Januar 1546 kam Luther erneut nach Bitterfeld, dieses Mal in Begleitung seiner drei Söhne und deren Hauslehrern. Sie übernachteten in Bitterfeld.

Knapp einen Monat später, am 18. Februar, verstarb Martin Luther. Bei der Überführung seiner Gebeine nach Wittenberg hielt der Geleitzug am 21. Februar 1546 auch in Bitterfeld. Um die Mittagszeit wurde der Reformator in der Kirche aufgebahrt.

Die Stadtkirche ist die St. Antonius-Kirche. Der heutige Bau ist nicht historisch, er stammt aus dem 20. Jahrhundert. Da das neue Gebäude weitaus größer wurde als das alte und der Kirchplatz nicht ausreichend groß war, mussten ein paar Häuser weichen. Das war damals noch möglich. Nur die alte Kapelle blieb erhalten. In der alten Kirche lag sie neben dem Chor, nun in der neuen Kirche am „hinteren Ende". Nur sie hat wahrscheinlich bereits zu Luthers Lebzeiten existiert und ist die einzige „bauliche" Verbindung zu ihm. Das Besondere sind ihr rippenloses Netzgewölbe und die Fenster.

Draußen auf dem Kirchplatz ist Markt. Will man traditionsbewusst sein, bieten sich Thüringer Bratwürste an. Die schmecken immer und wurden bereits 1404 erfunden. Man kann davon ausgehen, dass auch Luther sie probiert hat.

Die Kirche befindet sich am Kirchplatz, anschließend geht es zum Marktplatz. Die Vision von der grünen Industriestadt am See ist Wirklichkeit geworden. Symbol ist der „Bitterfelder Bogen", das neue Wahrzeichen der Stadt. Von der Aussichtsplattform der 28 m hohen Stahlkonstruktion hat man die beste Sicht auf die Stadt.

1531

fand die die erste evangelische Kirchenvisitation statt. Die Reformation wird eingeführt und Bitterfeld wird Superintendentur.

Wo Luther vom Freiheitsdrang überwältigt wurde

Martin Luther war häufig zu Gast in Borna, sogar inkognito als Junker Jörg. Er konnte sich dies wohl leisten, weil die Stadt auf einem schmalen Korridor ernestinisch-kursächsischen Besitzes lag, also in Freundesland. Die benachbarten Gebiete des albertinischen Herzogtums Sachsen durfte Luther nicht aufsuchen. Man hätte ihn schnell verhaften können. Daher predigte er mehrmals „gefahrlos" in der Stadtkirche St. Marien.

In Borna hatte Luther einen Freund, bei dem er übernachtete: den sächsischen Geleitsmann (ein beamteter Zolleinnehmer) Michael von der Straßen. Der erzählte ihm vom Unmut der Bürger, insbesondere über den Abt des Pegauer Klosters, einem überzeugten Altgläubigen. Der Abt war für das Kirchenleben in der Stadt zuständig und belegte zeitweise die ganze Bevölkerung mit einem Bann. Das trug nicht gerade zur Versöhnung bei. Seit 1518 gaben sich die Bürger bereits evangelisch. Luther schickte daher schon 1519 einen evangelischen Prediger in die Stadt.

Martin Luther ist bekannt als Dickschädel. Kurfürst Friedrich der Weise sah es gar nicht gern, wenn Luther sich frei im Land bewegte. Auf der Wartburg war er sicherer. Aber Luther verließ 1522 die Wartburg, um nach Wittenberg zu gehen, wo er bei Unruhen vermitteln wollte. In Borna machte er Station und quartierte sich bei seinem Freund ein. Am Aschermittwoch, den 6. März 1522, schrieb er einen Rechtfertigungsbrief an seinen Kurfürsten, warum er nicht immer auf der Wartburg hocken konnte: Als freier Mensch berief er sich auf seinen Glauben an Gott. Durch ihn fühlte er sich so sicher und beschützt, wie es kein irdischer Fürst vermochte.

Nun ja, damit stellte er sich gegen die Fürsten, die ihn beschützten. Die Bornaer Bürger übernahmen seinen Schutz und brachten ihn am nächsten Tag nach Wittenberg. Der Brief wurde ein wichtiges Dokument.

Von der Breite Straße kommt man zum Kirchplatz. Die Stadt trägt schwer an ihrem Spitznamen: Zwibbel-Borne. Er leitet sich wahrscheinlich von der Tatsache ab, dass in der Stadt viele Zwiebeln angebaut wurden.

1522

Am Aschermittwoch, den 6. März, schrieb Luther in Borna einen Rechtfertigungsbrief an seinen Kurfürsten. Daran erinnern die Bornaer Bürger jedes Jahr mit einem Schauspiel.

Wo Kirche bewegt wurde

Nicht nur Luther hielt sich in Borna auf, später auch Zar Alexander I. und sogar Napoleon, so berichten es jedenfalls die Historiker.

Das ist die gute Nachricht. Nach der Stadt wurde allerdings auch ein Pferdevirus benannt: Bornavirus. Das finden die Bewohner nicht so amüsant. Stolz wären sie lieber auf ein Mammutskelett, das man 1908 fand, Bornaer Mammut genannt. Leider kam es ins Museum für Völkerkunde nach Leipzig, wo es im Dezember 1943 nach einem Bombenangriff fast vollständig verbrannte.

Borna wirbt mit dem beeindruckenden Slogan: „Wo Kirche bewegt wurde." Das ist ziemlich doppeldeutig und betrifft die jüngere Geschichte der Stadt. Im Jahr 2007 „bewegte" man die kleine, 750 Jahre alte Dorfkirche aus Heuersdorf. Ort und Kirche fielen dem Braunkohleabbau zum Opfer. Mit einem spektakulären Transport auf einem Tieflader reiste die Emmaus-Kirche zu ihrer neuen Heimat auf dem Martin-Luther-Platz in Borna. Überall auf der Welt berichteten die Medien teilweise recht emotional über diese „bewegende" Aktion. Nun steht sie im Schatten der großen Stadtkirche St. Marien, wo einst Martin Luther die Kirche bewegte. Dem Braunkohleabbau ab 1800 verdankt die Stadt ihre Industrialisierung, aber auch ein gehöriges Maß an Umweltzerstörung. So manches Dorf musste den Baggern weichen. Und manche Gläubige verloren ihre Kirche. Die Emmaus-Kirche wirkt gerade durch ihre Schlichtheit beeindruckend. Ebenso im Inneren: ein Kruzifix, mit Macht grob aus einem Baumstamm geschnitzt. Die Leiden beeindrucken stumm.

Zwischen den beiden Kirchen steht ein Doppel-Mahnmal: zunächst natürlich Luther als Junker Jörg. Daneben eine eher unkenntliche Skulptur, ein in sich verkrümmter Mensch. Will sagen: Der junge Luther hatte gespürt, dass religiöse Praktiken nicht helfen, die Verkrümmung zu lösen. Dies kann erst gelingen, wenn das Denken und Handeln dem Nächsten gilt.

Von der Sachsenallee biegt man auf die Brühl-Straße ab, die in den Martin-Luther-Platz übergeht. Jenseits der Brühl-Straße und der Sachsenallee befindet sich der „Breite Teich". Um ihn herum bietet sich ein schöner Spaziergang an.

2007 wird die kleine, 750 Jahre alte Emmaus-Kirche von Heuersdorf nach Borna transportiert.

Wo Katharina ins Kloster kam

Eine Autobahnkirche als Stadtkirche, zugegeben, etwas weit weg von der Autobahn. Seit fast neun Jahrhunderten versammeln sich Menschen in der Kirche, um zu singen, zu beten und auf Gottes Wort zu hören. Diese Kirche ist Jakobus dem Älteren geweiht, was die Annahme zulässt, dass durch Brehna ein Pilgerweg verläuft, fast so etwas wie eine Autobahn alter Zeit. Daher hatte der Gemeindekirchenrat die Idee, die Kirche nicht nur für die Bürger der Stadt, sondern auch für die Reisenden zu öffnen.

Eigentlich sind es zwei Kirchen. Durch den Haupteingang im Norden kommt man in die Pfarrkirche St. Jakobus. An diese schließt sich im südöstlichen Teil die Klosterkirche St. Clemens an. Im Ursprung romanisch, wurde sie später Wehrkirche, Stiftskirche, Kloster. Sie hat eine große Geschichte.

Am 15. August 1201 richtete Hedwig, Gemahlin des Markgrafen Friedrich I. von Brehna, ihren Witwensitz ein, ließ die Stiftskirche einweihen und entwickelte das Kloster. So schuf sie geschickt einen soliden Grundstock für das Kloster.

Die wohl bekannteste Bewohnerin war Katharina von Bora. Sie wurde am 29. Januar 1499 geboren. Ihre Eltern kamen aus verarmten Adelsfamilien. Die Familie musste ihr Gut aufgeben, sie hatten schlecht gewirtschaftet. 1504 wurde die sechsjährige Katharina zur Erziehung in das Augustiner-Chorfrauenstift Brehna gegeben. Sie war wohl nicht sehr glücklich und blieb bis 1508, wechselte dann in ein Kloster im sächsischen Nimbschen. Dort wurde sie Nonne, aber auch nicht glücklich. Eine Fehlentscheidung, wie man der Geschichte entnehmen darf.

Nach der Reformation begann der Niedergang des Klosters in Brehna. Es wurde aufgelöst, aber die Nonnen durften wohnen bleiben, bis sie anderweitig Unterkunft fanden. Im Dreißigjährigen Krieg wurde das Kloster zerstört. Geblieben ist nur die Stiftskirche. Immer noch groß und mächtig, ist sie jetzt Zuflucht für Auto-Reisende.

Brehna liegt an der Anschlussstelle Halle/Bitterfeld der A9. Über die B100 erreicht man die Straße An der B100 und die Hallesche Straße. Dort befindet sich die Autobahnkirche. Es gibt in Brehna einen „Pfad der Geschichte". In den Bürgersteig zwischen Markt und Rathaus wurden Jahreszahlen eingelassen, die an ausgewählte Ereignisse aus der langen Geschichte des Ortes erinnern. Für Katharina steht die Jahreszahl 1508 auf dem Bürgersteig.

1504

wurde Katharina von Bora als sechsjähriges Mädchen zur Erziehung in das Augustiner-Chorfrauenstift Brehna gegeben.

Wo Wenzeslaus Linck geboren wurde

Die Faktenlage ist dünn. Ob Martin Luther persönlich jemals die Stadt oder Kirche hier besucht hat, kann nicht nachgewiesen werden. Aber natürlich, die Reformation hatte auch ihre Auswirkungen in Colditz.

Einer der engsten Freunde Luthers wurde am 8. Januar 1483 in Colditz geboren: Wenzeslaus Linck. Allerdings zog er bald von Colditz fort und besuchte in Magdeburg die Schule. Er war Luther-Verehrer und setzte die Reformation in Altenburg und Nürnberg um.

Obwohl in Colditz bereits 1518 die Reformation eingeführt wurde, mussten sich noch 1523 vier evangelische Pfarrer aus der Region wegen ihrer Gesinnung vor dem Bischof von Merseburg, einem Reformationsgegner, verantworten.

Man glaubt nachweisen zu können, dass Luthers Freund Lucas Cranach d. Ä. zumindest auf der Durchreise in Colditz gewesen ist. Als Indiz dient das Bild „Goldenes Zeitalter" aus dem Jahr 1530. In der linken oberen Ecke sei das Schloss Colditz zu sehen.

Auch sein Sohn, Lucas Cranach d. J hat sich wohl in Colditz aufgehalten. Er erhielt von Kurfürst Christian I. den Auftrag, hier in Colditz sechs Jagdbilder anzufertigen.

Das Wahrzeichen der Stadt ist heute noch das Schloss Colditz, nicht nur links oben in der Ecke, sondern geradeaus im Mittelpunkt. Es thront auf einem 30 m hohen Felsen. Erstmals wurde es 1046 urkundlich erwähnt. Das Schloss durchlief eine reichlich wechselvolle Geschichte. Im Zweiten Weltkrieg diente es als Hochsicherheitsgefangenenlager für alliierte Offiziere. Vielleicht ganz gut, denn seitdem kommen immer mehr englischsprachige Touristen.

Was noch? Seit dem frühen 18. Jahrhundert sind auch das Colditzer Porzellan und die Keramik ein Begriff. Das erste europäische Hartporzellan wurde aus Colditzer Kaolinton von Johann Friedrich Böttger geformt. Eine kleine Kostprobe kann man im stadtgeschichtlichen Museum begutachten.

Colditz ist eine sehr nette Stadt. Das Schloss ist markant, aber auch der Markt-platz mit dem Renaissance-Rathaus ist einen Besuch wert. Die Stadtpfarrkirche ist St. Egidien.

1483

Am 8. Januar wurde in Colditz Wenzeslaus Linck geboren. Er war Luther-Verehrer und setzte die Reformation in Altenburg und Nürnberg um.

COSWIG: ST. NICOLAI KIRCHE
Wo die Kirche viele Türen hat

„Kirche mit den vielen Türen" – das ist nicht nur ein Spitzname, sondern Tatsache: Die Coswiger St. Nicolai Kirche hat viele Türen. Nicht nur die Fürsten hatten ihre eigene Kirchentür, sondern auch die wohlhabenden Bewohner der Stadt. Die Türen scheinen bestimmten Bevölkerungsgruppen zugeteilt gewesen zu sein. So wurde nicht erst in der Kirche, sondern bereits vor ihren Türen die Stellung und Bedeutung der Kirchgänger demonstriert.

Im Jahr 1150 wurde der Bau der dreischiffigen Hallenkirche im romanischen Stil begonnen. Das ist gut zu erkennen, denn das Fundament der romanischen Rundbogenapsis ist im Fußboden des Chorraumes markiert. Als romanische Kirche hatte sie nur einen Eingang an der Breitseite.

1272 wurde sie Klosterkirche und gehörte zum Augustiner-Nonnenkloster. Nun stand die Gotik auf dem Architekturplan. Typisch der gerade und geschlossene Langchor, der ein Kreuzrippengewölbe nach gotischer Tradition erhielt. Der einzige, quadratische Turm der Kirche wurde mehrmals umgebaut. Unten blieb er romanisch, oben geht er in eine achteckige Form über. Dort befand sich früher die Türmerstube. Darüber liegt der Umgang, von dem man einen faszinierenden, weiten Ausblick über die Elbauen in das Dessau-Wörlitzer Gartenreich genießt.

Die Reformation schlug 1527 zu, das Kloster wurde aufgelöst und die Klosterkirche evangelische Stadtkirche. Die Nebentüren wurden – wahrscheinlich – geschlossen. Im Schmalkaldischen Krieg und im Dreißigjährigen Krieg wurde die Kirche mehrfach zerstört, wie das so war – und unverzagt wieder aufgebaut. So herrschen heute der Renaissance-und der Barock-Stil vor.

Am Ende des 16. Jahrhunderts tobten sich die Zwickauer Bilderstürmer aus. Dem fiel ein Schnitzaltar zum Opfer. Erstaunlich ist, dass drei wunderbare Bildwerke aus der Schaffenszeit des Lucas Cranach d. J. die Unruhen überdauert haben.

Die Kirche befindet sich Am Markt 1, mitten im Zentrum von Coswig. Wenn man von Coswig nach Dessau fahren will oder umgekehrt, nimmt man die K2376. An der Elbe muss man mit einer Gier-Fähre gemütlich übersetzen und kann dann bequem durch die Elbauen fahren.

1527

Die Reformation kommt nach Coswig. Der erste evangelische Gottesdienst wird gefeiert.

Wo Michael Praetorius geboren wurde

Die Gegend ist irgendwie heilig. Bonifatius hat hier bereits 724 missioniert und auf dem Burgberg ein Kreuz errichtet. Später wurde die Burg bevorzugter Aufenthaltsort von Landgräfin Elisabeth, die als Heilige Weltruhm erlangte. Fast ebenso ehrwürdig: Michael Praetorius (1571 bis 1621), bedeutender Musiker des Frühbarocks, wurde in Creuzburg geboren. Er schuf „Es ist ein Ros' entsprungen" und viele andere bedeutende Werke der evangelischen Kirchenmusik.

Ein mittelalterliches Ensemble von besonderem Reiz ist die siebenbogige Sandsteinbrücke, die vor Creuzburgs Toren die Werra überspannt. Seit dem 13. Jahrhundert ist sie ein wichtiger Übergang der Via Regia, einer alten Handelsstraße, über die Werra. Am östlichen Ende der Brücke baute man eine kleine hölzerne Kapelle für den himmlischen Schutz der Reisenden, ab 1499 wurde eine neue Kapelle aus Stein errichtet, die Liborius-Kapelle. Sie schmückt ein prächtiger Bilderbogen, der unter anderem Szenen aus dem Leben der Heiligen Elisabeth zeigt. 1523 hielt Albert von Kempten hier die erste reformatorische Predigt. Die Stadtväter traten daraufhin zum neuen Bekenntnis über und Creuzburg wurde evangelisch. Über allem thront die Burg, ein Blickfang über dem schönen Werratal.

Wichtigstes Gebäude der Stadt ist die Nicolaikirche. 1210 war Baubeginn, 1428 wurde der Kirchturm als Stadtturm errichtet, der mehrfach abbrannte und wieder aufgebaut wurde.

Luther und Melanchthon machten 1529 auf dem Weg nach Marburg hier Station (zusammen mit Myconius, Menius, Cruziger und anderen). Viel später (1765) besuchte Goethe nach einem Großbrand die Kirchenruine und bemühte sich um deren Wiederaufbau. Am 1. April 1945 wurde die Kirche schwer beschädigt. Wiederaufbau ab 1968. Heute ein beeindruckender Kirchenraum, ein schöner romanischer Chor mit großer liturgischer Ausstrahlung. Alles ist weiß getüncht, im Kontrast zu den Gewölberippen und Bögen in dunklem Rot und Grautönen.

Creuzburg liegt an der B7. Die Nicolaikirche befindet sich am Markt.
Der „Blaue Creuzburger" ist ein Käse vom Stiftsgut Wilhelmsglücksbrunn, eine
ehemalige Saline, erstmals 1426 erwähnt. Heute Käsemanufaktur
mit 200 Lacaune-Milchschafe und Wasserbüffeln.

1523

Albert von Kempten hielt die erste reformatorische Predigt. Die Stadtväter traten zum evangelischen Glauben über.

CRIMMITSCHAU:
KLOSTER FRANKENHAUSEN

Wo ein Kleinod versteckt ist

Richtig viel hat das Kloster nicht mit der Reformation zu tun. Um 1276 wurde es gestiftet und für Zisterziensernonnen aus Grünberg eingerichtet. Im Jahre 1410 brannte das Kloster ab. Anschließend stellte der Bischof in katholischer Manier eine Urkunde aus, die besagte „...*dass all denen, die beim Wiederaufbau halfen, ein Ablass von 40 Tagen zuteilwerde.*" Noch war Luther nicht geboren.

Das Kloster war reich mit Ländereien ausgestattet, zu seinem Besitz gehörten einige Dörfer. Und man besaß auch die Gerichtsbarkeit über die Lehnsleute: Einnahmen ließen sich erwirtschaften aus der Landwirtschaft, aus Abgaben, aus Zinsen für entliehenes Kapital und aus den Produkten der Klostermühle und der Brauerei.

Mit der Reformation war dann jedoch alles vorbei. Das Kloster wurde aufgelöst: Herzog Johann Friedrich I., Kurfürst von Sachsen, hatte sich vorgenommen alle geistlichen Güter zu säkularisieren.

1543 konnte ein Wilhelm von Thumshirn das Gut für einen Vorzugspreis von achttausend Gulden erstehen. Er wohnte jedoch nicht oft auf seinem Gut. Als Soldat war er im ganzen Reich unterwegs. In Rom erhielt er den Ritterschlag. Die Familie derer von Thumshirn war in der Folge eine bedeutende Diplomatenfamilie in Sachsen. 1764 übernahm ein Industrieller aus der Textilbranche den Bau. Und 1945 der Staat im Rahmen einer Enteignung. Richtig schade: Das Gutsschloss wurde abgerissen, die Bibliothek vernichtet, der Besitz und das Land aufgeteilt, der Schlosspark abgeholzt. Tabula rasa.

Nach der Wende begann man die Reste zu restaurieren, zu retten, was noch übrig geblieben war.

Der Klosterbau liegt am Rande des Dorfes Frankenhausen, Vorort von Crimmitschau, an einem kleinen Flüsschen mit dem Blick über die Wiese. Es ist ein Kleinod geworden. Heute wird der Bau mehr zum Feiern als zur Andacht verwendet. Aber mit Sicherheit erfreuen sich viele Menschen an dem Ensemble.

Das Kloster ist nicht so leicht zu finden, es liegt im Ortsteil Frankenhausen. Von Crimmitschau nimmt man die Leipziger Straße und biegt nach dem Hofteich rechts auf den Kellerberg ab.

1543

Nach Reformation und Säkularisation kaufte Wilhelm Thumshirn das Objekt für 8000 Gulden. Damit wurde es zu einem Rittergut.

Wo man Bier, Luther und Textil findet

1529 wurde der erste evangelische Pfarrer in Crimmitschau eingeführt – im ältesten Bauwerk, der Laurentiuskirche (1222 erstmals erwähnt). 1353 ein erster Neubau, dessen Turm sowie Mauern und Gewölbe des Chorraumes die Zeiten überdauert haben. 1462 wurde eine erste Orgel angeschafft. Die heutige dreischiffige Halle wurde um 1513 im spätgotischen Stil erbaut. 1675 wollte man die neue Zeit einläuten und nahm eine breite Barockausmalung vor.

In Crimmitschau haben die Evangelischen gleich nach der Reformation die Braukunst eingeführt. Die älteste Brauordnung stammt von 1575. Ein paar Jahre später, 1614, gab es allein in Crimmitschau 33 Malz- und 18 Brauhäuser.

Die Reformation verlief in Crimmitschau nicht ohne Gewalt. Aber auch beim Biertrinken kamen sich die Menschen in die Haare. Man spricht sogar vom Crimmitschauer Bierkrieg zwischen den Crimmitschauer Brauhäusern und der Blankenburger Rittergutsbrauerei.

Hätte man sich besser auf die Verteidigung der Stadt konzentriert! Im Dreißigjährigen Krieg wurde die Stadt ziemlich gebeutelt, und zum Bierbrauen hatte keiner mehr Lust. So gab es 1682 nur noch zwei Brauhäuser. In den Annalen wird berichtet, dass schwedische und kaiserliche Truppen die Stadt mehrfach geplündert und gebrandschatzt haben.

Später, Mitte des 18. Jahrhunderts, wurden Textilfabriken eingerichtet und die Stadt kam zu Reichtum, den man heute noch erahnen kann. Um die Jahrhundertwende erhielt sie den Ehrennamen „Stadt der 100 Schornsteine". Angeblich lebten am Ende des 19. Jahrhunderts in der Stadt (prozentual) die meisten Millionäre des Deutschen Reiches.

Die Erhaltung der Laurentiuskirche ließen sie sich damals noch etwas kosten. Heute fließen die Gelder eher spärlich. An die Reformation erinnert das „Gustav-Adolf-Fenster". Es zeigt Luther mit erhobener Bibel.

Crimmitschau liegt an der Pleiße. Man muss sie überqueren, der Jahnstraße folgen und nach links auf den Kirchplatz abbiegen. Nicht weit entfernt ist der Marktplatz, nur zwei Minuten Fußweg.

1529

Der erste evangelische Pfarrer wurde in Crimmitschau eingeführt.

17 DESSAU: JOHANNBAU

Wo es einen evangelischen Fürst-Bischof gab

Der Johannbau war zu seiner Zeit einer der ersten und bedeutendsten Schlossbauten der deutschen Frührenaissance. Er ist auffallend und schön. Sein „Markenzeichen" sind die abgerundeten Vorsprünge der Frontseite, die den Bau fast verspielt aussehen lassen. Beeindruckend der Treppenturm.

Erbaut 1533, zerstört am 7. März 1945. Innerhalb von 45 Minuten wurde die in Jahrhunderten gewachsene Innenstadt zu über 80% zerstört – und auch Teile des Johannbaus. Die Bomber ließen grüßen.

Erst ab 1990, dank staatlicher Mittel und Finanzierung der Lotto-Toto GmbH von Sachsen-Anhalt, wurde das Schloss in seiner ursprünglichen Gestalt wiederhergestellt. Dabei erhielt der Johannbau sowohl seine Rundbogengiebel als auch die alte Form der Turmhaube wieder zurück. Die Innenräume und die Einrichtung des Saalbaus sind im Krieg unrettbar verloren gegangen. Nur die Kellergewölbe haben den Krieg unversehrt überdauert.

Der Bau wurde 1528-1533 auf Resten eines mittelalterlichen Vorgängerbaus als Residenzschlosses der Fürsten und Herzöge von Anhalt-Dessau errichtet. Bauherren waren Fürst Johann IV. von Anhalt (1504-1551) und seine jüngeren Brüder Georg III. und Joachim. Die interessanteste Persönlichkeit ist Georg III., der Gottselige genannt. Er war erst Mitregent, dann Priester, immer hochrangiger Unterstützer der Reformation.

Als 1544 Kurfürst August von Sachsen im Bistum Merseburg die Reformation einführte, übernahm er das Bischofsamt und ließ sich von Luther 1545 im Merseburger Dom ordinieren. Damit war er der einzige deutsche Fürst, der auch evangelischer Geistlicher wurde. Nicht ohne Tragik. Durch Niederlagen im Schmalkaldischen Krieg wurde Merseburg wieder katholisch, Georg des Amtes enthoben und vertrieben. 1553 starb er auf dem Dessauer Schloss und wurde in Anwesenheit Melanchthons in der Marienkirche beigesetzt.

Seit August 2005 befindet sich im Johannbau das Museum für Stadtgeschichte Dessau, Am Schlossplatz 3a. Besonders beleuchtet wird die Reformation und der Anteil, den Georg III. an ihr hatte.

1545

Luther ordiniert Georg III. im Merseburger Dom und setzt ihn als Bischof ein.

Wo besondere Cranach-Bilder sind

Sie liegt zentral. Die Kirchengemeinde ist mittlerweile klein, aber der Kunstschatz in der Kirche ist groß: drei wunderbare Tafelgemälde aus den Werkstätten der Cranachfamilie, *Die Kreuzigung*, *Jesus am Ölberg* und das *Dessauer Abendmahl*. Die Gemälde stammen eigentlich aus der Schloss- und Marienkirche Dessaus. Denn die St. Johanniskirche wurde als lutherische Kirche im reformierten Anhalt erst im Jahr 1702 in Dienst genommen: schlichter, spätbarocker Stil mit klassizistischen Elementen. 1967 fusionierten die Kirchengemeinden St. Johannis und St. Marien und die Gesamtgemeinde kam in den Besitz der Gemälde, die im Krieg ausgelagert worden waren und nach 1990 aufwendig restauriert wurden. Daher hängen die Bilder heute in St. Johannis. Besonders beeindruckend ist das *Dessauer Abendmahl* vom jüngeren Cranach (1565), denn als Jüngerschar sind die großen deutschen Reformatoren abgebildet. Luther ist zu erkennen, Bugenhagen, Jonas, Melanchthon und der Dessauer Fürsten-Pfarrer Georg III.

Dessau ist ein Beispiel dafür, wie zersplittert die Kräfte der Reformation waren: Am 2. April 1534 wurde in Dessau die Reformation durch die anhaltischen Fürsten Johann, Georg III. und Joachim eingeführt. Bereits 1596 haben sich die Fürsten aber anders entschieden. Die Dessauer Fürsten Johann-Georg I. und Augustus von Anhalt fühlten sich dem calvinistischen Bekenntnis zugehörig. In der St. Marienkirche feierten sie nach reformiertem Bekenntnis Gottesdienst. 1606 findet so etwas wie eine zweite Reformation in Anhalt-Dessau statt, eine calvinistische. Schwere Zeiten für die Lutheraner. Erst 1679 wird die freie Religionswahl im reformierten Anhalt eingeführt. 1690 wird mit dem Bau der lutherischen Johanniskirche begonnen, 1702 wird sie eingeweiht. Wichtig ist die Kirche immer noch, wenngleich die evangelischen Gemeinden klein an Mitgliedern geworden sind.

Über die Cranachbilder freuen sich aber alle, selbst die Ungläubigen.

Die Johanniskirche liegt an der Ecke zwischen Kavalierstraße und Johannisstraße in Dessau, Ortsteil Roßlau. Sie ist nicht nur kulturell interessant, sondern war auch politisch wichtig. 1989 gingen viele Impulse von der Gemeinde aus und auch heute noch bietet man in der Kirche ein Diskussionsforum für politische Themen.

1534

Am 2. April wird in Dessau die Reformation eingeführt, 62 Jahre später erfolgt eine weitere, calvinistische Reformation.

19 DÖBELN: ST. NICOLAI-KIRCHE
Wo der Mirakelmann liegt

Über 1.000 Jahre hat Döbeln auf dem Buckel, inklusive Reformations-geschichte. Ab 1521 kamen die ersten evangelischen Prediger. Sie konnten nur im Rathaus predigen. Kirchliche und weltliche Obrigkeit sahen das Treiben nicht gerne. Herzog Georg der Bärtige ließ etliche Anhänger Luthers verhaften und der Prediger musste fliehen. So verzögerte sich die Reformation. Erst 1539, als sich das albertinische Sachsen reformierte, breitete sich das evangelische Gedankengut in Döbeln frei aus.

Die Kirche St. Nicolai zeugt von der nicht immer besseren Vergangenheit. Vermutlich 981 wurde der Bau begonnen, 1293 erstmals urkundlich erwähnt. Zweifelsohne eines der ältesten Bauwerke der Stadt, birgt es einen Schatz von Sehenswürdigkeiten wie den elf Meter hohen Altar, den größten erhaltenen Schnitzaltar in Sachsen, der Cranachschule zugeordnet (1515/1516), und mehr ...

Eine Besonderheit ist der Mirakelmann, eine bewegliche, lebensgroße Skulptur aus Lindenholz. Vermutlich diente die Figur bei Mysterien- und Passionsspielen der Darstellung des Leidensweges Christi. 1,80 Meter groß, nach einem echten Leichnam modelliert, mit Adern und Blutbahnen, dadurch sehr natürlich wirkend. Um 1500 wurde sie erschaffen. Bei Aufführungen stieß ein Soldat die Lanze in die Seite des gekreuzigten Mirakelmannes. Dabei durchstieß er einen mit Blut gefüllten Darm, Tierblut strömte aus. Die Zuschauer erschauderten.

Seit der Reformation hing die Figur mit Kreuz an einem Pfeiler im Schiff der Kirche. Später landete sie in einer Holzlade im nördlichen Seitenschiff. Dort wurde sie beim Hochwasser 2002 beschädigt. Das ganze Kirchenschiff war überflutet und die Figur dümpelte zwei Tage lang im Wasser. Sie wurde restauriert. Seit 2005 ist sie wieder vorzeigbar und befindet sich in einem Holzsarg auf der Empore.

Vor der Kirche steht ein imposantes Denkmal des Reformators Luther.

Die St. Nicolaikirche steht am Lutherplatz. Von der Lutherstatue aus hat man einen schönen Blick auf das Rathaus und den Markt. Ein kleiner Spaziergang in der Altstadt ist zu empfehlen.

1539

Mit der Einführung der Reformation im albertinischen Sachsen konnte sich das evangelische Gedankengut auch in Döbeln frei ausbreiten.

Wo der Dreißigjährige Krieg beendet wurde

Einst residierten auf der Eilenburg die Wettiner. Deshalb nannte man den Ort auch die Wiege Sachsens. Man könnte dieses Bild einer Wiege auch für die Reformation nutzen. Evangelische Kirchen hat Eilenburg viele zu bieten. Die Nikolaikirche ist das älteste Gebäude der Stadt, um 970 als Holzkirchlein begonnen, der heutige Kirchenbau stammt aus dem Jahr 1444. Der Turmbau begann 1496. Kurfürst Friedrich der Weise legte dazu den Eck- und Grundstein. Die heutige Höhe erreichte der Turm jedoch erst im Jahre 1672. Martin Luther führte 1522 an St. Nikolai den ersten evangelischen Pfarrer, Andreas Kauxdorf, in sein Amt ein. Und das Abendmahl wurde erstmalig in beiderlei Gestalt, also mit Brot und Wein, gefeiert.

Auch später gab es herausragende Persönlichkeiten: 1617 wurde der Eilenburger Martin Rinckart Erzdiakon an St. Nikolai. Er rettete 1639 die Stadt vor der Ausplünderung durch die schwedischen Truppen. Außerdem schrieb er den bekannten Choral „Nun danket alle Gott".

Die St. Marienkirche, auch Bergkirche genannt, hat eine lange Geschichte: um 907 als Lehmburg errichtet, Anfang des 12. Jahrhunderts romanisch geprägt. 1516 bis 1522 im spätgotischen Stil umgebaut. Martin Luther predigte auch in St. Marien. Und als diese umgebaut wurde, predigte er in der Petruskapelle im Schloss. Martin Luther bestieg jede Kanzel, um den Bürgern seine Botschaft mitzuteilen. Also ist Eilenburg auch eine Wiege der Reformation.

Im Dreißigjährigen Krieg sollte Eilenburg erneut Geschichte schreiben: Im Gasthof „Zum Roten Hirsch" wurde 1632 der Schwedenkönig Gustav Adolf aufgebahrt, nachdem er in der Schlacht bei Lützen am 16. November 1632 gefallen war. Am 14. September 1648 wurde der Friede von Eilenburg geschlossen, der den Dreißigjährigen Krieg beendete. Eilenburg, der Ort der Friedensstifter. Wenn wir von Wiege sprechen: In Eilenburg wurde von Arbeitern und Industriellen die erste Konsumgenossenschaft ins Leben gerufen haben. So kann sich Eilenburg schließlich Wiege des deutschen Genossenschaftswesens nennen.

Die Nikolaikirche befindet sich am Marktplatz Ecke Rinckartstraße, die Marienkirche am Schloßberg 5 – beide sind leicht zu finden.

1522

Martin Luther führte an St. Nikolai den ersten evangelischen Pfarrer, Andreas Kauxdorf, in sein
Amt ein und damit die Reformation.

Eisenach,
Die Wartburg-Stadt

Luther und Eisenach – eine Symbiose. In Eisenach gibt es an jeder Ecke etwas mit Luther zu sehen und sei es nur die Luther-Apotheke.

Und doch nennt sich Eisenach überraschenderweise nicht Luther-Stadt, sondern Wartburg-Stadt. So einzigartig war Luther für die Stadt dann doch nicht? Stimmt. Mit der Fokussierung auf Luther hätte man die Anhänger von so manch anderem historischen VIP vermutlich verärgert, z. B. die Fans von Johann Sebastian Bach, der Heiligen Elisabeth, von Ernst Abbe, Fritz Reuter, Richard Wagner, Georg Philipp Telemann, Ludwig der Springer, Walter von der Vogelweide, Horst Lippmann, Charlotte von Stein, Hugo Brehme, Erich Windbichler, Christian Kleist, Johann Wolfgang von Goethe. Diesen Damen und Herren fühlt sich jedenfalls der Stadtrat verbunden. Wer die Wahl hat, hat eben auch die Qual.

Luther sah dies eindeutiger: *„In Eisenach sitzt nämlich fast meine ganze Verwandtschaft, und ich bin daselbst bei ihr ... wohlangesehen, da ich dort vier Jahre lang den Wissenschaften oblag, keine andere Stadt kennt mich besser."* So gibt es „zwangsweise" viele Lutherstätten in der Stadt.

Von 1498 bis 1501 besuchte Martin Luther die Eisenacher Lateinschule. Zunächst wohnte er wohl in einer Kammer in der Schule, wie auch andere auswärtige Schüler, dann bei der Familie des Kaufmanns und Ratsmeisters Heinrich Schalbe und erst dann nahm ihn die Patrizierfamilie Cotta auf, mit der seine Mutter verwandt war. Deren Haus bezeichnet man heute als **Luther-Haus**. Es beherbergt das Luther-Museum.

1521 predigte Martin Luther auf der Hin- und Rückreise vom Wormser Reichstag gewaltig in der **Georgenkirche**. Das könnte für jeden Besucher eine historische Begegnung sein: Unter der Kanzel (1676) stehend, auf deren Vorgänger Luther gepredigt hat, den Taufstein im Blick, über dem Johann Sebastian Bach getauft wurde.

Die dreischiffige Basilika **St. Nikolai** war bis zur Reformation die Pfarrkirche des Benediktinerinnenklosters. Sie wurde um 1180 erbaut und ist das zuletzt entstandene romanische Bauwerk Thüringens. Die kunstvollen Steinmetzarbeiten ähneln denen auf der Wartburg. Bei der Rückkehr von Worms wurde Martin Luther zum Schein gefangengenommen. Er lebte anschließend zehn Monate bis zum 1. März 1522 inkognito als Junker Jörg auf der Wartburg.

Auch später war Luther häufiger in Eisenach. Zum Beispiel 1529, als er zum Marburger Religionsgespräch reiste, machte er in Eisenach Station. 1540 war er drei Wochen Gast des Superintendenten Justus Menius in dessen Haus am Pfarrberg. Eine architektonische Einheit bildet das **Nikolaitor** mit der **Nikolaikirche**. Das Tor passierte Luther stets, wenn er von seinen Reisen in die Stadt kam. Durch dieses Tor wurden allerdings auch im Jahr 1525 während des Bildersturms Mönche und Nonnen aus der Stadt getrieben.

In der Nikolaikirche war ein weitläufiger Verwandter Luthers, Konrad Hutter, Küster. Eigentlich wollte der junge Luther bei diesen Verwandten unterkommen, die sich aber aus finanziellen Gründen keinen Gast leisten konnten. Wenige Meter vom Nikolaitor entfernt steht das **Lutherdenkmal**, 1895 enthüllt. Es zeugt vom damaligen Verständnis der Heldenverehrung. Luther gehörte zu diesen Helden.

Und schließlich noch die **Predigerkirche**, einst Teil einer Klosteranlage zu Ehren der Heiligen Landgräfin Elisabeth. Im Verlauf der Reformation wurde das Kloster aufgelöst. In den Klostergebäuden befand sich seit 1544 eine Lateinschule. Umfassend modernisiert und verglast lernt die Jugend Eisenachs dort heute im Martin-Luther-Gymnasium.

Luther sprach allerdings auch davon, dass Eisenach ein Pfaffennest sei. Damit hatte er wohl objektiv recht, denn damals war etwa jeder Zehnte der 3.000 Einwohner ein „Kirchlicher". Es gab unzählige Klöster, Kirchen, Kapellen. Türme bestimmten das Stadtbild und ständig erklang irgendwo eine Glocke. Die wirtschaftliche Blüte war schon längst vorbei, einen neuen Aufschwung ermöglichten die kirchlichen Pfründe nicht. Die Wartburgstadt war ein wichtiger Industriestandort der DDR, bekannt für seine PKW-Fertigung. 1956 rollte hier der erste Wartburg vom Band. 2009 wurder der Stadt der Titel „Ort der Vielfalt verliehen. Doch im historischen Umfeld leben heute gerade noch 43.000 Menschen, mit einem deutlichen Abwärtstrend, wie auch bei den Klerikern. Das können weder Vielfalt noch Touristen ausgleichen.

Wo Bach Luther musikalisch übersetzte

Es wurde bereits gesagt: Eisenach ist nicht nur Luther. Eisenach ist auch Bach. Ohne Luther hätte es sicher Bach gegeben, aber nicht diese mitreißende Musik.

Am 21. März 1685 wurde Johann Sebastian Bach in Eisenach geboren und lebte in der Stadt bis zu seinem zehnten Lebensjahr, besuchte die Lateinschule und sang im Chorus Musicus der Georgenkirche. Stolz auf die Stadt, nannte er sich „Isenacus", Eisenacher.

Doch was hat Bach mit Luther zu tun? Bach übersetzte die Lehre Luthers in Töne. Das ist ein Grund, zumindest das Bachhaus zur Luther-Stätte zu erheben und es zu besuchen. Außerdem ist es ein Erlebnis. Schon 1907 wurde in dem alten Bürgerhaus ein Museum eingerichtet. Nun hat man es durch einen modernen Bau ergänzt, so dass schon rein optisch die Musik Bachs mit der Zukunft verlinkt ist. Die weltweit größte Bach-Ausstellung zeigt das Leben in der Barockzeit, das Leben der Bach-Dynastie und natürlich alles, was man schon immer über den Star Johann Sebastian wissen wollte.

Es gibt darüber hinaus viele Stätten, die in Eisenach an Bach erinnern. Erwähnt sei einzig die Pfarrkirche St. Georg. In ihr wurde am 23. März 1685 Johann Sebastian Bach getauft. Die Vorstellung erleichtert die Tatsache, dass eben dieser Taufstein aus dem Jahr 1503 heute noch in Gebrauch ist. Es muss aber auch gesagt werden: Eisenach ist Bach-Stadt nicht nur wegen Johann Sebastian, sondern auch wegen seiner musikalischen Vorfahren. So saß auf der Orgelbank der Georgenkirche 132 Jahre lang in Folge ein Mitglied der Familie Bach.

Hoch gerühmt war insbesondere sein Vater, Johann Ambrosius Bach, der Leiter der Stadtmusik. Er beherrschte eine Vielzahl von Instrumenten, bildete eine Menge junger Musiker aus und unterrichtete sicherlich auch den kleinen Johann Sebastian. Für dessen musikalisches Blut ist der Vater ohnehin verantwortlich.

Das Haus befindet sich mitten in der Stadt, am Frauenplan 21. Die Lutherstraße verbindet das Bachhaus mit dem Lutherhaus.

1685

Am 21. März wurde Johann Sebastian Bach in Eisenach geboren. Er übersetzte die Luther-Lehre in Töne.

Wo Martin Luther gesungen hat

Zum Pfarrbezirk der eintürmigen Georgenkirche gehört die Innenstadt von Eisenach. Die Georgenkirche ist optisches Zentrum, Mittelpunkt im Marktleben. Die Gottesdienste sind eher mager besucht, außer bei den Höhepunkten, den Kantatengottesdiensten. Dennoch ist sie die größte und wohl auch bekannteste Kirche Eisenachs. Landgraf Ludwig III. hat sie schon 1180 erbaut, 1515 gestaltete man sie zu einer spätgotischen Hallenkirche um. So hat sie auch Luther erlebt. Der Schüler Martin sang mit Inbrunst im Chor. Als Theologe und Reformator predigte er später in der Kirche des Öfteren. Besonders dramatisch dürfte seine Predigt am 2. Mai 1521 geraten sein. Luther stand bereits unter dem Bann der Reichsacht. Dennoch bestieg er die Kanzel der Georgenkirche und erhob seine mächtige Stimme. Zustimmung war ihm sicher. Die Eisenacher waren Luther-Fans. Da in der Kirche frühzeitig „lutherisch" gepredigt wurde, gilt sie als eines der ältesten protestantischen Gottes- häuser überhaupt.

Sie entging aber nicht den Wirrnissen der Bauernkriege, sondern wurde schwer verwüstet. Mit Tatkraft wurde sie wieder aufgebaut, mehrere Emporen eingezogen. So erlebte Johann Sebastian Bach die Kirche, in der er 1685 getauft wurde. Der neobarocke Kirchturm wurde allerdings erst 1902 eingeweiht.

Aus dem 20. Jahrhundert ist zu berichten: 1948 verabschiedeten die Evangelische Kirche in Deutschland (EKD) und die Vereinigte Evange- lisch-Lutherische Kirche Deutschlands (VELKD) ihre Grundordnungen, also so etwas wie ein evangelisches Grundgesetz. 1989 war die Kirche ein Hort für die friedliche Revolution in Eisenach.

Die Kirche ist Mittelpunkt der Stadt, viele Touristen besuchen sie. Die Gemeinde hat dagegen sehr irdische Sorgen, denn historischer Ruhm kostet viel Geld. Schimmel muss beseitigt werden. Dafür wird Geld gesammelt.

Die Kirche ist nicht zu übersehen, sie liegt direkt am Marktplatz. In Sichtweite befindet sich das Lutherhaus.

1521

Luther hielt eine gewaltige Predigt von der Kanzel der Georgenkirche. Es war allerdings nicht seine einzige an dieser Stelle.

Wo deutsche Geschichte „gemacht" wurde

Zumindest einen schönen Ausblick hatte er. Offiziell war ein Junker namens Jörg auf die Wartburg verschleppt worden und befand sich dort in Schutzhaft. Ein gefährlicher Begriff: Wer schützt wen? Im Nationalsozialismus kamen viele Verdächtige in Schutzhaft, gemeint waren die KZ. Luther genoss auf der Wartburg tatsächlich Schutz vor der vom Kaiser verhängten Reichsacht. Zu bewundern ist der Mut von Friedrich dem Weisen, dem Kurfürsten von Sachsen, der gegen den Kaiser aufbegehrte.

Luther hat die Aussicht wohl nicht oft genossen, denn er nützte die zehn Monate Zwangsaufenthalt und übersetzte das Neue Testament aus dem Griechischen ins Deutsche. Glücklicherweise nicht in eine Gelehrtensprache, sondern er schaute den Menschen „aufs Maul". Man könnte durchaus geneigt sein, dies als die wichtigste Tat Luthers zu bezeichnen.

Manchmal verließ Luther die Wartburg. Er berief sich als freier Mensch auf seinen Glauben an Gott. Durch ihn fühlte er sich so sicher und beschützt, wie es kein irdischer Fürst zu geben vermochte.

Die Wartburg ist darüber hinaus Zeuge deutscher Geschichte. Der Sage nach soll Ludwig der Springer ihre Gründung 1067 mit den Worten: „Wart' Berg, du sollst mir eine Burg werden!" verkündet haben. Im 12. Jahrhundert wurde die kleine Veste zu einem bedeutenden Zentrum höfischer Kunst. Walther von der Vogelweide und Wolfram von Eschenbach trafen sich hier beim legendären Sängerwettstreit.

1777 weilte auch Goethe einige Wochen auf der Wartburg. 1817 kamen 500 Studenten zum Wartburgfest, der ersten bürgerlich-demokratischen Versammlung in Deutschland. Unter dem Motto „Ehre, Freiheit, Vaterland" kämpften sie für einen geeinten deutschen Nationalstaat. Mitte des 19. Jahrhunderts ließ sich Wagner zu seiner romantischen Oper „Tannhäuser und der Sängerkrieg auf der Wartburg" inspirieren. Da kommt man sich als Besucher irgendwie klein vor.

Von Eisenach bis zur Wartburg sind es 4 km. Man fährt auf der B19 bis zum Karthausgarten und biegt in die Wartburgallee ein. Für Autos gibt es einen Großparkplatz. Für den weiteren Aufstieg braucht man ca. 20 Minuten.

1521

Von Mai 1521 bis März 1522 lebte Martin Luther, alias Junker Jörg, auf der Wartburg.

Wo ein Tintenfleck die Menschen bewegt

Es gibt Orte, die einen rühren. Dazu gehört Luthers Arbeitszimmer auf der Wartburg. Geschichten, die nicht alle belegt sind, umgeben solche Räume. Selbstverständlich ahnt man als heutiger Besucher, dass die Einrichtung nicht aus Luthers Welt stammt. Aber der Ausblick, der ist original.

Die Menschen der Generationen vor uns hatten es einfacher: Sie glaubten ohne Zweifel. Auch an den Tintenfleck. Luther hat ja selbst berichtet: Während seiner Übersetzungsarbeit sei ihm der Teufel höchst persönlich erschienen. Und irgendjemand hat hinzugefügt, dass Luther sein Tintenfass nach dem Teufel geworfen habe. An der Wand sei das Glas zerschellt, einen großen Tintenfleck hinterlassend. Bemerkt hat den Tintenfleck zunächst niemand. Denn erst im 17. Jahrhundert wird er erwähnt. Und die Menschen stellten sich vor, wie der Reformator mit Tinte gegen den Teufel kämpfte.

Natürlich könnte der entdeckte Fleck auch ein Rußfleck gewesen sein, denn zu Luthers Zeiten brannte im Stübchen ein Kamin. Aber die Lutherverehrer glaubten blind an den Tintenfleck. Sie kamen in Scharen auf die Wartburg und kratzten sich ein kleines Fleckchen aus dem Fleck heraus. Reliquien waren damals durchaus en vogue. Und viele hatten Sehnsucht nach Vergangenheit. Das bekam dem Fleck nicht gut, er wurde zum Loch in der Wand. Dem Lutherschreibtisch ging es ähnlich, Span für Span wurde er zum Souvenir, bis irgendwann die Reste des Originals verschwunden waren.

Nun könnte man den Tintenklecks ja erneuern, hinter Alarmanlagen verstecken und im Museumsshop ein eingefasstes Stück des Fleckes anbieten. Sicherlich ein Geschäftsmodell. Man möge meine Gedanken verzeihen.

Der Arbeitsplatz Luthers beeindruckt ohnehin. Denn was war, das war. Hier stand, saß und arbeitete Luther. Definitiv. Mit und ohne Fleck.

Auf der Wartburg gibt es ein Hotel. Eine Übernachtung können sich die wenigsten Menschen leisten, aber eine Tasse Kaffee mit wunderbarem Ausblick kann man gut genießen.

1521

Es könnte ein Tag im August gewesen sein, als Luther den Teufel mit seiner Schreibtinte bekämpfte.

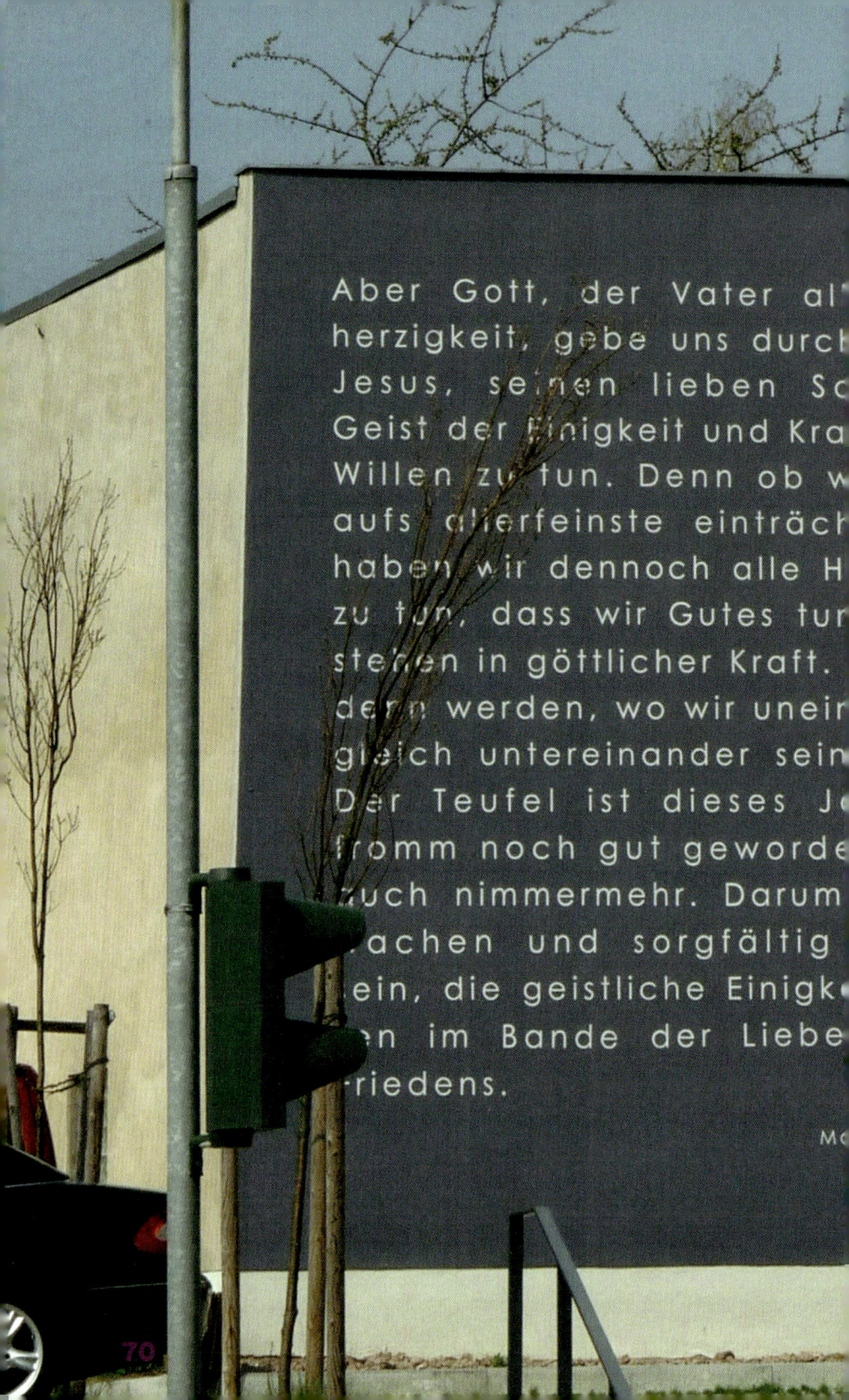

Aber Gott, der Vater al...
herzigkeit, gebe uns durch
Jesus, seinen lieben So...
Geist der Einigkeit und Kra...
Willen zu tun. Denn ob w...
aufs allerfeinste einträch...
haben wir dennoch alle H...
zu tun, dass wir Gutes tur...
stehen in göttlicher Kraft.
dern werden, wo wir unein...
gleich untereinander sein...
Der Teufel ist dieses J...
fromm noch gut geworde...
auch nimmermehr. Darum
...achen und sorgfältig
...ein, die geistliche Einigk...
...en im Bande der Liebe...
...riedens.

Mc...

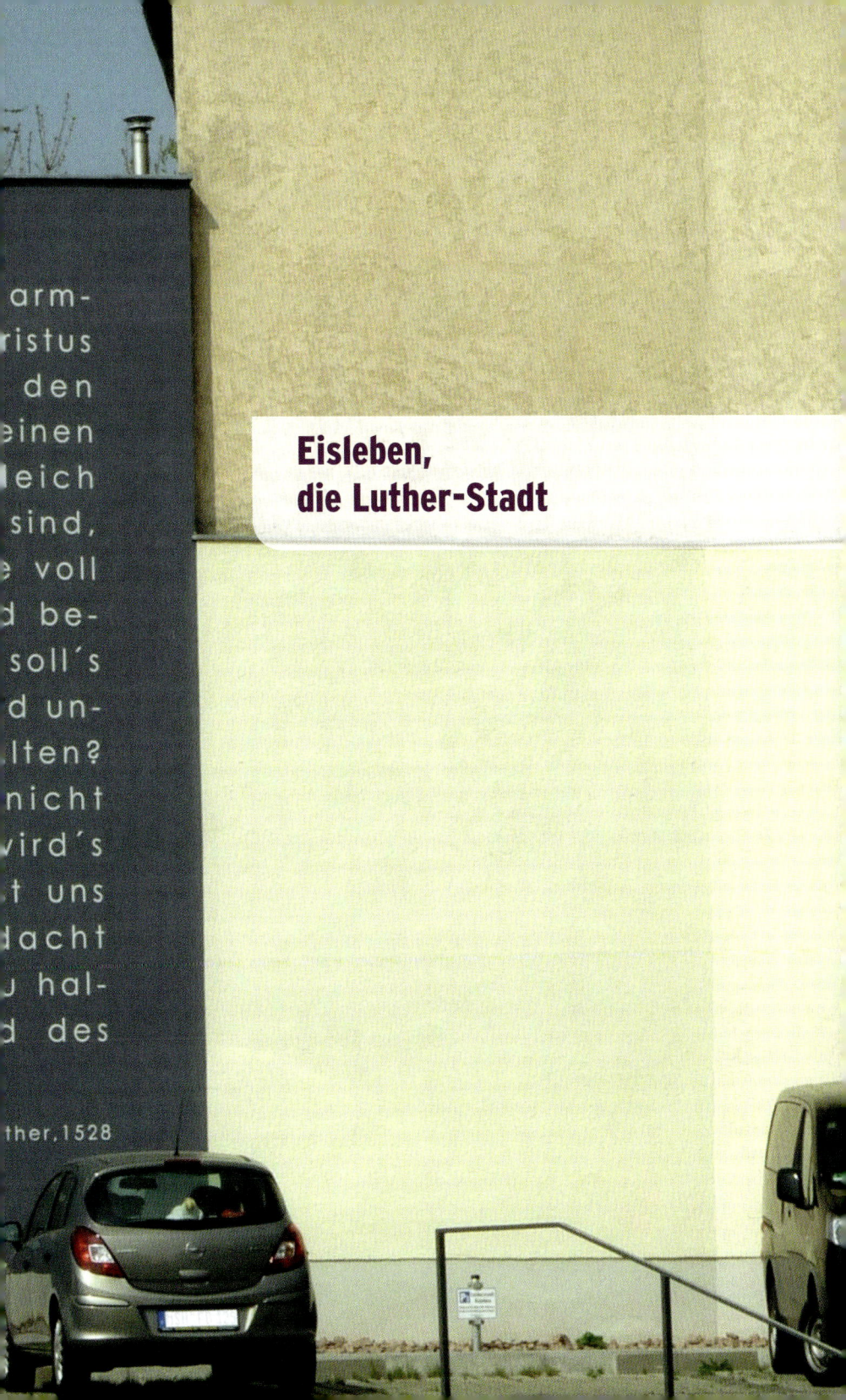

arm-
ristus
den
einen
eich
sind,
voll
be-
soll's
un-
ten?
nicht
ird's
uns
acht
hal-
des

ther, 1528

Eisleben,
die Luther-Stadt

Eisleben wurde 1946 mit dem Ehrennamen Lutherstadt geadelt. Andere nennen die Stadt „Bethlehem und Jerusalem des Reformators".

Schon 994 erwähnt, wird Eisleben ab 1180 mit Stadtrechten und Stadtmauer versehen. Die Städter waren selbstbewusst, aber noch nicht frei, sondern den Grafen von Mansfeld untertan. Reiche Bergbauregion: Um 1200 entwickelte sich der Kupferschieferbergbau im Mansfelder Land. Klöster und Kirchen wurden gegründet und Menschen siedelten sich an.

So auch vorübergehend Martins Eltern. Martin Luther wurde am 10. November 1483 in Eisleben geboren, nachdem sein Vater Hans Luder hier eine Anstellung als Berghauer fand. Aber bald zogen sie weiter ins benachbarte Mansfeld, wo der Vater Hüttenmeister in einem Kupferbergwerk wurde und zu Wohlstand kam. Man könnte sagen, Martin Luther ist eher zufällig in Eisleben geboren. Dennoch hat er in einer Tischrede ganz bewusst erzählt: *„Dorther bin ich."*

Mit den Grafen von Mansleben waren die Luthers sehr verbunden. Und so war er auch bestens informiert über die Planungen zur Neustadt. Ab 1511 plante Graf Albrecht IV. von Mansfeld die Gründung und Entwicklung der Eislebener Neustadt zur Ansiedlung von Berg- und Hüttenarbeitern. Dies war auch der Grund, dass Luther trotz eines Herzleidens im Januar 1546 nach Eisleben reiste, um einen Streit der Grafen von Mansfeld zu schlichten. Luther dazu: *„Heute haben wir dank der Gunst Gottes nicht ohne schärfsten Kampf ein Stachelschwein abgeschlachtet, das noch stachliger als selbst ein Stachelschwein war: Die Frage der Neustadt."* Es musste dann aber noch länger diskutiert werden. Die beiden verfeindeten Grafenbrüder Gebhard und Albrecht fanden schließlich mit Luthers Hilfe zu einer Lösung. Die war allerdings nicht von Dauer. Martin Luther agierte als Mediator, war enttäuscht, frustriert, zornig über die beteiligten Juristen, bekannte, dass er selbst zum Juristen geworden sei. Sonst schien er aber gesund zu sein. Sein Steinleiden plagte ihn nicht und er erfreute sich am *„Fressen und Saufen wie die Herren"*. Zu jeder Mahlzeit gab es ein „halbes Stübchen" Reinfalter Wein, was einem guten Liter entsprach. Eine Einigung wurde zwar unterschrieben, aber Luther schaffte nicht mehr den Weg nach Hause. Er starb am 18. Februar 1546 in Eisleben. So war auch der Sterbeort mehr oder weniger zufällig.

Aufgrund der Historie wundert man sich nicht, dass Eisleben viele Lutherstätten aufzuweisen hat: Martin Luthers **Geburtshaus** in der Seminarstraße, ein schönes Fachwerkhaus. Der Stadtbrand von 1689 zerstörte das Originalhaus. Die Stadt Eisleben erwarb das Grundstück und richtete eine Armenschule ein, die zugleich als Luthergedenkstätte diente. Heute ist es noch Museum mit einer Dauerausstellung: Viele Exponate erklären die Herkunft des Reformators, die Bergbautätigkeit des Vaters, das Leben im Mittelalter und die Taufe Luthers. Zu den wichtigsten Exponaten gehört ein Taufstein aus dem Jahr 1518. Schön ist eine Nachbildung der Wohnung der Luthers mit historischen Möbeln und Werkzeugen.

Und dann natürlich das **Sterbehaus**. Leider ist es das falsche Haus. Dort befindet sich aber ein beeindruckendes Museum. Die Ausstellung „Luthers letzter Weg" erzählt von genau dieser letzten Reise des Reformators nach Eisleben und seinen letzten Tagen vor Ort.

Die **St. Andreaskirche** war Luthers Lieblingskirche. Von der Kanzel hielt er im Februar 1546 seine letzten vier Predigten, bevor er am 18. Februar starb.

Beeindruckend die **St. Annenkirche,** eine der schönsten Renaissancekirchen Deutschlands. Berühmtheit erlangte sie durch ihre imposante Steinbilderbibel, ein Sandsteinrelief mit Geschichten aus dem Alten Testament aus dem Jahr 1585. Sie gilt als die Bergmannskirche der Eislebener Neustadt. Grundsteinlegung war 1514. Caspar Güttel, der Reformator des Mansfelder Landes bescherte ihr den Ruf als erste evangelische Kirche im Mansfelder Land. Hier wurde ebenfalls die erste evangelische Schule eingerichtet.

Die **St. Petri-Pauli-Kirche,** in der Martin Luther am 11. November 1483 getauft wurde, ist heute neu gestaltet mit dem Fokus auf einen beeindruckenden Ganzkörper-Taufbrunnen. Taufe wird zu einem neuen Erlebnis.

Knapp 25.000 Bürger leben heute noch in Eisleben, in altem historischem Flair, aber auch mit vielen Visionen für die Zukunft, wie am Taufthema zu sehen ist.

Wo Luther machtvoll predigte

Kann es eine Lieblingspredigtkirche geben? Warum nicht. Für Luther war es die St. Andreaskirche in Eisleben. Er schwärmte von der bequemen Kanzel, dem angenehm temperierten Raum und von der Akustik. Sie passe bestens zu seiner Baritonstimme. Auch wenn man Luthers Stimme nicht kennt, kann man sich gut vorstellen, wie Luther auf der Kanzel steht und die Menschen im Kirchenraum beschwört, die dicht gedrängt stehen. Mann an Mann, Frau an Frau. Kirchenbänke gab es damals keine.

Die Kirche ist das dominante Bauwerk am Markt und in der ganzen Altstadt. Sie hat drei spätgotische Türme, die nacheinander im 15. Jahrhundert entstanden. Der mächtigste gilt als Wahrzeichen der städtischen Macht. Er wurde allerdings erst 1723 fertig gestellt. Er trägt die Kirchturmuhr und die drei Glocken.

Imponierend ist die gotische Halle mit dreischiffigem Chor. Langhaus und Chor werden von einem hohen Satteldach zusammengefasst. Weite Bögen, hohe Seitenschiffe und ein Kreuzgewölbe im Hauptschiff bestimmen das Innere.

Luther führte im Laufe der Zeit in dieser Kirche zwei Pfarrer in ihr Amt ein, hielt in der Zeit vom 31. Januar bis zum 15. Februar 1546 seine vier letzten Predigten. Und schließlich wurde am 19. Februar der verstorbene Reformator hier aufgebahrt, ehe er nach Halle und dann in die Schlosskirche nach Wittenberg überführt wurde.

Die Andreaskirche ist die Grabkirche der Mansfelder Grafen. Deshalb gibt es viele bedeutende Gräber und Grabplatten. Die Kanzel mit ihren gemalten Heiligengestalten und Arabesken soll die Lutherkanzel sein. Bis vor 100 Jahren wurde auf dieser Kanzel nur vier Mal im Jahr gepredigt: zu Luthers Geburtstag, Sterbetag, am Reformationstag und am Tag der Augsburger Konfession. Sonst wurde von der Kanzel am Nebenpfeiler gepredigt, die allerdings 1877 abgerissen wurde. Die Treppe wurde bequemer gestaltet. Ansonsten Luther pur.

Die St. Andreaskirche steht am Markt und dominiert Platz und Altstadt. Der Zugang erfolgt vom Andreaskirchplatz. Zum Markt hin erstreckt sich ihre Rückseite. Auf dem Markt gibt es noch ein Martin-Luther-Denkmal.

1546

Luther war nach Eisleben gekommen, um einen Streit der Mansfelder Grafen zu schlichten. Hier hielt er seine letzten Predigten. Es waren vier mächtige Reden.

Wo man im falschen Haus gedenkt

Das Haus am Andreaskirchplatz 7, ein zweigeschossiges Gebäude mit einem steilen Satteldach, erwarb die Stadt Eisleben 1862. Weil der Chronist Eusebius Francke im Jahre 1726 die Häuser von Barthel Drachstedt und dessen Vater Dr. Philipp Drachstedt verwechselte. Pech. Das müssen die Eislebener aushalten.

Heute sind sich die Historiker einig, dass Martin Luther am 18. Februar 1546 im Haus am Markt 56 verstarb, das damals vom Stadtschreiber Johann Albrecht bewohnt wurde. Heute befindet sich das Hotel Graf Mansfeld in dem Gebäude, das das historisch bedeutendere Haus ist, denn auch früher hat Luther in dem Gasthaus bereits übernachtet. Heute wirbt das Hotel mit dem Spruch: *„Gastlichkeit im Herzen der Stadt: Seit 1501".*

Im Haus am Andreaskirchplatz 7 hat man jedoch das Museum „Luthers Sterbehaus" eingerichtet. Fakt ist, dass der Reformator am 28. Januar 1546 nach Eisleben eilte, um Streitigkeiten der Mansfelder Grafen zu schlichten. Anscheinend war Luther bereits krank und schwächlich. Dennoch ließ er sich von seinen Aufgaben nicht abbringen und führte die Verhandlungen erfolgreich zu Ende. In der Nacht vom 17. zum 18. Februar starb Martin Luther im Alter von 62 Jahren in Eisleben.

Zwei Jahre hat man das Haus behutsam renoviert und einen modernen, betongestylten Neubau hinzugefügt, dem man eine gewisse architektonische Raffinesse nicht absprechen kann. Im Inneren hat man sehr einfühlsam Luthers Leben mit dem Schwerpunkt des Alterns und Sterbens dargestellt. Der Besuch ist eindrücklich. Zitate lassen Luthers Persönlichkeit erkennen: *„Das Beste, was wir auf der Welt tun können, ist Gutes tun, fröhlich sein und die Spatzen pfeifen lassen."*

Deshalb begeben wir uns nach dem Museumsbesuch in das tatsächliche Sterbehaus und nehmen ein Bier oder einen Kaffee zu uns. Und gedenken Luther.

Das Museum Luthers Sterbehaus befindet sich oberhalb des Marktes, gegenüber der St. Andreaskirche. Ewas weiter unten, direkt am Markt, steht das Hotel
Graf Mansfeld, das authentische Sterbehaus. Viel Luther an einem Ort.

1546

Die Todesnacht war vom 17. auf den 18. Februar. Er wohnte bei seinem Freund Drachstedt. In
diesem Haus befindet sich heute das Hotel Graf Mansfeld.

Wo Taufe gefeiert wird

Für Martin Luther war die Erinnerung an die Taufe entscheidend als Ermutigung in Zeiten der Anfechtung: *„Baptizatus sum!"* – Ich bin getauft. Seine Eltern wohnten nur vorübergehend bei Verwandten in Eisleben und Martin wurde sozusagen auf der Durchreise geboren. Am Martinstag wurde er von Pfarrer Bartholomäus Rennbrecher in der Pfarrkirche St. Petri-Pauli auf den Namen des Tagesheiligen getauft. Eintragungen darüber gibt es nicht, Kirchenbücher waren noch nicht weit verbreitet.

Die St. Petri-Pauli-Kirche wurde im Jahr 1333 erstmals erwähnt, damals als Petrus-Kirche. Nach 1367 erhielten Kirche und Gemeinde einen Zweitpatron, den Apostel Paulus. Im 15. Jahrhundert wurde die Erneuerung des Gebäudes begonnen und der Westturm bereits 1474 vollendet, der Kirchenkorpus 1513. Somit wurde Luther zwar nicht in exakt diesem Kirchengebäude getauft, aber er hat die Kirche noch so erlebt, wie sie heute steht.

Die St. Petri-Pauli-Kirche ist einfach und schlicht gehalten, wirkt aber als dreischiffige Hallenkirche umso beeindruckender. Mittelpunkt ist der Taufbrunnen im Fußboden des Mittelschiffs, der bei der Neugestaltung 2010–2012 eingepasst wurde. Das Pflastermuster geht in konzentrischen Kreisen vom Taufbrunnen aus durch den gesamten Kirchenraum, das Taufgedächtnis symbolisierend. Daneben steht unauffällig ein schlichtes Taufbecken, neugotisch im Stil. Einer lateinischen Inschrift im Kesselkranz entnehmen wir, dass *„dies die Reste des Taufsteins sind, in dem der selige Martin Luther im Jahr 1483 getauft wurde."* Der Originaltaufstein wurde beim Umbau um 1486 aus der Kirche entfernt. Im 18. Jahrhundert wurde er wiederentdeckt.

Die Kirche ist heute eine Themenkirche zur Taufe, Erwachsenentaufen sind möglich und üblich. Luther hat nicht lange in Eisleben gelebt, aber es lag an seiner Taufe, dass er immer wieder bekannte: *„Mein Vaterland war Eisleben."*

Selbst den mächtigen Turm der Petrikirche sieht man nicht sofort. Die Kirche ist eng umgeben von Wohnhäusern. Für Autofahrer führt nur eine Straße zu ihr: die Seminarstraße. Sie führt an Luthers Geburtshaus vorbei. Die Kirche selbst befindet sich am Petrikirchplatz.

MACHT ALLE MENSCHEN ZU MEINEN JÜNGERN, TAUFT

1483

Am 11.11. wurde Martin Luther im Vorgängerbau des heutigen Kirchgebäudes getauft. Man muss ein wenig nach ihr suchen.

Wo Luther einst schlief

Wo einst Luther schlief, kann man noch heute übernachten. Die Zimmer bzw. Zellen sind allerdings bequemer als Luther sie erlebt hatte. Erfurt und besonders das Augustinerkloster kann man als Martin Luthers geistige Heimat bezeichnen. Von 1501-1505 studierte er an der damals zurecht gerühmten Universität. Er widmete sich den „Sieben freien Künsten", zu jener Zeit so etwas wie ein Grundlagenstudium, danach auf Wunsch des Vaters den Rechtswissenschaften. Dann aber orientierte er sich um. Am 17. Juli 1505 stand er an der später nach ihm benannten Pforte und bat um Aufnahme in das Erfurter Kloster der Augustiner-Eremiten. Nach seinem Eintritt ins Kloster studierte er Theologie. Die Augustiner waren für den jungen Studenten der richtige Orden, denn der Alltag war bestimmt durch strenge geistliche und asketische Übungen und anstrengende Studien ohne alle Freiheiten. 1507 wurde er im Dom zum Priester geweiht. Bis 1511 blieb er im Kloster als Mönch.

1277 war das Kloster einst erbaut worden. 1559 wurde es von der Stadt Erfurt säkularisiert. Die Mönche verließen den Bau. Verursacher war der Reformator Luther selbst.

Den unglücklichsten Tag erlebten die Erfurter am 25. Februar 1945, als britische Bomber den Klosterbereich stark zerstörten. Gegen Luftminen waren die dicken Klostermauern zu schwach. Völlig zerstört wurde das Bibliotheksgebäude, ausgewiesen als Luftschutzraum. Dort hatten sich Menschen versteckt, hofften geborgen zu sein. 267 Menschen wurden getötet, nur ein 7-jähriges Mädchen überlebte. Den Keller nannten die Erfurter später Todeskeller. Daraus ist ein „Raum der Stille" im Keller des Bibliotheksneubaus geworden. Er ist würdig gestaltet, der Besucher steht ergriffen und denkt zurück an Luther und an die 267 Opfer – was nur insofern miteinander zu tun hat, als sich alle auf Gott verließen. Ein Kreuz stammt von der Internationalen Nagelkreuzgemeinschaft.

Das Kloster befindet sich in der Augustinerstraße 10. Wenn man rechtzeitig reserviert, kann man auf historischem Grund übernachten. Und befindet sich mitten im Zentrum von Erfurt.

1505

In diesem Jahr trat Martin Luther in das Kloster ein. Vier Jahre verweilte er an diesem Ort.

29 ERFURT: SYNAGOGE

Wo die Juden vergessen wurden

Luther war kein Judenfreund. Seine Sprache über die Juden fiel mehr als deftig aus: *„Juden sind giftige, bittere, rachgierige, hämische Schlangen, Meuchelmörder und Teufelskinder."* Diese Zeiten haben wir überwunden. Da stimmt es fast fröhlich, wenn wir uns zur Alten Synagoge aufmachen. Sie gehört zu den ganz wenigen erhaltenen mittelalterlichen Synagogen und gilt sogar als die älteste vom Fundament bis zum Dach erhaltene Synagoge Europas. Einer Holzanalyse konnte man entnehmen, dass einige Teile aus dem Jahr 1094 stammen. Mit dem Bau begonnen wurde bereits um 1100. Der heutige Bau, wie wir ihn sehen, stammt so aus dem Jahr 1270.

In der Nähe der Synagoge wurde 1998 der „Jüdische Schatz von Erfurt" gefunden, der alle Kunsthistoriker begeisterte. Er gilt als Superlativ: der beste Schatz des europäischen Mittelalters. Seit Oktober 2009 ist er in der Synagoge ausgestellt. Ebenfalls in der Nähe entdeckte man im Sommer 2007 ein jüdisches Ritualbad (Mikwe). Es gibt noch mehr jüdische Andenken. So kann man heute in Erfurt bestens jüdische Kultur entdecken.

Die Verwendungsgeschichte ist traurig und glücklich zugleich. Nicht einmal 250 Jahre nutzten die Juden den Bau als Gotteshaus. Bei einem Pogrom 1349 wurden alle Juden in Erfurt ermordet. Da sich niemand mehr um die Synagoge kümmerte, wurde sie als Lagerhaus zweckentfremdet, Ende des 19. Jahrhunderts sogar Tanzsaal. Es wurden Zwischendecken eingefügt, Anbauten gemacht, unterkellert und ein neues Dach aufgesetzt. So war der Bau nicht mehr als Synagoge erkenntlich und niemand erinnerte sich an seinen Ursprung. Die Synagoge war aus dem Bewusstsein der Erfurter gestrichen. Glück im Unglück, denn deshalb überstand sie die Zeit des Nationalsozialismus unbeschadet. Heute wird Erfurt um diesen kulturellen Schatz beneidet.

Die Alte Synagoge befindet sich in der Waagegasse 8. Sie ist Museum und Ausstellungs-ort. Die Mikwe befindet sich in der Kreuzgasse. Sehenswert auch die Kleine Synagoge (An der Stadtmünze 4-5), heute Begegnungsstätte. Der alte jüdische Friedhof befindet sich in der Cyriakstraße, der mittelalterliche Friedhof in der Großen Ackerhofsgasse. Es gibt auch eine Neue Synagoge. Sie befindet sich am Juri-Gagarin-Ring 16.

1349

endete mit einem Pogrom das jüdische Leben in Erfurt. Die Synagoge wurde anderweitig genutzt.

Wo die Vertreter Gottes residierten

Erfurt war Sitz der kirchlichen und politischen Macht. Wie kann man das demonstrieren? Mit einem mächtigen Dom. Ein erster Bau soll schon im 8. Jahrhundert entstanden sein, er war sogar Bischofssitz. Urkundlich bezeugt ist der Bau 1117 als St. Marien.

Der Dom ist unfasslich groß wie atemberaubend schön – Gotik in Reinkultur. Im Inneren fällt der Blick fast zwangsläufig auf den Glasgemäldezyklus, die spätgotischen Maßwerkfenster im Chor, 18,6 m hoch und bis 2,60 m breit, geschaffen zwischen 1370 und 1420. Das Schönste aber ist, dass 13 von 15 Fenstern die Jahrhunderte überdauert haben und heute noch zu bestaunen sind. Zeit nehmen und durch den Dom wandeln, schauen und staunen. Wenn man Glück hat, begleitet die Orgel den Besucher. Eine Berühmtheit des Doms ist auch die Gloriosa, die mit 2,56 m Durchmesser größte freischwingende mittelalterliche Glocke der Welt. Das waren damals wahrscheinlich gute Zeiten für den Glöckner vom Erfurter Dom.

In den Analen wird berichtet, dass immer mehr Gläubige in den Dom strömten, so dass man ihn mehrmals erweitern musste. Dies könnte jedoch auch ein Vorwand gewesen sein, um den Bauwettbewerb mit der Severikirche nebendran nicht zu verlieren, die immer schon ein bisschen größer und moderner geraten war. Der Domhügel gen Osten musste sogar künstlich erweitert werden, um Platz für den Erweiterungsbau zu bekommen. Dabei schuf man Unterbauten, Kavaten genannt. Vom Mittelalter bis in die Neuzeit wurden in diese Räume Häuser eingefügt, jedoch im 19. Jahrhundert wieder entfernt. Welche Verbindung hat Luther mit dem Dom St. Marien? Hier liegen wohl die Wurzeln der Reformation. 1507 wurde er im Dom zum Priester geweiht. Zugleich nahm er das Theologiestudium auf, das er 1512 in Wittenberg mit der Promotion zum Doktor abschloss. Im Dom hielt er bereits Vorlesungen. Am wichtigsten: Er lernte, Gelerntes in Frage zu stellen.

Der Dom befindet sich mitten in der Stadt am Domplatz. Den besten Blick hat man von dem großen Platz aus. Links erhebt sich der Dom, rechts die Severikirche. Diese unbedingt besuchen, immerhin ist sie eine der wichtigsten gotischen Kirchen in Deutschland.

1507 wird Luther im Dom zum Priester geweiht und beginnt anschließend das Theologiestudium.

31 GEORGENTHAL: RUINE DES ZISTERZIENSERKLOSTERS

Wo Spalatin einst lehrte

Von der einstigen Blüte ist nichts übrig geblieben. Im 12. Jahrhundert gründeten die Zisterzienser ein Kloster, zunächst auf dem Georgsberg, dann verlegten sie es ins Tal. Hier soll der Orden eine Klosteranlage erbaut haben, die zum Vollkommensten gehörte, was die Zisterzienser in Deutschland schufen. Das sieht man den Ruinen natürlich nicht mehr an. Die Ordensleute wirtschafteten gut und kamen zu Vermögen und auch Ansehen.

Die Chronisten berichten, dass von 1505-1508 der Theologe und Humanist Georg Burckhard (1484-1545), genannt Spalatin, als Novizenlehrer im Kloster St. Georgen tätig war.

Mit der Reformation verging auch die Blütezeit des Klosters. 1525 plünderten aufständische Bauernhorden das Kloster und vertrieben die Mönche. Sie fanden schließlich eine neue Heimat im Augustinerkloster zu Gotha. Die Reformation brachte dem Ort keinen Segen. Der Verfall der romanischen Bauanlage setzte schnell ein, weil das Gelände unbewohnt war und die Bauern die Steine als hochwillkommenes Baumaterial wegschleppten, bis die wenigen übrig gebliebenen Ruinen komplett in Vergessenheit gerieten.

Herzog Ernst der Fromme von Gotha gestaltete um 1600 eines der Klostergebäude zur Sommerresidenz um. Interessant: die erste homöopathische Anstalt für psychisch Kranke in Deutschland wurde von Samuel Hahnemann von 1792 bis 1794 in diesem Schloss betrieben. Erst im 19. Jahrhundert interessierte man sich für die Ruinen. Ab 1840 wurden sie freigelegt.

Bei einem Spaziergang durch die Klosterruine und entlang der Klosterstraße kann man ein wenig die Vergangenheit erahnen. Aufgebaut wurden an der Straße das Kornhaus mit einer schönen Steinrosette, wahrscheinlich einst Hospiz, und etwas weiter abseits ein Hexenhaus, einst Gefängnis, später Schauplatz von Hexenprozessen, sowie die St. Elisabethkirche, zu Klosterzeiten Kapelle für die Bauern der Umgebung.

Die B88 führt durch das Zentrum von Georgenthal. Am Schlossplatz im Zentrum befindet sich die St. Elisabethkirche. Nach rechts, Am Finkenschlag, kommt man zum Kornhaus. Auf der linken Seite im Park befinden sich die Ruinen des Klosters.

1505

bis 1508 lebte Spalatin als Novizenlehrer im Kloster „St. Georgen.

Wo die wahren Verfechter der Reformation wohnten

Wow, da steht man vor der imposanten Burganlage aus dem 13. Jahrhundert. Sie gilt als die besterhaltene romanische Wehranlage Sachsens. Die Wehranlagen und der Bergfried sind noch heute eine Wucht. Die spätgotische Kapelle mit drei Flügelaltären aus den Jahren 1501-1503 bildet die Brücke von der Reformationszeit zur Familie von Einsiedel, der Eigentümerin vom Anfang des 15. Jahrhunderts bis 1945. Man stellt sich Besitzer so einer mächtigen Burganlage als mächtige Herrschaften vor, aber anscheinend hatte ihre Macht durchaus Grenzen. Die Familie von Einsiedel zählte zu den ersten sächsischen Adligen, die sich offen zur Reformation bekannten. Das führte schnell zu Konflikten mit dem Landesherrn Herzog Georg, der altgläubig und gleichermaßen konservativ war. Burg und Dorf Gnandstein lagen nach der Leipziger Teilung im albertinischen und daher katholischen Teil Sachsens. Die Einsiedels mussten 1527/28 ihrem ketzerischen Glauben abschwören und ihre protestantischen Prediger hinauswerfen. Sie protestierten auf ihre Art und besetzten die Kirchenstellen nicht wieder. Nach dem Tod des Herzogs 1539 frohlockten die Evangelischen in ganz Sachsen. Die protestantischen Prediger konnten wieder zurückkommen. Luthers Lehre hatte weitreichende Konsequenzen.

Heinrich Hildebrand von Einsiedel stellte nach dem Bauernkrieg das System der Frondienste in Frage. Er führte stattdessen Lohnarbeit ein. In einem Schriftwechsel mit Luther kann man die Diskussion gut nachlesen. Luther schrieb: *„Ohne Muss rührt der Bauer weder Hand noch Fuß"* und lehnte eine Aufhebung der Frondienste ab. Davon ließ sich Heinrich Hildebrand aber nicht abbringen. In seinem Testament vermachte er den dritten Teil seines Vermögens seinen Untertanen. Die daraus hervorgegangene Stiftung hatte noch bis in das 20. Jahrhundert Bestand – eine gute Tat trotz Luther.

Zur Burg gelangt man über die B95 nach Dolsenhain, dort die Dorfstraße nach Kohren-Salis nehmen. Die Burg hat keine Kapelle. Man nutzte die Stadtkirche gegenüber auf dem nächsten Hügel. Dort sind auch die Burgherren beerdigt und in Stein dargestellt. Eindrucksvoll ist die Bemalung der Emporen.

1525 wird der erste Pfarrer evangelisch. Der Patronatsherr Heinrich Hildebrand von Einsiedel war ein Freund Martin Luthers.

Wo Luther sein erstes Testament verfasste

Gotha, die ehemalige Residenzstadt des Herzogtums Sachsen-Gotha, kann sich zurecht auch als Luther-Stadt profilieren.

Martin Luther besuchte Gotha mehrfach und diktierte hier sein erstes Testament.

Ein Gebäude, das sehr eng mit ihm in Verbindung steht, ist das ehemalige Augustinerkloster. 1258 wurde das Kloster erstmalig urkundlich erwähnt. Damit ist es älter als das vielleicht berühmtere Augustinerkloster in Erfurt. Der bis heute erhaltene Kreuzgang, der Kapitelsaal und die Sakristei stammen vermutlich aus der Mitte des 14. Jahrhunderts. Das war auch die Blütezeit des Klosters. Martin Luther hielt sich in den Jahren 1515 und 1516 als Mönch zu einer Inspektion im Kloster auf. Aber auch als Reformator predigte er während seiner Reise zum Reichstag nach Worms in der Augustinerkirche.

Erster Superintendent nach der Reformation wurde Friedrich Myconius. Ursprünglich Franziskanermönch, setzte er sich mit dem Gedankengut Martin Luthers auseinander und wurde überzeugter Anhänger der neuen Lehre. Dafür bestraften ihn die Franziskaner mehrmals. 1524 gelang ihm die Flucht aus dem Kloster.

Auf Luthers Empfehlung wurde Myconius als Prediger nach Gotha berufen. Er organisierte die Gemeinde neu und kümmerte sich besonders um das Schulsystem. Er gründete eine Lateinschule, aus der später das Gymnasium hervorging. Myconius setzte die Reformation in Gotha in all ihren Facetten durch. Wichtig waren ihm Mäßigung und Geduld, aber auch Gehorsam gegenüber der Obrigkeit. Nur anderthalb Monate nach dem Tod Luthers starb Friedrich Myconius im Alter von 55 Jahren in Gotha.

1989 waren Kloster und Kirche Zentrum der Friedensgebete und Ausgangsort der friedlichen Demonstrationen in Gotha.

Seit 2009 ist das Kloster Begegnungszentrum der evangelischen Kirche. Es steht Pilgern und Gästen aus nah und fern offen. Eine ansteckend fröhliche Atmosphäre prägt das Gäste-Kloster-Leben.

Das Kloster befindet sich am Klosterplatz 6. Das ist ziemlich genau in der Stadtmitte. Das Begegnungszentrum ist ein guter Platz zum Übernachten und Ausgangspunkt für die Stadtbesichtigung.

1524

Auf Luthers Empfehlung wurde Myconius als Prediger nach Gotha berufen.

Wo Cranach sich verliebte

Die Historiker behaupten, dass sich Lucas Cranach d. Ä. in Gotha verliebt habe – natürlich in die Stadt Gotha, aber auch in Barbara Brengebier, der Tochter eines Gothaer Ratsherren. Die Heirat fand um 1512 vermutlich auch in Gotha statt. Das Haus der Brengebiers am Hauptmarkt kann man sich heute noch ansehen. Es trägt den Namen – wie könnte es anders sein – Cranach-Haus. Später lebte hier Cranachs Tochter Ursula mit ihrem Mann.

Auch die Schwester Barbara lebte seit 1555 in Gotha, verheiratet mit Christian Brück, dem Kanzler des sächsischen Kurfürsten Johann Friedrich II. Die Regierungsarbeit schien er aber nicht sehr klug betrieben zu haben. Er war wohl dafür verantwortlich, dass der zwielichtige Ritter Wilhelm von Grumbach, der unter Reichsacht stand, in Gotha Schutz erhielt. Das war in der damaligen Zeit ein Kapitalverbrechen. Die Stadt wurde 1567 nach Belagerung von kaiserlichen Truppen eingenommen, der Kurfürst gefangen genommen und Grumbach gemeinsam mit seinem Freund Brück auf dem Marktplatz zu Gotha geviertelt. Barbara Brück, geb. Cranach, überlebte ihren Mann und dessen Schmach. Die gemeinsame Tochter, ebenfalls mit Namen Barbara, ehelichte den Weimarer Bürgermeister Jacob Schröter, woraus sich eine Ahnenlinie von Cranach zu Goethe ergab.

Das im 17. Jahrhundert erbaute Schloss Friedenstein, eine der bedeutendsten und wohl auch eine der größten Schlossanlagen Deutschlands, ist für Luther- und Geschichtsinteressierte insofern wichtig, als dort ein einzigartiger Bestand an authentischen Zeugnissen der Lutherzeit aufbewahrt wird sowie 23 Cranach-Bilder. Eine herausragende Bedeutung hat das Bild „*Verdammnis und Erlösung*". Es gilt als Schlüsselwerk der Darstellung der evangelischen Lehre, denn Cranach versuchte im Bild die lutherische Botschaft umzusetzen: Der Mensch kann vor Gott allein durch dessen Gnade und den Glauben an Jesus bestehen.

Das Schloss befindet sich zwischen Parkallee und Friedrich-Jacobs-Straße. Darum herum kann man die großen Parkanlagen genießen. Vom Schloss hat man einen schönen Blick hinunter in die Stadt. Folgt man dem Schlossberg abwärts, kommt man in die Lucas-Cranach-Straße und zum Hauptmarkt.

1537 diktierte Luther in Gotha sein erstes Testament. Darin verfügte er, in dieser Stadt begraben zu werden.

35 GRÄFENHAINICHEN: PAUL-GERHARDT-KAPELLE

Wo die meisten evangelischen Lieder gedichtet wurden

Viel ist in Gräfenhainichen nicht los, so könnte man denken. Aber das ist nur der erste Eindruck. 1285 erstmals urkundlich mit recht merkwürdigem Namen erwähnt: Hayne, dann Gravenalbrechtshayn, woraus schließlich der heutige Name entstand.

Wer weiß aber schon, dass in Gräfenhainichen 1607 Paul Gerhardt geboren wurde, bedeutendster Sohn der Stadt, evangelisch-lutherischer Pfarrer und Liederdichter? 1637 wurde die Stadt im Dreißigjährigen Krieg fast vollständig zerstört. Das erlebte auch Paul Gerhardt mit, der 1676 starb. Aus seinen Liedern kann man das Erlebte ersehen. Er ist nach Martin Luther der wichtigste evangelische Liederdichter, 139 Lieder und Gedichte stammen aus seiner Feder. Gräfenhainichen ehrte ihn mit der Benennung einer Straße nach ihm. In der Paul-Gerhardt-Kapelle, deren Grundsteinlegung am 9. Mai 1830 erfolgte, ist ihm seit 1992 eine ständige Ausstellung gewidmet. Wo sein Geburtshaus einmal stand, erinnern zwei Gedenktafeln an den Liedermacher.

In der Folgezeit litt Gräfenhainichen stark unter dem Braunkohletagebergbau. Aber diese Zeit ist vorbei und ein Braunkohle-Freilichtmuseum mit dem etwas martialischen Namen „Ferropolis – Stadt aus Eisen" wurde gegründet. Fünf Ungetüme hat man zusammengeführt: Einen Eimerkettenschwenkbagger (Spitzname „Mad Max"), einen Schaufelradbagger („Big Wheel"), zwei Absetzer („Gemini" und „Medusa") und einen Raupensäulenschwenkbagger („Mosquito") – klingt alles ein bisschen nach Sauriernamen. Vielen Künstlern gefällt die Atmosphäre in der „Stadt aus Eisen", Großereignisse verschaffen PR, die 12.500 Einwohner freut es. In der Schaltwarte des Tagebaus Golpa-Nord ist das Standesamt eingezogen, so dass man in Industrieumgebung heiraten kann. Wenn die Hochzeitsgesellschaft will, kann sie dann auch noch mit der ehemaligen Zschornewitzer Kleinbahn herumfahren.

Die Paul-Gerhardt-Kapelle befindet sich in der Rudolf-Breitscheid-Straße 4. Die dem Sozialdemokraten gewidmete Straße wird nach beiden Seiten mit der August-Bebel-Straße und Rosa-Luxemburg-Straße verlängert. Gut, das gleich hinter der Kapelle der Platz der Freundschaft beginnt.
Noch zu empfehlen: Der Skulpturenlehrpfad am Gremminer See.

1607 _____

wird der Liederdichter Paul Gerhardt in Gräfenhainichen geboren.

Wo Magdalena von Staupitz eine Mädchenschule gründete

Das Kreismuseum wurde eben gründlich renoviert, so dass es gar nicht historisch aussieht. Dabei ist es eines der geschichtsträchtigsten Baudenkmäler der Stadt. Im Mittelalter gehörte das Gelände des Museums zum Augustinerkloster. Eine wichtige Rolle spielte das Haus in der Reformationszeit. Im Frühjahr 1523, genauer gesagt in der Osternacht, flohen bekanntlich zwölf Nonnen aus dem Kloster Marienthron in Nimbschen. Von den zwölf Nonnen kamen aber nur neun in Wittenberg an. Eine blieb in Grimma, nämlich Magdalena (nach manchen Überlieferungen auch Margarete) von Staupitz. Sie war eine Verwandte des Generalvikars der Augustiner, Johann von Staupitz, dem väterlichen Freund Martin Luthers.

Magdalena von Staupitz blieb in Grimma und richtete 1529 die erste Mädchenschule der Stadt ein, eben im Gebäude des heutigen Kreismuseums. Getreu der evangelischen Lehre, setzte sie sich für die Bildung von Kindern und Jugendlichen ein. Da in der damaligen Zeit Frauen noch nicht so richtig selbständig agieren konnten, ist diese Tatsache schon bemerkenswert. Für Grimma ein Glück, denn so fand auch „Bildung" ihren Eingang in den Ort.

Gegen 1550 richtete Kurfürst Moritz von Sachsen in dem leer stehenden Gebäude der Augustiner eine Landesschule ein. Es war die dritte Schulgründung dieses fortschrittlichen Landesherrn. Dabei handelte es sich jeweils um staatliche Schulen mit humanistischen Bildungsansprüchen.

Das Gebäude der Mädchenschule wurde im Laufe der Jahrhunderte mehrfach umgebaut, blieb aber lange Zeit Schulhaus. Als Grimma 1885 eine Bürgerschule erhielt, übersiedelte die Mädchenschule in das neue Gebäude am Wallgraben.

1841 wurde das Haus das letzte Mal wesentlich umgebaut und erhielt damals seine heutige Form. Im Kreismuseum kann man sich über die Schulgeschichte der Stadt bestens informieren.

Vom Markt aus erreicht man das Museum über die Lorenzstraße, die Kreuzstraße und die Klosterstraße. Die Klosterkirche entdeckt man leicht. Zwei Grundstücke weiter befindet sich das Kreismuseum.

1529

Magdalena (oder Margarete) von Staupitz richtet in Grimma die erste Mädchenschule der Stadt ein.

Wo sich Luthers „Brustbrecher" befindet

Leer und mächtig wirkt der Bau. Um 1300 erbaut, dann 1435 als Saalkirche neu erschaffen – mit einer Mauerstärke von fast 1,5 m. Mehr als 54 m lang, über 12 m breit, geadelt mit einer Höhe von 19 m.

Bis zur Reformation war es die Kirche des Ordens der Augustiner-Eremiten. Dann predigte Martin Luther gewaltig in dem Bau, den er als „Brustbrecher" bezeichnete. Er wollte damit die Schwierigkeit beschreiben, den rund 11.000 m³ umfassenden Raum mit seiner Stimme gewaltig zu füllen. Doch eben dies hat er wohl geschafft.

Zehn Mal soll sich Luther in Grimma aufgehalten haben, verschiedentlich hat er auch gepredigt. Leider ist keine Predigt aus Grimma erhalten. Das erste Mal war Luther 1516 in Grimma, traf sich vermutlich mit Johann Staupitz und Wenzeslaus Linck. Die drei spotteten gewaltig über den Ablasshandel. Zu nächtlicher Zeit soll Luther dann festgestellt haben: *„Nun will ich der Pauke ein Loch machen, so Gott will!"* Das tat er, allerdings in Wittenberg.

Die Grimmaer sind stolz darauf, dass an der Mulde die Wiege der Reformation stand. Etwas dick aufgetragen, aber man kann konstatieren, dass in Grimma der emotionale Anstoß zur Reformation erfolgte.

Die Reformation kehrte früh in Grimma ein. Schon 1519 bemerkte Luther, dass die Menschen reif waren. Offiziell gilt dort aber das Jahr 1529 als Reformationsjahr.

Die Mönche hatten das Kloster bereits 1522 verlassen. Später wurde in der Kirche die Fürsten- und Landesschule von Grimma eingerichtet. In den DDR-Zeiten gestaltete sich die Nutzung als schwierig. Nach Leerstand, baupolizeilicher Sperrung und großflächigem Einsturz des Daches wurde schließlich im vereinigten Deutschland das Dach erneuert und eine neue Nutzung ermöglicht: Die Klosterkirche ist heute eine Stätte für Kunst, Kultur und Musik, für Ausstellungen, Konzerte und Zusammenkünfte. Sie ist „Grimmas innerstädtische Kulturhalle".

Die Klosterkirche befindet sich in der Klosterstraße. Rechts davon das Kreis-museum, links das Gymnasium St. Augustin, an dem 1622 bis 1628 Paul Gerhardt unterrichtet wurde, der durch Lieder wie „Geh aus mein Herz und suche Freud" unvergessen ist.

1516

Martin Luther traf Johann Staupitz und Wenzeslaus Linck in Grimma. Die drei schimpften gewaltig über den Ablasshandel und „beschlossen" die Reformation.

Wo Luthers Worte
Früchte trugen

Es ist wahrscheinlich nur Legende: Der lutherische Pfarrer August Hermann Francke (1663-1727) fand in seiner Spendenbox vier Taler und 16 Groschen. Darauf sagte er: *„Das ist ein ehrlich Kapital! Davon muss man etwas Rechtes stiften! Ich will eine Armenschule damit anfangen!"*

So entstand die Schulstadt der Franckeschen Stiftungen. Zuerst gründete Francke im Pfarrhaus eine Armenschule, in der Theologiestudenten die armen Kinder unterrichteten. Die Schule war bald sehr anerkannt, so dass auch einige Bürger ihre Kinder schickten und sogar Schulgeld bezahlten. Bald wurde das Pfarrhaus zu klein und Francke gründete 1697 die Lateinische Schule für Knaben. Das Prinzip blieb dasselbe: Der Unterricht fand durch Studenten statt, die als Gegenleistung eine freie Wohnung, freies Holz und 16 Groschen Lohn erhielten.

Das soziale Umfeld vieler armer Kinder war schlecht, die Eltern kümmerten sich nicht. Francke beschloss, die Kinder bei besseren Familien unterzubringen und dafür einen geringen Betrag zu bezahlen. Aus dieser Idee entstand das Waisenhaus. Francke verstand sich gut in Fundraising und konnte bald eine Buchhandlung, eine Buchdruckerei und Buchbinderei sowie eine Apotheke einrichten. Mit den Einnahmen finanzierte er das Waisenhaus und andere Stiftungen. So ging es weiter. Bau reihte sich an Bau, Schule nach Schule wurde eröffnet.

In den Franckeschen Stiftungen haben vielerlei Impulse ihren Ursprung: protestantische Mission, Diakonie, das Konzept der Realschule, die Verteilung deutschsprachiger Bibeln und viele Kirchenlieder, die heute noch in den Gesangbüchern stehen.

Der historische Gebäudekomplex, auf dem geschlossenen Areal mitten in der Stadt Halle, ist bis heute weitgehend erhalten geblieben. Das Lange Haus im oberen Lindenhof ist sogar die größte Fachwerkkonstruktion Europas. Es misst über 110 Meter und hatte fünf Stockwerke.

Der Zugang zu den Franckeschen Stiftungen erfolgt über den Franckeplatz 1. Der große Bau links der Einfahrt ist das Historische Waisenhaus (Haus 1). Rechts der Einfahrt befindet sich die Kulturstiftung des Bundes, daneben Haus 28, das Informationszentrum und die Kasse. Hier kann man sich über die Sehenswürdigkeiten der Anlagen informieren.

1697

Der lutherische Pfarrer August Hermann Francke gründete in Halle die Lateinische Schule für Knaben.

Wo fünf Türme auf eine Kirche kommen

Wer hat schon eine Kirche mit zwei mächtigen Turmpaaren? Halle. Die Marktkirche Unser Lieben Frauen in Halle. Zusammen mit dem Roten Turm, einem freistehenden Uhren- und Glockenturm, dem Wahrzeichen Halles, bilden sie die Fünf-Türme-Silhouette.

Die beiden Turmpaare sehen so unterschiedlich aus, dass der Verdacht naheliegt, sie stammten von zwei verschiedenen Kirchen. Richtig. Der Landesherr Kardinal Albrecht wollte für seine Residenzstadt eine repräsentative Kirche inmitten der Stadt. Mit dem Bau einer imposanten Kirche wollte er die Reformation abwerten und dort pompöse Gottesdienste feiern. Man beschloss also, die beiden Altkirchen bis auf die Türme abzureißen und die vier Türme mit einem neuen Kirchenschiff zu verbinden. So entstand zwischen von 1529 bis 1554 zwischen den Blauen Türmen der Gertrudenkirche und den Türmen der St.-Marien-Kirche eine neue Kirche. Diese Kirche war der letzte große Hallenbau der obersächsischen Spätgotik – eine herausragende Architekturleistung jener Epoche in Mitteldeutschland. Bei Gefahr schlug ein Wächter, der Hausmann, zur Warnung die Glocken; daher heißt das Turmpaar auch Hausmannstürme.

Die Marktkirche, zur Abwehr der sich ausbreitenden reformatorischen Gesinnung begonnen, war aber auch der Ort, an dem die Reformation verkündet wurde. Von der Kanzel verkündete Justus Jonas in einer Karfreitagspredigt 1541 die Reformation in Halle.

In der Marktkirche hat Martin Luther dreimal gepredigt. Und hier in der Marktkirche wurde Luther auch aufgebahrt, 1546 während des Leichenzugs von Eisleben nach Wittenberg. Wilhelm Furtenagel zeichnete noch in Luthers Sterbenacht vom 20. auf den 21. Februar dessen Totenbildnis.

Was für eine Kirche! Eine Kirche, in der Luther dreimal predigte, Georg Friedrich Händel getauft wurde und deren große Orgel Johann Sebastian Bach eingeweiht hat. Und in einem Nebenraum die Luther-Maske. Durchaus ergreifend.

Die Marktkirche befindet sich, mitten in der Stadt. Marktplatz, Stadtverwaltung, Stadthaus, Roter Turm und Hallmarkt – alles da. Zu den Schätzen der Marktkirche gehört ein Taufbecken aus Bronze, in der Georg Friedrich Händel 1685 getauft wurde. Außerdem findet man hier die wertvolle, im Jahre 1552 gegründete Marienbibliothek mit einem Bestand von rund 30.000 Bänden, vorwiegend aus dem 15. bis 18. Jahrhundert.

1541

Auf der Kanzel der Marktkirche verkündete Justus Jonas mit einer Karfreitagspredigt die Reformation in Halle.

Wo Luthers Gegenspieler residierten

Halle nennt sich die „Wiege der Reformation". Ein gewagter Anspruch, denn in Halle residierte gefühlte Jahrhunderte Martin Luthers größter Gegenspieler: Kardinal Albrecht, Erzbischof von Magdeburg und Mainz, der starke Mann nach dem Papst. Der Kardinal liebte prunkvolle Kunst und repräsentative Bauten, die er weitgehend mit den Einnahmen aus dem Ablasshandel finanzierte. Hätte Tebartz-van Elst damals gelebt, er wäre gar nicht aufgefallen.

Gerade der ausschweifende Lebensstil des Kardinals veranlasste Luther am 31. Oktober 1517, diesem einen Brief zu schicken. Anlage: 95 Thesen. Luthers scharfe Verurteilung des kirchlichen Ablasshandels zielte direkt auf den Kardinal in Halle. Der Konflikt läutete eine neue Weltordnung ein.

Man kann sich an solchen Stellen in der Weltgeschichte fragen: „Was wäre gewesen, wenn der Kardinal den Ablasshandel aufgegeben hätte?" Das tat er aber nicht.

Der Profiteur residierte in der Moritzburg, was geschichtlich reichlich eigenartig ist. Bereits im 13. Jahrhundert war Halle befreit vom Landesherrn, dem Erzbischof von Magdeburg. 1263 hatten die Bürger quasi ihre politische Autonomie erreicht. Im 15. Jahrhundert entwickelte sich jedoch eine bürgerliche Opposition aus den Handwerksinnungen, die sich mit dem Landesherrn verbündeten und 1479 den erzbischöflichen Truppen freien Zugang in die Stadt ermöglichten. Die Konsequenz: Die neuen Machthaber beschlossen „...in Halle ein festes Schloss zu erbauen, um die Stadt besser in Gehorsam, Unterwürfigkeit und Ruhe zu erhalten." Die Grundsteinlegung erfolgte 1484. Danach residierte hier Kardinal Albrecht, Erzbischof von Magdeburg und Mainz sowie Reformationsgegner. Die Bürger von Halle hätten schon längst die Reformation eingeführt, aber der Kardinal wehrte sich. Der Umbruch gelang erst 1541.

Die Moritzburg gehört heute zu den herausragenden Architektur-Denkmälern inmitten der Stadt.

Die Moritzburg befindet sich am Friedemann-Bach-Platz 5. Das ist ziemlich zentral, zehn Minuten zu Fuß von der Marktkirche entfernt. Auf halbem Weg erreicht man den Dom.

1541

wurde Kardinal Albrecht von Brandenburg, in Personalunion Erzbischof von Magdeburg und Mainz sowie Gegner der Reformation, vertrieben und die Reformation eingeführt

Wo Junker Jörg übernachtete

Luther hielt sich zwischen 1522 und 1537 mehrmals in der Stadt auf. Am 3. März 1522 weilte er hier als Junker Jörg in geheimer Mission. Unerkannt machte er halt im „*Schwarzen Bären*" in Jena. Daran erinnern noch heute ein Gemälde im Foyer des Hotels sowie eine metallene Tafel am Gebäude.

Luther predigte in der Stadtkirche St. Michael und führte Streitgespräche mit den Reformatoren Andreas Bodenstein, genannt Karlstadt, und Huldrych Zwingli. 1524 rechnete er mit seinem einstigen Verbündeten Karlstadt ab. Der hatte sich zu gewaltsamen Übergriffen auf Klöster verleiten lassen. Luthers Predigt konnte jedoch weitere Eskalationen nicht verhindern.

Außerdem gilt die Stadt als der wichtigste Druckort der lutherischen Bibel, deren Herausgeber ab 1533 der Lutherschüler Georg Rörer war. Bedeutend für Jena war Kurfürst Johann Friedrich der Großmütige (1503–1554). Im Schmalkaldischen Krieg stand er an der Spitze der Protestanten, verlor allerdings seine Kurwürde an seinen albertinischen Cousin Moritz von Sachsen und geriet in Gefangenschaft. Dennoch konnte er die Hohe Schule zu Jena 1548 gründen, Grundstein für die noch heute existierende Friedrich-Schiller-Universität. 1549 gelangte die Wittenberger Universitätsbibliothek mit vielen kostbaren Drucken der Reformationszeit nach Jena, darunter Luthers Handexemplare des Alten und Neuen Testaments mit handschriftlichen Eintragungen. Sie sind noch heute erhalten.

Als Lutherstätte ist die Stadtkirche einen Besuch wert, denn sie beherbergt die originale Grabplatte Luthers. Sie wurde 1548 in Erfurt gegossen und war ursprünglich für die Schlosskirche in Wittenberg bestimmt. In den Wirren nach dem Schmalkaldischen Krieg 1547 verblieb das Relief jedoch in Thüringen und seit 1571 in der Jenaer Stadtkirche. Die Grabplatte zeigt Martin Luther nach einer Vorlage von Lucas Cranach.

Die Stadtkirche befindet sich zwischen Markt und Kirchplatz. Das Hotel „Schwarzer Bär" befindet sich am Lutherplatz 2, etwa vier Gehminuten von der Kirche entfernt.

1522

Am 3. März kam Luther als Junker Jörg in geheimer Mission nach Jena. Unerkannt machte er halt im „Schwarzen Bären".

Wo Luthers Weggefährte Bernhardi lebte

Da das Städtchen Kemberg nur wenige Kilometer von Wittenberg entfernt liegt, machte sich der Reformationsvirus frühzeitig bemerkbar. 1522 wurde das reformatorische Bekenntnis angenommen.

In Kemberg lebte Bartholomäus Bernhardi, ein enger Vertrauter Luthers. Als einer der ersten Geistlichen heiratete Bernhardi 1521 in Kemberg. Luther schrieb ihm damals, *„daß er den neuen Ehemann bewundere, der in dieser stürmischen Zeit nichts fürchte und dazu so sich beeilt habe. Gott wolle ihn leiten und geben, daß er in dem sauren Salat, den er sich damit angerichtet habe, doch auch einige Süßigkeiten verspüren möge.“*

Im Garten der Kemberger Propstei sollen Martin Luther und Philipp Melanchthon angeblich den Plan gefasst haben, Thesen gegen den Ablasseintreiber Johann Tetzel auszuarbeiten. Das ist wohl eher Legende. Er könnte aber unter der Linde im Pfarrgarten durchaus daran gearbeitet habe. Luther war oft in Kemberg zu Besuch als Kollege und Freund der Pröpste, darunter auch Bartolomäus Bernhardi, mit dem er in Eisenach die Schule besucht hatte. Bernhardi wurde später als Professor nach Wittenberg berufen. Luther soll in Kemberg 13 Mal gepredigt haben, davon sieben Mal zwischen 1518 und 1534 in der Stadtkirche St. Marien. Luther hat sich oft über den schlechten Weg nach Kemberg beschwert. Pein bereitete ihm auch die unbeständige Witterung. Eine Erinnerung daran steckt wohl im Lutherwort vom „fahrenden Platzregen", den er mit der Wirkung des Wortes Gottes vergleicht.

Die Gemeinde und die Kunstwelt waren schockiert, als 1994 der berühmte Altar, 1565 von Lucas Cranach dem Jüngeren eigens für das Gotteshaus gemalt, bei einem Schwelbrand fast völlig zerstört wurde. Nach fast sechs Jahren behutsamer Restaurierung kehrten die Überreste des Cranach-Altars in das Kemberger Gotteshaus zurück, wo sie in der Sakristei einen würdigen Präsentationsraum gefunden haben.

Kemberg ist ein nettes Städtchen mit Flair. Mittelpunkt ist der Marktplatz. Am Rathaus findet sich eine Gedenktafel an Bartolomäus Bernhardi. Die Kirche, etwas weiter, ist hervorstechend.

1546

Am 21. Februar, einen Tag vor seiner Beisetzung, wurde Luther in Kemberg auf Wunsch Bernhardis noch einmal aufgebahrt. 50 Bürger hielten ihm die Ehrenwache.

Wo man Bach findet

Eine fantastische Anlage. Musik tönt aus den Räumen, fehlerhaft, in einer Musikschule wird geübt. Das Schloss und das höfische Leben sind auf das engste mit dem Leben und Wirken Bachs in Köthen verbunden. Im Johann-Georg-Bau befindet sich seit 1984 die Musikschule „Johann Sebastian Bach". Im Ludwigsbau residieren das Historische Museum und die Bachgedenkstätte.

Wie kam Bach nach Köthen? Bach war nur dritter Mann in der Hierarchie der Hofkapelle von Weimar. Als der Kapellmeister Johann Samuel Drese Ende 1716 starb und Bach nicht berücksichtigt wurde, war klar: In Weimar konnte er keine Karriere machen. 1717 folgte er dem Ruf nach Köthen. Er ging sozusagen ins Ausland, nicht mehr Thüringen und Sachsen, und kein lutherisches, sondern ein reformiertes Fürstenhaus. In Köthen musste er seine erste Frau Maria Barbara beerdigen. Dort heiratete er auch seine zweite Frau Anna Magdalena.

Musikalisch hatte Bach in Köthen eine fruchtbare Zeit. Mit der reformierten Ausrichtung hatte er mehr Probleme. So musste das Ehepaar Bach das Söhnchen Leopold Augustus im November 1718 bereits in der reformierten Schlosskirche taufen lassen. Die Lutheraner hielten ihre Gottesdienste in der St. Agnus Kirche. Als Lutheraner hatte Bach für sich und seine Frau in dieser Kirche einen Kirchenstuhl gemietet. Hier besuchte er den Gottesdienst und empfing das Heilige Abendmahl.

Ohne Luther kein Bach. Johann Sebastian Bach hat oft auf die Melodien anderer zurückgegriffen, auch auf die Luthers. „Eine feste Burg ist unser Gott, ein gute Wehr und Waffen" ist die vielleicht berühmteste Bachkantate. Heinrich Heine hat sie sogar die „Marseillaise der Reformation" genannt. Aber man sollte nicht vergessen, dass Martin Luther sie 1523 komponiert hatte, als er die Gemeinde aufforderte, in der Messe zu singen.

Übrigens: Köthen ist Hochburg des Karnevals und Welthauptstadt der Homöopathie dank Samuel Hahnemann.

Das Schloss ist nicht zu übersehen. Eine beachtenswert große Anlage. Die St. Agnus-Kirche befindet sich in der Stiftstraße 12. Es gibt zwei Bach-Häuser. Von Dezember 1717 bis 1719 wohnte er in der Schalaunischen Straße 44 (heute findet sich dort ein 1968 erbautes Kaufhaus), später in der Wallstraße 25/26 (heute Teil des Pflegeheims St. Elisabeth).

1717

Bach folgte dem Ruf von Fürst Leopold von Anhalt-Köthen, die Nachfolge von Reinhard Augustin Stricker als Kapellmeister in Köthen anzutreten.

Wo der Reformator
Schlaginhaufen wirkte

1400 wurde mit dem Kirchenbau in Köthen begonnen. Schon sechs Jahre später lag die Kirche das erste Mal unter soldatischem Beschuss. An so ein Geschoss soll die Steinkugel erinnern, die man im Nordteil der Kirche eingemauert hat. Ab 1488 begann man die Überwölbung des Kirchenschiffes. Daraus wurde dann bis 1513 eine mächtige Kirche mit einem dreischiffigen Langhaus und einem eher kurzen, eingezogenen Chor.

1525 schlug die Stunde der Reformation unter Mithilfe des Reformators Johann Schlaginhaufen (1498–1560). Die ursprünglich katholische Stadtkirche wurde lutherisch, ab 1606 reformiert. Nicht nur die religiöse Richtung wurde häufig gewechselt, auch die Bausubstanz wurde immer wieder verändert. 1672 gab es so viele Gottesdienstbesucher, dass Emporen eingezogen werden mussten. Bei der letzten großen Umgestaltung der Kirche zwischen 1866 und 1869 wurden diese jedoch wieder entfernt. In den Jahren 1896-98 errichtete man das Turmpaar und schuf somit die höchsten Kirchtürme in Anhalt. Damit entstand endlich ein Ersatz für den alten Turm vor dem Langhaus, der schon 1599 eingestürzt war.

Es ist nicht bekannt, ob Luther in Köthen war, aber er verfügte über einen Statthalter mit Macherqualitäten. Schlaginhaufen war regelmäßiger Besucher im Hause Martin Luthers und schrieb einige von Luthers Tischreden auf. Auch mit Melanchthon war er gut bekannt. 1525 ließ er sich an die St. Jakobskirche in Köthen versetzen. Mit Vehemenz führte er die Reformation durch und eine neue evangelische Gottesdienstordnung ein, die Pastoren wurden visitiert. Er war gut angesehen bei Fürst Wolfgang von Anhalt-Köthen, den er 1537 auch nach Schmalkalden begleitete, wo beide die Schmalkaldischen Artikel unterzeichneten. Diese waren neben dem Kleinen und Großen Katechismus die dritte lutherische Bekenntnisschrift.

Bis zu seinem Tod 1540 blieb Schlaginhaufen in Köthen Superintendent.

Die St. Jakob-Kirche ist eine wuchtige Kirche mitten in der Stadt. Hinter der Kirche erhebt sich das Rathaus. Auf der Turmseite beginnt die Fußgängerzone, die bis zum Bachplatz führt. Übrigens: Köthen ist Hochburg des Karnevals und Welthauptstadt der Homöopathie dank ihres Begründers Samuel Hahnemann (1755-1843).

1525

Johann Schlaginhaufen führte in der St. Jakob-Kirche von Köthen die Reformation ein.

Wo Luther und Melanchthon zu sehen sind

Luther war anscheinend nicht in Gütz und hat daher auch nicht in der Kirche St. Anna und St. Katharina predigen können. Eigentlich schade. Dennoch: Die Kirche liegt am Lutherweg. Und dies zu Recht.

Gerade wurde die Tonnendecke mit ihrer Malerei aus dem 19. Jahrhundert erneuert. Originär stammt das Tonnengewölbe von einem Umbau aus den Jahren 1777-1779 mit anschließender Barockgestaltung.

Stolz ist man auf den Zyklus farbiger Kirchenfenster, von denen es einst 21 Stück gegeben hatte. Sieben sind im Original übrig geblieben. Daraus machte man ein Restaurationsprojekt von überregionaler Bedeutung. Der renommierte Maler und Bildhauer Markus Lüpertz arbeitet an der Wiedererstellung der Bilder. Dann erstrahlen auch Luther und Melanchthon wieder im neuen Glanz. Die kraftvollen Farben der neuen Fenster kommen vor allem dann zur vollen Wirkung, wenn die Sonne durch sie in die Kirche scheint. Im 12. Jahrhundert wurden die Gottesdienste im Ort Wölls abgehalten, wahrscheinlich in einer Holzkapelle. Als sie zerfiel, wurde ein neues Gotteshaus notwendig. Als Standort wählte man das sorbische Chutitz (Gütz), einer von Sorben erbauten Wasserburg, die das Sumpfgebiet des Strengbaches beschützte, also inmitten von Befestigungen aus Erdwällen und Baumstämmen. Für die Kirche verwendete man Porphyrsteine, also Magmabrocken aus der Umgebung, als Baumaterial. Die letzten Reste der Holzkapelle wurden 1886 auf dem Friedhof beseitigt.

Die Einführung der Reformation erfolgte um 1540. Herzog Heinrich von Sachsen, ein Anhänger Luthers, leitete sie 1539 mit einer Kirchenvisitation ein. Ein Jahr später wurde in Gütz die erste Liste der Gemeindemitglieder angelegt. Der letzte katholische Pfarrer, Jacobus Rudel, war zugleich auch der erste evangelische.

1976 wurde das zerfallene Bauwerk aufgegeben, das Pfarrhaus verkauft und Bestattungen auf dem Friedhof untersagt. Alles verwilderte – bis 1992 die Renovierung begann. Die Kirche befindet sich im Ortsteil Gütz. In der Florian-Geyer-Straße.

1540

Herzog Heinrich von Sachsen führt in Gütz die Reformation ein.

Leipzig - Die Geschäftsstadt

Leipzig als Lutherstadt? Nun gut. Leipzig ist die Metropole im östlichen Deutschland, aber Lutherstadt nennt sie sich nicht. Dennoch gibt es viele Verbindungen zu Luther. Zum Beispiel druckte der Leipziger Drucker Melchior Lotter 1519 als erster Luthers 95 Thesen als Plakatdruck und gab insgesamt mehr als 160 Schriften des Reformators heraus. In kurzer Zeit wurde Luthers Lehre im ganzen Land bekannt. Die Leipziger Buchdruckerkunst verschaffte Luther die notwendige Öffentlichkeit.

Erstmals weilte Luther im Oktober 1512 in Leipzig. Er wollte 50 Gulden abholen, die Kurfürst Friedrich der Weise für seine Promotion bewilligt hatte. Den Weg von Wittenberg nach Leipzig und zurück, immerhin 150 km, ging er zu Fuß.

Luthers wichtigster Besuch in Leipzig fand vom 24. Juni bis zum 16. Juli 1519 statt. Anlass war die Disputation, auch Leipziger Kirchenschlacht genannt, die in der Hofstube der **Pleißenburg** stattfand. Luther disputierte mit Johannes Eck, dem Vertreter des Papstes. Das Ergebnis war ein Bruch mit der römisch-katholischen Kirche. Während dieser Zeit wohnte Luther mit Melanchthon und Karlstadt in der Herberge des Buchdruckers Melchior Lotter in der Hainstraße. Und bei fast jeder Reise, die ihn in den Süden führte, kam Luther durch Leipzig. Die Historiker zählen sieben Aufenthalte.

Die Reformation wurde zu Pfingsten 1539 in Leipzig eingeführt. Dies war möglich geworden, nachdem Herzog Georg der Bärtige (1471-1539) verstorben war. Luther kränkelte in diesen Tagen und musste die erste Predigt in der **Nikolaikirche** absagen, doch zur Nachmittagsvesper in der **Thomaskirche** konnte er den Gottesdienst halten. Ob die historischen Berichte der Wahrheit entsprechen, kann nicht mehr festgestellt werden, aber es sollen sich solche Menschenmassen eingefunden haben, dass man sogar Leitern an die Kirchmauern stellte und die Fenster eindrückte, um den Reformator zu hören. Die Thomaskirche ist also die Reformationskirche in Leipzig, wenn man so will. In der Nikolaikirche gibt es jedoch eine „Lutherkanzel", die noch aus seiner Zeit stammt, auf der Luther aber nie gestanden hat.

Luther hatte über Leipzig eine sehr pointierte Meinung: *„Leipzig ist wie Sodom und Gomorra. Mit Hurerei und Wucher überschüttet,* *darum kann's ihnen nicht wohl ergehen. Es geschieht ihnen recht: Sie wollten's nicht anders haben. Ich bin dagewesen, will aber nun nicht mehr hinkommen...*", sagte er bei einer seiner Tischreden.

In Leipzig gibt es einen Lutherweg mit zwölf Anlaufstellen. Viel Authentisches findet man jedoch nicht mehr. Besuchen kann man zumindest den Ort des „Hauses zum Birnbaum", ab 1832 „Hotel de Pologne" (heute Hainstraße 16-18). Hier wohnte Luther 1519 bei seinem Freund Melchior Lotter. Am Ort des **Auerbach-Hofs** (heute: Mädler-Passage) wohnte Luther 1539 bei seinem Freund Stromer von Auerbach. Und schließlich verweist der **Thüringer Hof** auf Luther. Die Lutherstuben von Auerbachs und Thüringer Hof entstanden allesamt in Nach-Luther-Zeiten. Ob die Speisen nach Originalrezepten gekocht sind, ist hirstorisch nicht belegbar. Ein wichtiger Ort ist natürlich die **Pleißenburg**, 1519 Schauplatz der Leipziger Disputation. Leider ist auch dieser Bau zerstört: Man steht vor dem Neuen Rathaus. In der Kapelle der ehemaligen Pleißenburg hielt Luther am 24. Mai 1539 seine erste Predigt. Die zweite folgte in der Thomaskirche am 25. Mai. Natürlich erinnern viele Kirchen an Luther: die Nikolai-Kirche, die Thomas-Kirche und natürlich die **Universitätskirche**, in der Luther am 12. August 1545 seine dritte Predigt in Leipzig anlässlich der Einweihung als evangelische Kirche hielt. 1968 wurde die Kirche gesprengt, nunmehr im Rahmen des Universitätsneubaus wieder errichtet, gleichzeitig auch als Gedenkstätte für Luthers Widersacher Tetzel.

Leipzig nennt sich nicht Lutherstadt. Das ist auch gut so, denn es wäre wohl gelogen: 84 Prozent ihrer Einwohner gehören keiner christlichen Religion an. Leipzig ist wohl eher Atheisten-Stadt. Sie braucht keinen Ablass mehr, aber auch keinen Luther. Nur 12 Prozent der Bewohner sind evangelisch. Doch fühlen sich die Menschen in der Stadt wohl, Leipzig wächst, jedes Jahr ziehen an die 10.000 Menschen zu, Studenten bekommen einen Zuzugsbonus.

Zumindest begeistern sich viele für den Leipziger Thomaschor. Der hat auch schon über 800 Jahre auf dem Rücken. Womit wir wieder bei Luther wären, der meinte: *„Sie [die Musik] ist die beste Labsal für einen betrübten Menschen!"*

Wo die Leipziger Mut-Kirche ist

Die Nikolaikirche ist die Friedenskirche. Da verblassen selbst Luther und Bach zumindest ein bisschen. Aber sie könnten gut die Friedensväter sein.

Die Nikolaikirche ist eine Mut-Kirche. So war es schon 1165: Es gehört schon Mut dazu in Folge der Verleihung des Stadt- und Marktrechtes einen monumentalen Kirchenbau zu planen. Sie weihten ihn dem Heiligen Nikolaus, dem Schutzpatron der Handelsleute und Reisenden.

Ursprünglich eine romanische Kirche, wurde sie später umgewandelt in eine spätgotische Hallenkirche. Mut zeigten die Bürger 1539, als sie die Reformation in Leipzig einführten und den mutigen Pfarrer Johannes Pfeffinger in St. Nikolai als ersten Superintendenten der Stadt beauftragten.

In den Jahren 1723-1750 zeigte Johann Sebastian Bach Mut. Seine lebendige Musik war schon sehr unkonventionell als kirchenmusikalische Gestaltung der Gottesdienste. Eine Stele zu Ehren Bachs wurde 1998 nahe des Eingangs aufgestellt.

Mut bewiesen die Kirchenleute auch bei Großinvestitionen: Sie beauftragten den Weißenfelser Orgelbaumeister Friedrich Ladegast mit dem Bau einer spektakulären Orgel. 1862 wurde sie eingeweiht: 6804 Pfeifen, 103 Register und fünf Manuale, die größte Kirchenorgel Sachsens, ein Anwärter für das Guiness-Buch.

Viel Mut benötigten die Streiter der „Offenen Kirche". Die Friedensgebete hatten in dieser Kirche ihre Heimat: Seit 1982 jeden Montag um 17 Uhr. Und ab Herbst 1989 die gewaltfreien Montagsdemonstrationen. Wir kennen das Ergebnis: Zusammenbruch des DDR-Staates und Einheit Deutschlands. Ohne Blutvergießen: Ein schier biblisches Wunder in modernen Zeiten.

Aber auch Mut für neue Energiekonzepte: Ab 1999 wurde das Süddach der Kirche renoviert und bei dieser Gelegenheit eine Solarstromanlage installiert. Ein deutliches Signal für den ökologischen Umbau.

Die Nikolaikirche befindet sich mitten in der Stadt, am Nikolaikirchhof 3. Nicht geklärt ist die Frage, warum die Kanzel Lutherkanzel heißt, obwohl der Reformator nie auf ihr stand und predigte.

1539

Johannes Pfeffinger führte in St. Nikolai als erster Superintendent der Stadt die Reformation ein.

Wo das Denkmal für den Gegner steht

„Sobald das Geld im Kasten klingt, die Seele in den Himmel springt." Tetzel, 1465 in Pirna bei Dresden geboren, trat 1489 in das Dominikanerkloster St. Pauli ein. Dort widmete er sich ab 1504 einem interessanten Geschäftsmodell: dem Ablasshandel. Gegen Zahlung eines Geldbetrages erhielten die Gläubigen, wahrscheinlich auch die Ungläubigen, die Vergebung ihrer Sünden zugesagt. Bis zum Ende des 15. Jahrhunderts war dies streng geregelt: nur bestimmte Sünden waren „geldwert" und auch sie konnten keinesfalls ohne tätige Reue erlassen werden. Als Rom jedoch immer mehr Geld für den Bau des Petersdomes benötigte, wurden diese Regeln nach und nach gelockert; schließlich zählte nur noch der Geldbetrag. Auch für Verstorbene konnte man Ablässe kaufen. Albrecht von Brandenburg hatte sich bei den Fuggern verschuldet. Da kam ihm eine Idee zur Tilgung seiner Schulden: Er beauftragte Tetzel mit dem Verkauf eines „Jubiläumsablasses" für den Petersdom und für die eigene Portokasse.

1517 hielt Tetzel sich in der Kirchenprovinz Magdeburg auf. Er hatte viel Zulauf, auch Wittenberger eilten hinzu, denn Geld zu zahlen zur Befreiung von aller Sündenschuld ohne Buße war ein sehr attraktives Angebot. Luther, Beichtvater vieler Wittenberger, bemerkte dies voller Ärger. Die Folgen sind bekannt: Die 95 Thesen, die er als Reaktion in Wittenberg anschlug, lösten die Reformation aus.

Kein Denkmal für Tetzel? Doch, jedenfalls ein bisschen. Er ist beerdigt im Paulinum, der Aula und Universitätskirche St. Pauli, früher Paulinerkirche, Teil eines ehemaligen Dominikanerklosters, in dem Tetzel gelebt hatte. Trotz seiner häufigen Abwesenheit wegen seiner Ablasspredigtreisen war er immer Angehöriger des Klosters und kehrte 1518 dorthin zurück. 1519 starb er im Kloster. Luther verdammte Tetzel nicht: Kurz vor seinem Tod am 11. August 1519 schickte er ihm einen Trostbrief.

Das Paulinum gehört zur Universität und befindet sich am Augustusplatz stadt-
einwärts. Auf der einen Seite befindet sich die Oper, auf der anderen Seite das
Gewandhaus. Die Gedenkaula wird 2015 fertig gestellt.

1519

Am 11. August starb der Ablassverkäufer Tetzel im Dominikanerkloster in Leipzig. Es ist nicht
bekannt, wie viele Ablassbriefe er für sein eigenes Seelenheil gekauft hatte.

48 LEIPZIG: THÜRINGER HOF
Wo Luther dinierte und übernachtete

Im Herzen Leipzigs, wenige Meter von der Thomaskirche entfernt, befindet sich der Thüringer Hof, erkenntlich an den großen schmiedeeisernen Kandelabern und dem historischen Eingangsportal. Heinrich Schmiedeberg, der die altehrwürdige Gaststätte 1515 besaß, war ein Freund Luthers. Kein Wunder, dass Luther häufiger in diesem Haus nächtigte.

Dies soll ein Lutherbrief von 1520 beweisen, in dem Martin Luther seinem Freund Spalatin mitteilte, dass ihm Schmiedeberg in seinem Testament 100 Gulden vermacht habe. Der Originalbrief ist leider 1943 bei dem großen Bombenangriff zerstört worden.

Man verstand es, Luther zu vermarkten: 1933 entstand aus einer kleinen Lutherstube die Lutherhalle. So nehmen die Besucher Platz unter Kreuzgewölben, Kronleuchtern, sehen Lutherabbildungen in den Glasfenstern und gedenken beim Luthermahl an den Reformator. Dieses beginnt mit einer deftigen Schlachtfestsuppe mit Fadennudeln, gefolgt von einem Eisbein mit hausgemachtem Sauerkraut und Erbspüree und endet mit einem Bratapfel in Weißwein gedünstet. Wohl bekomm's.

Nicht weit entfernt befindet sich Auerbachs Keller. Seit 1525 werden hier Gäste verköstigt. Der Gründer Heinrich Stromer von Auerbach war im 16. Jahrhundert einer der aufgeklärten Personen Leipzigs und ebenfalls ein Freund Luthers. Auch bei Stromer dinierte Luther, aber nicht in den heutigen Räumlichkeiten. Die entstanden nach Luther.

Festzustellen ist: In Leipzig gab es genügend Feinde, die Luthers Tod wollten. Deshalb quartierte sich Luther immer bei seinen Freunden ein. Außerdem war Luther ein Freund von gutem Essen und Trinken. Da boten sich Wirtsfreunde an. Aber Achtung: Nicht alles, was heute als Luthermahl angeboten wird, ist authentisch.

Der Thüringer Hof befindet sich in der Burgstraße 19, Auerbachs Keller in der Grimmaischen Straße 2-4. Beide Gastwirtschaften sind im Zentrum gelegen. Sie eignen sich gut für eine Besichtigungsrast.

1520

Ein Lutherbrief an Spalatin aus diesem Jahr bewies, dass ihm sein Freund Schmiedeberg in seinem Testament 100 Gulden vermacht habe.

Wo ein wichtiges Gespräch stattfand

Man kann sich das vielleicht so vorstellen: Luther und Melanchthon fuhren nach Leipzig, von ungefähr 200 mit Spießen und Handäxten bewaffneten Studenten begleitetet. Notfalls war man bereit, sich mit Waffen zu verteidigen, obwohl Herzog Georg von Sachsen freies Geleit zugesichert hatte. Denn schon damals galt: Macht ist besser als Vertrauen.

Der Herzog lehnte die reformatorischen Ideen ab. Mit der Disputation wollte er offiziell feststellen lassen, dass Luthers Theologie ein Irrweg sei. Klare Ansage. Austragungsort war die Hofstube der Pleißenburg. Am 27. Juni 1519 wurde das Rededuell dann von Karlstadt und Eck eröffnet. Erst später trat Luther auf. Die Hofstube war bis auf den letzten Platz besetzt. Jeder wollte den Star hören, auch Herzog Georg mit seinem Gefolge und die Leipziger Professoren.

Da traten zwei unterschiedliche Menschen an: In der einen Ecke der füllige Johannes Eck mit seiner ehernen Stimme; in der anderen der noch schlanke Luther. Eck verteidigte scharf die Lehrautorität des Papstamtes und dessen Unfähigkeit zu irren. Luther beharrte, dass allein aus der Schrift die Ansprüche des Papstes nicht zu begründen seien.

Martin Luther selbst berichtet später über das Gespräch: *„Er drang tapfer vor, indem er mich als einen Häretiker und Beschützer des böhmischen Ketzers Hus beschuldigte. Und schließlich wurde auch über die Autorität des Konzils disputiert."* Luther bekannte: Konzilen können irren und ein Primat des Papstes gibt es nicht. Tumulte im Saal, der Herzog ist empört. Luther kommentierte später: *„Vorläufig bekommt Eck den Beifall, er spielt nun den Meister, aber nur solange, bis wir das unsere veröffentlicht haben werden."* Der Ausgang war unentschieden. Jedoch hatte sich Luther zwei Feinde gemacht: den Sachsenherzog und Johannes Eck, der solange keine Ruhe gab, bis er in Rom die Bannbulle gegen Luther durchgesetzt hatte.

Die Pleißenburg gibt es leider nicht mehr. Sie wurde 1897 abgerissen. An ihrer Stelle steht nun das Neue Rathaus. Der Straßenname steht für Gedenken: Martin-Luther-Ring 4-6. Seit 1905 befindet sich in dem Bau die Stadtverwaltung, u.a. auch das Kulturamt.

Orte der Friedli...

1519

Am 27. Juni begann die Disputation. Die Hauptkontrahenten waren Eck und Luther.

Wo sich Bach und Luther eine Kirche teilen

Eigentlich sind Thomaskirche und Bach eine Einheit, steht der große Musiker doch draußen auf dem Platz. Aber es gibt auch enge Beziehungen zu Luther: Am 27. Juni 1519 begann in Leipzig die Disputation mit einem Gottesdienst. Martin Luther predigte in der Thomaskirche und führte dort mit seiner Pfingstpredigt am 25. Mai 1539 die Reformation in Leipzig ein. Im Inneren der Kirche erinnert eine Bronzetafel an dieses bedeutsame Ereignis.

Die Thomaskirche geht auf das 12. Jahrhundert zurück. Zwischen 1492 und 1496 erhielt sie die Gestalt einer spätgotischen Hallenkirche. Bis auf den Turm, der seine endgültige Gestalt erst 1702 erhielt, hat sich seitdem an der Architektur der Thomaskirche nicht viel geändert.

Hier singt seit 1212 der Thomanerchor, die älteste kulturelle Einrichtung der Stadt. 800 Jahre Musica Sacra überdauerte alle politischen und religiösen Auseinandersetzungen. Wichtigster Kantor war Johann Sebastian Bach (1723 bis 1750). Es ist auch ihm zu verdanken, dass die Thomaskirche ein Zentrum protestantischer Kirchenmusik wurde.

So präsentieren sich die Maße der Thomaskirche heute: Insgesamt 76 m lang, 25 m breit und 18 m hoch. Das Dach verfügt über sieben Ebenen, der Turm ist 68 m hoch. Kunstwerke gibt es viele, man sollte sie in Ruhe betrachten. Nur eines sei genannt: die Fenster auf der Südseite des Langhauses. Die Auswahl zeigt Portraits, die den Leipzigern anscheinend viel bedeutet haben: von Ost nach West gibt es Gedächtnisfenster für die Gefallenen des Ersten Weltkrieges, König Gustav II. Adolf von Schweden, Johann Sebastian Bach, Martin Luther mit Kurfürst Friedrich dem Weisen von Sachsen und Philipp Melanchthon, Felix Mendelssohn Bartholdy, Kaiser Wilhelm I. und schließlich 2009 das Friedensfenster.

Eine Besonderheit der Stadt sind die Leipziger Lerchen. Bis 1876 wanderten jährlich Hunderttausende der Singvögel in die sächsischen Kochtöpfe. Seit dem Verbot des Vogelfangs werden köstliche Gebäckteilchen als Leipziger Lerchen verzehrt.

Die Thomaskirche befindet sich mitten in der Stadt am Thomaskirchhof. Gegenüber befindet sich das Café Kandler.

1539

Am 25. Mai hielt Luther in der Thomaskirche eine Pfingstpredigt. Damit wurde die Reformation in
Leipzig eingeführt.

Wo die Kastenordnung entwickelt wurde

Leisnig liegt inmitten des größten Obstanbaugebietes Sachsens, wunderbar eingebettet in die idyllische Muldenlandschaft. Historisch bedeutend ist die Stadtkirche St. Matthäi.

Zurück in die Reformationszeit. Bereits zwei Jahre nach dem Thesenanschlag Luthers beschloss man in der Gemeinde der Stadtkirche St. Matthäi die Reformation im Wort und natürlich auch in der Sakramentsverwaltung. Das bedeutete: Keine Abhängigkeit mehr vom Kloster Buch, sondern selbst sozial agieren, und dabei „entlaufenen" Mönchen helfen. Die Bürger luden Martin Luther ein, zur Beratung über eine Sozialordnung in die Bergstadt zu kommen. 1522 sowie 1523 weilte er daraufhin jeweils für mehrere Tage in Leisnig. Aus den intensiven Gesprächen entstand die „Leisniger Kastenordnung", das älteste Sozialpapier der Welt. Martin Luther schrieb persönlich das Vorwort. Die Kastenordnung regelte die Verwaltung der Gelder. Der Name leitet sich von einem Kasten mit vier großen Schlössern ab, in dem das Kirchenkapital aufbewahrt wurde. Eine Kopie sowie Erklärungen finden sich im Eingangsbereich der Stadtkirche.

Bereits 1529 hatte Magister Wolfgang Fueß, ein Freund Martin Luthers, seine Tätigkeit als erster Superintendent aufgenommen, so dass Leisnig (heute Leisnig-Oschatz) zu den ältesten lutherischen Gemeinden gehört. Interessant ist auch die Ahnengalerie in der Kirche, nicht von Fürsten oder Rittern, sondern von den Superintendenten seit 1619. Wer sich mehr über diese Sozialcharta informieren möchte, gehe ins Stadtgut Leisnig. Es beherbergt eine Dauerausstellung zur Leisniger Kastenordnung.

Das Stadtgut ist ein Bürgerhaus aus dem frühen 16. Jahrhundert. Nach dem Stadtbrand von 1510 soll das Gebäude unter Verwendung von Resten des Vorgängerbaus errichtet worden sein. Also ein historisch wertvolles Gebäude, das 2004 ebenso wertvoll und sensibel restauriert wurde.

Das Stadtgut befindet sich in der Kirchstraße 15. Schräg gegenüber, bergab-wärts, befindet sich die Stadtkirche St. Matthäi. Bergaufwärts kommt man zum Marktplatz mit dem Rathaus.

1522

In Leisnig entsteht die „Leisniger Kastenordnung", das älteste Sozialpapier der Welt. Martin Luther hat dazu das Vorwort geschrieben.

Wo der Patron für
die Kassettendecke bezahlte

Zu Luthers Zeiten führte der schnellste Weg von Wittenberg nach Leipzig über Kemberg und Löbnitz, weil sich hier eine Brücke über die Mulde spannte.

Seit dem 13. Jahrhundert gab es die Löbnitzer Kirche, einen Backsteinbau in Form einer dreischiffigen romanischen Pfeilerbasilika. Irgendwann wurde die Westvorhalle zum Turm umgebaut, im 17. Jahrhundert erfolgte der Umbau zu einer Saalkirche.

Luther scheint sich im Ort häufiger aufgehalten zu haben. Er war mit Hans von Schönfeld freundschaftlich verbunden, dem Bruder von Ave von Schönfeld, die in der Osternacht 1523 unter den geflohenen Nonnen war. Als Ehemann bekannte Luther: *„Wenn ich vor dreizehn Jahren hätte wollen freyen, so hätt ich wohl die Ave Schönfeldin genommen, die jetzt der Dr. Basilius Medicus in Preußen hat. Meine Käthe hatte ich dazumal nicht lieb, denn ich hielt sie verdächtig, als wäre sie stolz und hoffärtig.“*

Die Kirche ist heute weithin berühmt wegen der Renaissance-Holzkassettendecke, die sog. Löbnitzer Bilderbibel. Sie zeigt farbenprächtige Bilder aus dem Alten und Neuen Testament. Dabei war dies nur eine Verlegenheitslösung. Überall in den deutschen Landen fehlte es an Fachkräften für das Mauern von Kirchengewölben. Also gab es in Barockzeiten vermehrt Kirchen ohne Gewölbe, stattdessen mit Flachdecke. Je nach Finanzkraft der Gemeinde wurden solche Decken entweder nur verputzt und gestrichen oder umfangreich und kunstvoll ausgemalt. Beliebt waren biblische Motive. Mit der Bemalung der Decke wurde 1691 der Kunstmaler Christian Schilling aus Delitzsch beauftragt. Er trug die Bemalung direkt auf die Deckenbretter auf und begrenzte die Bilder mit Holzprofilleisten, so dass der Eindruck einer Kassettendecke entstand.

Etwas Statistik: Die Decke ist in 250 Felder geteilt, je 10 Felder in Nord-Süd- und je 25 Felder in Ost-West-Richtung. 168 Felder sind mit Bildern versehen.

Löbnitz wurde durch den Braunkohletagebau verschandelt, aber die Wunden sind inzwischen geflutet, rekultiviert und bald Erholungslandschaft. Der Seelhauser See ist 6,22 km² groß. Die Staatsstraße 12 von Bad Düben zur Landesgrenze bei Pouch führt durch Löbnitz. Südlich der Gemeinde verläuft die B183a. Die Kirche befindet sich in der Delitzscher Straße.

1691

Mit der Bemalung der Decke wurde der Kunstmaler Christian Schilling aus Delitzsch beauftragt.

Mansfeld,
Die Heimatstadt

Mansfeld war für Luther Erinnerung an seine Kindheit und Jugendzeit. Hier wurde er eingeschult, ging die ersten Jahre zur Schule. Das prägt. Seine Verwandtschaft lebte im Mansfelder Land. Der Reformator fühlte sich sein Leben lang als Landeskind der Mansfelder Grafen und pflegte auch gute Beziehungen zu ihnen. So trifft der ihm zugeschriebene Ausspruch *„Ich bin ein Mansfeldisch Kind"* wohl zu. Zu Recht nennt sich Mansfeld daher Lutherstadt.

Mansfeld war im Mittelalter eine prosperierende Stadt mit Stadtrechten ab 1400. Wichtig waren der Kupfer- und Silberbergbau sowie die Kupferverarbeitung in den Hütten, bereits seit 1200. Bis zu 40.000 Zentner Kupfer wurden jährlich exportiert. Für Hans Luder, Luthers Vater, war dieser wirtschaftliche Faktor der Grund, dorthin zu ziehen. Luthers Elternhaus gehörte der gehobenen gesellschaftlichen Schicht an. Das Anwesen bestand aus einem großen Wohnhaus mit Wirtschaftsgebäuden, Stallungen und Vorratsräumen, die um einen Innenhof gruppiert waren. Heute ist davon nichts übrig geblieben als nur ein kleiner Teil vom Wohnhaus.

Martin Luther hatte lebenslang eine enge Verbindung zu seiner in Mansfeld lebenden Familie, seinen Eltern, den drei Schwestern und dem Bruder Jacob. Dieser trat in die Fußstapfen seines Vaters, war im Bergbau tätig und übernahm politische Ämter in Mansfeld. Dazu gehörten auch vielfältige Beziehungen der Familie zu den Grafen von Mansfeld.

Dabei war das Verhältnis der Grafen untereinander nicht eben einfach. In der Reformation blieben die Mitglieder der Vorderorter Linie strenge Katholiken, die Linien der Mittelorter und Hinterorter Mansfelder waren begeisterte Verfechter der evangelischen Lehre. In den Religionskriegen kam es vor, dass sich die Mansfelder Ritter auf beiden Seiten der Schlachtordnung fanden.

Um 1515 hatte Graf Albrecht das St. Annenkloster in der Neustadt von Eisleben gegründet und fand nicht genügend Personal. Luther sprang ein und schickte ihm mehrere Augustinermönche.

Auf der Heimreise von Augsburg nach Wittenberg 1518 begegnete Martin Luther bei Gräfenthal dem Grafen Albrecht. Der Graf lud ihn ein, sein Gast zu sein. Seit diesem Ereignis waren die Beziehungen der beiden zueinander eng, freundschaftlich und dauerhaft.

1523 stellte der Graf Michael Stiefel als Hofprediger auf Schloss Mansfeld ein. Stiefel, ein ehemaliger Augustiner, war ein glühender Verehrer von Martin Luther sowie dessen Lieblingsschüler. Stiefel verkündete Luthers Lehre aber nicht nur auf dem Schloss, sondern auch in der Mansfelder Stadtkirche. Kein Wunder also, dass in Burg und Stadt bereits zu Beginn der 1520er Jahre der protestantische Glaube fest Fuß gefasst hatte.

Luther besuchte häufiger die Mansfelder Grafen, um Streitigkeiten zu schlichten. So auch im Januar 1546 bei seiner letzten Reise. Seine Söhne begleiteten ihn. Die Verhandlungen waren anscheinend erfolgreich, aber Luther war zu schwach für die Rückreise: Am 18. Februar 1546 starb der Reformator. Graf Albrecht und seine Gemahlin wurden Zeugen, wie Martin Luther die Augen für immer schloss. Sein Tod bestürzte den Grafen sehr, hatte er doch einen Freund und Ratgeber verloren, der ihn 30 Jahre begleitet hatte. Pfarrer und Chronist der Grafschaft Mansfeld war später Cyriakus Spangenberg, ein Schüler Luthers. Er feierte am Martinstag des Jahres 1562 in einem Gottesdienst das erste Luthergedenken überhaupt.

In Mansfeld gedachte man in den folgenden Jahrhunderten Luthers nicht sehr intensiv. Erst gegen Ende des 19. Jahrhunderts, als die Reste des Luther'schen Elternhauses abgerissen werden sollten, erwachte Interesse. Ein eigens gegründeter Lutherhausverein bemühte sich um den Erhalt des lutherischen Anwesens und baute das Haus im Jahr 1885 aus und um: unten eine Diakonissenstation, im Dachgeschoss ein kleiner Museumsraum, der an Martin Luthers Kinder- und Schulzeit erinnern sollte. Ab 1936 offiziell Luthermuseum, ist es jetzt erst in der Öffentlichkeit bekannt.

An den Reformator erinnern das **Elternhaus,** mittlerweile ein äußerst interessantes Museum, das 1913 ihm zu Ehren aufgestellte **Lutherdenkmal** (Lutherbrunnen) und die ehemalige **Stadtschule** (Rektorat), der 1893 der Ehrenname Lutherschule verliehen wurde. Und natürlich die Stadtkirche **St. Georg.**

Wo Luther seine Kindheit verbrachte

Manchmal sind Straßenbaumaßnahmen sehr aufschlussreich. 2003 fand man dabei am ehemaligen Grundstück der Familie Luther eine Abfallgrube. Aus den Funden, etwa ein Becher, Zapfhahn oder Kochtopf, konnte man die Lebensumstände der damaligen Familie Luther gut rekonstruieren.

Am 10. November 1483 wurde Martin Luther in Eisleben geboren. Noch im gleichen Jahr zog Hans Luder mit seiner Familie nach Mansfeld und quartierte sich in der Straße Stufenberg 2 zur Miete ein. Dieses alte Wohnhaus wurde um 1805 wegen Baufälligkeit abgerissen.

Vater Hans Luder arbeitete im Berg- und Hüttenwesen. Die ersten Jahre waren für die Familie schwierig, aber der erfolgreiche Vater konnte sich hocharbeiten, wurde sogar Ratsherr. 1491 erwarb er das Haus gegenüber dem Goldenen Ring, jetzt Lutherstraße 26. Hier wohnte Martin Luther mit seinen Eltern und Geschwistern, bis er 1497 nach Magdeburg ging. Martin und die acht Geschwister wurden sehr streng erzogen. Man berichtet, dass die Mutter abergläubisch, der Vater praktisch und geradlinig war.

Im Frühjahr 1488 besuchte Martin Luther zum ersten Mal die neben der St. Georgskirche gelegene Mansfelder Schule. Dort lernte er Lesen, Schreiben, Rechnen, Singen und die Anfänge des Lateinischen. Ob Martin ein guter oder schlechter Schüler war? Er hat sich jedenfalls Mühe gegeben. Die Rute war noch recht gebräuchlich und Vater wie auch Lehrer setzten sie häufig ein. Im Frühjahr 1497 verließ Martin Luther als 13-Jähriger Mansfeld.

Seit 2008 ist das Elternhaus städtisches Eigentum, das man lange renoviert hat. In einem Neubau gegenüber ist ein Museum zu Luthers Kindheit eingerichtet, in dem die Fundstücke der Straßenbauarbeiter gezeigt werden. Sie geben ein gutes Bild vom Leben der Luthers ab.

Das Elternhaus und das Museum befinden sich in Mansfeld in der Lutherstraße 26. Sie sind leicht zu finden, aber Parken ist schwierig. Am besten lässt man das Auto in der Friedensallee stehen.

1483

Hans Luder zog mit seiner Familie nach Mansfeld und quartierte sich in der Straße Stufenberg 2 (heute Spangenberggasse 2) ein.

Wo die Freunde Luthers lebten

Die Mansfelder: Schöne Freunde hatte Luther, könnte man sagen. Im Jahr 1069 wurden die Mansfelder vom Kaiser zu Gaugrafen von Hassegau ernannt, das Land hierzu den Wettinern weggenommen. Diese hatten sich gegen den Kaiser gestellt. Strafe muss sein.

Die Mansfelder agierten zunächst mit ihren Bergbau- und Münzrechten sehr erfolgreich, investierten in Hüttenbetriebe und Schachtanlagen. 1229 starb der letzte männliche Mansfelder. Die Besitzungen gingen über die Töchter an die Herren von Querfurt, die sich aber bald ebenfalls „von Mansfeld" nannten.

Diese Mansfelder hatten ein Problem: zu viele Kinder. Keine Familie hatte weniger als sechs Kinder, eine sogar 22! Wenig weise, kam es zu Erbteilungen. Die erste (1501) teilte Mansfeld in Mansfeld-Vorderort, -Mittelort, und -Hinterort. Die Erben versuchten zwar die Grafschaft gemeinsam zu regieren, was aber in Streitigkeiten endete. Luther wurde zu Schlichtungsgesprächen eingeladen. Die Zeche zahlten die einfachen Menschen in der Grafschaft. Die Abgaben wurden mehrmals erhöht.

In der Reformationszeit eskalierten die Konflikte: Die Vorderorter blieben streng katholisch, die Mittel- und Hinterorter waren Freunde von Luther und glühende Verehrer der neuen Lehre. 1525 führten sie das evangelische Bekenntnis in ihren Orten ein. Jobst I. und Albrecht VII. gehörten 1530 sogar zu den Unterzeichnern des Augsburger Bekenntnisses. Ihre Untertanen profitierten davon nicht. Die Abgabenlast blieb auch bei den Evangelischen groß. Die Bauernaufstände wurden blutig und mitleidslos niederschlagen.

1563 wollten die Vorderorter ihre Besitzungen erneut teilen. Da die gesamte Sippe aber hoch verschuldet war, wurden sie enteignet, und die Wettiner gelangten nach 500 Jahre wieder in ihren ursprünglichen Besitz.

Die Adresse ist einfach: Schloss 1. Die Anfahrt ist nicht ganz so einfach. Das Schloss befindet sich im Ortsteil Rammelburg. Von Mansfeld erreicht man es nach 14 km, über die B242. Heute befindet sich im Schloss, historisch sinnvoll, die Christliche Jugendbildungs- und Begegnungsstätte Schloss Mansfeld.

1710

starb der letzte auf Schloss Mansfeld wohnende Graf. Damit endete die Familienfolge im Mannes-stamm.

Wo Luther als Ministrant auftrat

Wuchtig und massiv, eine stattliche Hallenkirche. Als Ministrant kannte Luther sie jedoch nicht, denn erst 1497 wurde mit dem Bau der spätgotischen Kirche begonnen. Luther ministrierte in der romanischen Vorgängerkirche. Doch die heutige Hallenkirche kannte er natürlich auch schon, kam er doch in späteren Jahren immer wieder in seine Heimatstadt Mansfeld zurück.

Fast hätten aber wir diese Kirche nicht mehr sehen können, denn die Bausubstanz war recht heruntergekommen, die Kirche fast Ruine. Dringend musste das Dach saniert werden, um den Witterungsschäden Einhalt zu bieten. Erst nach der Wende wurden mit dem Lutherprogramm Gelder bereitgestellt. Natürlich wollten die Verantwortlichen die Ministrantenkirche Luthers erhalten. Mansfeld ist schließlich Luther-Grund.

Man begann also mit dem mächtigen Dach. Als dies abgedichtet war, konnte man die Zinkwannen und Eimer zum Auffangen des Regenwassers wegräumen. Das war höchste Zeit, denn die Kunstwerke in der Kirche hatten gelitten. Nun übernahmen die Restauratoren. Eine Besonderheit ist die Brüstungsmalerei an der Empore. Das Entstehungsjahr ist unbekannt, der Künstler ebenso. Es handelt sich um einen Bilderreigen mit Szenen aus dem Neuen Testament. Die Kunsthistoriker rätseln, ob die Bilder etwas mit Cyriakus Spangenberg (1528-1604) zu tun haben. Der Theologe und Schüler Luthers wurde 1553 zum Stadt- und Schlossprediger in Mansfeld berufen. Er war ein glühender Anhänger der Reformation, aber auch recht streitbar. Bis er selbst der Ketzerei beschuldigt wurde. Als 1575 Truppen des Erzstiftes Magdeburg aus Halle einmarschierten, floh Spangenberg aus Mansfeld.

Die Kunsthistoriker meinen, dass die Bildertafeln aus dieser Zeit stammen und vielleicht etwas über die Religionsstreitigkeiten aussagen. Wir werden es erfahren, wenn die Forschung so weit ist.

Wichtigste Sehenswürdigkeit in der Kirche ist das Bild *Die Auferstehung Christi* aus der Cranachwerkstatt. Interessant ist weiterhin das *Lutherbild* (1540): Es ist das einzige Ganzportrait Luthers und zeigt ihn in vollem Ornat.

1553

Der Theologe und Schüler Luthers wurde zum Stadt- und Schlossprediger in Mansfeld berufen.

Woher die Luther-Sippe stammt

Erster Eindruck: Schöne Fachwerkhäuser. 1257 erstmals urkundlich erwähnt.

In Möhra waren die Vorfahren Luthers zu Hause. Einmal wird berichtet, dass Martin Luther selbst in Möhra weilte: Vom 3. auf den 4. Mai 1521 kurz vor seiner „Entführung". Auf dem Dorfplatz hielt er eine bewegende Predigt.

Die Lutherfamilie, die ihren Namen unterschiedlich schreibt, geht zurück auf einen seit etwa 1302 in Möhra ansässigen Ritter Wigand von Lüder, also auf das Adelsgeschlecht „von Lüder", stammend aus dem Ort Großlüder. Dieser Ort trug schon die unterschiedlichsten Namen: von Luodera bis Lutar. Der Namenswechsel hat also Tradition.

Die Luder-Sippe war begütert. Im 16. Jahrhundert besaß sie fünf Höfe in Möhra. Damit gehörte sie zu den alteingesessenen Bauernfamilien. Auch in den Nachbardörfern waren die Luders weit verbreitet. Martin Luther berichtete, nachdem er die Region besucht hatte, seine Großfamilie nehme *„fast die ganze Gegend ein."* Das eigentliche Stammhaus der Familie Luther existiert nicht mehr. Es muss sich aber in der Nähe der Kirche befunden haben. Irrtümlich galt lange Hans Georg Luthers (1656-1715) Haus an der Sorggasse als das eigentliche Lutherstammhaus.

Auch wenn Luthers Eltern schließlich ins Mansfeldische auswanderten und er als Sohn eines Berghauers zur Welt kam, legte Martin Luther Wert auf seine bäuerliche Herkunft: *„Ich bekenne, dass ich ein Bauernsohn von Möhra bei Eisenach bin."*

Die kleine Kapelle, die damals auf dem Kirchberg stand, war nur so groß wie der heutige Altarraum. Sie wurde erst im 16. Jahrhundert erweitert und später zur heutigen Lutherkirche ausgebaut. 1536 bis 1540 wirkte hier als erster evangelischer Pfarrer Heinrich Hermann. Er führte die Reformation ein. Auf dem Marktplatz gibt es noch ein Lutherdenkmal.

Möhra erreicht man über die B19 und biegt dann auf die L1023 ab. Informationen erhält man in den Lutherzimmern des Dorfgemeinschaftshauses „Zum wilden Moor". In der Ausstellung zum Thema *Martin Luther und Möhra* erfährt man mehr über Möhra als Stammort des Reformators.

1512

Martin Luther nannte sich um: aus Luder wurde Luther. Über einen kurzen Umweg in die lateinische Schreibweise, Eleutherius, wollte er dabei seinem Namen einen neuen Inhalt geben: Von nun hieß er *der Freie*.

57 MÜHLHAUSEN: KORNMARKTKIRCHE
Wo man des Bauernkrieges gedenkt

Mühlhausen ist architektonisch reich: elf gotische Kirchen, eine fast vollständig erhaltene Stadtmauer, ein prächtiges Rathaus und eine alte Synagoge. Einstmals war die Stadt der Türme, Tore und der Kirchen weithin bekannt. 59 Türme der Kirchen und der Stadtmauer bescherten der Stadt den Namen *Mulhusia turrita* – türmereiches Mühlhausen. Im Mittelalter galt Mühlhausen nach Erfurt als bedeutendste Stadt Thüringens.

Zu Luthers Zeiten predigte der radikale Reformator Thomas Müntzer in der Mühlhäuser Marienkirche und rückte die Stadt zu Zeiten des Bauernkrieges in den Mittelpunkt der deutschen Geschichte. 1524 und 1525 hielt er in der Stadt mit großem Erfolg aufrührerische Reden und begeisterte die unzufriedenen Bauern. Mit Vorliebe predigte er in der Marienkirche. Dort befindet sich auch seine Gedenkstätte. Müntzer wurde zum geistigen Führer des radikalen, reformatorischen Flügels im Bauernkrieg. Nach der Niederlage der Aufständischen bei Bad Frankenhausen wurde er gefangen genommen und vor den Toren Mühlhausens hingerichtet.

Am besten kann man diese Zeit in der Klosterkirche St. Crucis am Kornmarkt nachspüren. Sie war ursprünglich eine Bettelordenskirche. Nach grundlegender Restaurierung wurde sie 1975 zum Museum umgestaltet, das Thomas Müntzer gewidmet ist. Der große Innenraum der Hallenkirche beherbergt seitdem die Gedenkstätte Deutscher Bauernkrieg mit einer Ausstellung, die über den Verlauf, die Höhepunkte und die Nachwirkungen des Deutschen Bauernkrieges informiert.

Zudem gilt Mühlhausen als ein Zentrum protestantischer Kirchenmusik. Die dreischiffige Hallenkirche Divi Blasii war Wirkungsstätte von Johann Sebastian Bach. In der Marienkirche erklang zum ersten Male die Ratswahlkantate des jungen Bach.

Heute erlangt das Mühlhäuser Pflaumenmus einen gewissen Ruf. Es geht zurück auf eine Rezeptur aus dem Jahr 1908.

Die Sehenswürdigkeiten der Stadt sind gut ausgeschildert. Wegen der vielen Kirchen, historischen Bauten und der schönen Altstadt sollte man sich für einen Besuch Zeit nehmen.

1525

Nach der Niederlage der Aufständischen bei Bad Frankenhausen wurde Thomas Müntzer gefangen genommen und vor den Toren Mühlhausens hingerichtet.

Wo es „neues" Leben gibt

Eigentlich gilt das Gedenken nicht Neukieritzsch, sondern dem Gut Zöllsdorf, dem Witwensitz der Katharina von Bora, Luthers Ehefrau. Auf ihrem Gut erwirtschaftete Katharina Nahrungsmittel für den großen Haushalt in Wittenberg.

Nun können wir in Neukieritzsch ein Lutherdenkmal besuchen. Es zeigt die Bildnisse von Katharina und Martin Luther auf gusseisernen Medaillons. Ursprünglicher Standort des 1884 geweihten Denkmals war Zöllsdorf, das aber dem Bergbau zum Opfer fiel. Heute steht das Denkmal am Markt im Zentrum von Neukieritzsch. Auf der Rückseite findet sich die Inschrift: *„Zölsdorf 1540 von Luther seiner Katharina als Wittwensitz gekauft."*

Der Standort erscheint etwas unmotiviert, weil Neukieritzsch nun wirklich nichts mit Luther zu tun hat. Aber wir können an dieser Stelle der Opfer des Braunkohlebergbaus gedenken. Wie viele Ortschaften sind den Baggern geopfert worden? Wie viele Menschen mussten umziehen? Nun geht es in unseren Landen immer noch demokratisch zu und die Menschen wurden entschädigt, leben jetzt vermutlich wesentlich besser. Und dennoch muss man bedenken, dass der Braunkohlebergbau dieses Land zerstört, Spuren der Vergangenheit ausgelöscht hat.

Heute erscheint alles anders, es ist das größte deutsche Landschaftsumbaugebiet. Vor 20 Jahren noch stark von Bergbau und Industrie belastet, entwickelt sich eine renaturierte Landschaft. Ein Seenland ist entstanden. Und lockt wie ein riesiger Freizeitpark zu allen erdenklichen Aktivitäten, von Wandern bis Wassersport. Nun kann man darüber nachdenken, ob Deutschland zum Freizeitpark geworden ist.

Neukieritzsch ist irgendwie mittendrin und leidet an den vielen Eingemeindungen. Der Gemeinderat kämpft mit Straßenumbenennungen, weil es plötzlich mehrere Bahnhofstraßen gibt. Die Menschen kämpfen mit ihren Erinnerungen und brauchen vielleicht noch mehr Denkmäler.

Neukieritzsch ist ein Gemeindeverband, der sich aus vielen Orten zusammensetzt. Daher ist es durchaus etwas schwierig, sich zurecht zu finden. Man kann sich an die B176 halten und zum Bahnhof fahren. Über die Bahnhofsstraße kommt man zum Markt.

1540

Das Gut Zöllsdorf wurde von Luther seiner Katharina als Witwensitz gekauft. Das sollte die Lebensversicherung für seine Frau sein.

Wo sich die Nonnen emanzipierten

Frauen hatten es damals nicht leicht. Die beste Idee war oft: ein Kloster. Um 1291 bezogen Nonnen ein neu errichtetes Kloster bei Nimbschen. Dem Kloster gehörte umfangreicher Besitz an Elbe und Mulde. Doch das Klosterleben kommt nicht so richtig in Schwung. Das Kloster hat gegen Ende des 15. Jahrhunderts echte finanzielle Schwierigkeiten. Ein Kloster war wie ein autarkes Unternehmen. Gutes Management war wichtig. Reformen schienen zu helfen. Jedenfalls schienen der Orden und das Kloster in den 1520er Jahren wirtschaftlich gesundet zu sein.

1509 kam Katharina von Bora nach Nimbschen. Ihr Vater hatte für sie die geistliche Karriere bestimmt. Auch zwei Verwandte lebten bereits in dem Kloster, Blutsbande bestanden also. Am 8. Oktober 1515 wurde sie als Nonne eingesegnet. Dies waren gerade die Jahre, in denen reformatorisches Gedankengut auch Klostermauern überwand. Da mag es hitzige Diskussionen gegeben haben.

Es ist zweifelsohne nicht so einfach, alles hinter sich zu lassen, insbesondere die geschützte Welt eines Klosters. Die Flucht von zwölf Nonnen aus dem Kloster in der Osternacht 1523 verunsicherte nicht nur die Gemeinschaft der Nonnen, sondern stand auch für ein neues Selbstbewusstsein.

1529 wurde im Kloster der Gottesdienst nach evangelischen Grundsätzen eingeführt. Nach dem Tod der letzten Äbtissin 1536 wurde das Kloster aufgelöst, der Wirtschaftsbetrieb noch von einem Klosterverwalter fortgeführt. Von 1550 bis 1948 gehörte das Kloster Nimbschen zur Fürstenschule in Grimma. Von Pachterlösen wurden Freistellen an der Schule für begabte Schüler aus allen sozialen Schichten finanziert.

Sehenswert ist die friedliche Klosterruine allemal. Nur vom Hochwasser der Mulde ist sie bedroht, eben wie früher.

Im Hotel *Kloster Nimbschen* kann man gut den historischen Geschichten nachfühlen und über sie nachdenken. Wer auf andere Gedanken kommen möchte, kann die Tagungsmöglichkeiten und die Kulturscheune nutzen.

Von Grimma fährt man auf der Nimbschener Landstraße (oder der B107) entlang der Mulde 2,5 km nach Süden. Dann kommt man linker Hand zum Hotel Nimbschen. Unauffällig im Hintergrund befinden sich die Überreste des Klosters.

1515

Am 8. Oktober wurde Katharina von Bora als Nonne eingesegnet, nur acht Jahre später verließ sie mit Gefährtinnen heimlich das Kloster.

Nordhausen,
Die Hanse-Stadt

„Ich weiß keine Stadt am Harz oder sonst, welche sich dem Evangelio so bald unterworfen als die Stadt Nordhausen, dass wird sie vor Gott und allen anderen in jenem Leben Ehre haben." Mit diesen Worten äußerte sich Martin Luther lobend über den frühen Beginn der Reformation in Nordhausen. Zwei Mal besuchte er selbst die Stadt. Bereits 1516 hatte Martin Luther das hiesige Augustinerkloster visitiert. 1522 hielt Lorenz Süße, Prior der Nordhäuser Augustiner-Eremiten, die erste evangelische Predigt im Ort. Zwei Jahre später beschloss der Rat der Stadt dann offiziell die Einführung der Reformation. Treibende Kraft war der Bürgermeister Michael Meyenburg. Zu dieser Zeit lebte in Nordhausen der Reformator Johannes Spangenberg, welcher von 1524 bis 1546 als Pfarrer an der St. Blasii Kirche wirkte. Ihm ist zu verdanken, dass in bester evangelischer Art das Schulwesen der Stadt erneuert wurde.

1493 wurde Justus Jonas hier geboren, ein enger Mitarbeiter Martin Luthers und Philipp Melanchthons und einer der wichtigsten Organisatoren des evangelischen Kirchenwesens. Weniger begeistert war Luther sicherlich über das Auftreten von Thomas Müntzer. Aus diesem Grund sah er sich gezwungen, im April 1525 ein zweites Mal Nordhausen zu besuchen und zu predigen. Er rief zum Gehorsam gegenüber der weltlichen Obrigkeit auf. Später erinnerte er sich an die Reaktionen der Bauern: *„Einige spotteten ihn aus und läuteten mit Schellen. Wenn ein Schwert blankgezogen worden wäre, wäre es losgegangen."* Das hatte Folgen. Er brach seine Reise durch das Aufstandsgebiet ab und schrieb das Pamphlet *„Wider die räuberischen und mörderischen Rotten der Bauern."*

Nordhausen geht zurück auf eine karolingische Königspfalz (780) und gehörte seit 1430 der Hanse an. Die Roland-Figur am Rathaus bezeugt das städtische Selbstbewusstsein der Nordhausener. Die Stadt wurde reich durch seinen Nordhäuser Doppelkorn und den Kautabak. Nach der Reformation beklagte man einen Verfall der Werte, Unheil suchte die Stadt heim: Pest, Dreißigjähriger Krieg, Hexenverfolgungen. Der Umbruch war schmerzlich.

Von den zwölf Kirchen im Mittelalter blieben nur der Dom, die Blasiikirche, die Frauenbergkirche und die Altendorfer Kirche erhalten. Zumindest diese sollte man auf Luthers Spuren aufsuchen.

Die **Blasii-Kirche** ist die größte evangelische Kirche der Stadt und wurde 1234 erstmals urkundlich erwähnt. Der **Dom zum Heiligen Kreuz,** 961 gegründet, wurde 1220 in ein Chorherrenstift umgewandelt, dem ein Dompropst vorstand. Nach dem Dreißigjährigen Krieg verarmt, wurde er später auch stark beschädigt.

Die Frauenbergkirche **St. Mariae novi operis** ist eines der ältesten kirchlichen Baudenkmäler der Stadt, die 1200 erstmals erwähnt wurde. Sie war ursprünglich eine dreischiffige, romanisch-kreuzförmige Pfeilerbasilika, dem Zisterzienser-Nonnenkloster zugehörig. Nach der Reformation wurde das Kloster 1536 in eine Jungfrauenschule umgewandelt. Ähnlich die **Altendorfer Kirche.** Hier organisierte sich später der friedliche Widerstand in der DDR. Mitten auf dem Petersberg steht unübersehbar der 62 m hohe **Petriturm.** In der um 1220 erbauten Kirche **St. Petri** hielt der vom Rat der Stadt eingesetzte Pfarrer und Prior der Augustiner-Eremiten Lorenz Süße am 16. Februar 1522 die erste evangelische Predigt. Es ging um den Weinberg des Herrn.

Und schließlich das **Rathaus** aus dem Jahr 1360. Hier tagte der Rat, der die Reformation einführte. Bürgermeister und Ratsherr der damaligen Zeit war Michael Meyenburg. Ihm hat man das Kunsthaus gewidmet, das allerdings erst 1907 im Jugendstil erbaut wurde. Nur der Name erinnert an die Reformationszeit.

Nordhausen erlebte auch in der jüngeren Geschichte viel Unheil: Eine Woche vor dem Einmarsch der Amerikaner zerstörten zwei britische Luftangriffe (am 3. und 4. April 1945) fast drei Viertel der Stadt: 8.800 Menschen starben, 20.000 wurden obdachlos, 10.000 Wohnungen zerstört, das Krankenhaus und zahlreiche Denkmäler dem Erdboden gleich gemacht. In den 1950er und 1960er wurde die Innenstadt in sozialistischer Architektur wieder aufgebaut. Daher blieb nicht viel an Historie erhalten. Vielleicht ist dies auch ein Grund, warum viele Menschen der Stadt den Rücken kehren. Heute zählt man trotz vieler Eingemeindungen nur noch 42.000 Gemeindemitglieder. Richtig schade.

Nur noch die Ronaldfigur am Rathaus erinnert an bessere Zeiten.

60 NORDHAUSEN: ST. PETRI
Wo Luther den Branntwein kostete

Der Petersberg ist ein kleiner Berg, auf dem sich der 62 m hohe Petri-turm erhebt. Wegen der exponierten Stelle erklärten ihn die Bürger zum Wahrzeichen der Stadt. Die Kirche wurde 1362 erbaut. Im Mittelalter besaß der Turm vier Erker. Später wurden zwei Erker entfernt und eine Plattform geschaffen, auf der an Sonn- und Feiertagen Posaunen gebla-sen wurden. Im Zweiten Weltkrieg hatten viele Menschen dort vor den Bomben Zuflucht gesucht, doch gerade dort wurden sie getötet, denn die Kirche wurde zerstört und nach dem Krieg nicht wieder aufgebaut. Heute existiert von der St. Petri-Kirche nur noch der Turm. Somit ist der Turm auch Mahnmal für die Zerstörungen im Krieg. Seit 1994 dient der Turmhelm als Aussichtspunkt. Die Umgebung ist grün und gleicherma-ßen schön, zu verdanken der zweiten Thüringer Landesgartenschau von 2004. Der Petri-Turm gemahnt an das Nichtvergessen.

Nicht vergessen wollen wir auch eine Episode um Luther in Nord-hausen. Als 23-Jähriger war er das erste Mal in der Freien Reichsstadt. Ein Jahr später wurde der *Nordhisser Branntewyn* das erste Mal ur-kundlich erwähnt. Der Reformator hatte ihn bereits gekostet: *„Iss, was gar ist, trink, was klar ist, red, was wahr ist!"* Mit diesem Ausspruch hätte Luther als Werbebotschafter für Nordhausens traditionsreichs-tes Produkt auftreten können. Ist er aber nicht. Schön zu wissen, dass ein Kirchenmann wie Luther gerne, deftig und viel aß und trank. Wer viel arbeitet, darf auch genießen. Natürlich nur, wenn er das selbst be-zahlt und anschließend keinen Ablass benötigt. Das galt auch noch zu DDR-Zeiten: Der VEB Nordbrand galt als der größte und modernste Spirituosenproduzent der DDR, der VEB Tabak als größte Zigaretten-hersteller der Republik.

Pfarrer Lorenz Süße, auch Prior des Augustiner-Eremiten Klosters wurde nach seinem Tod 1549 in der St. Petri-Kirche beigesetzt.

Der Turm steht auf dem Petersberg. Diese Anhöhe befindet sich zwischen der Rudolf-Breitscheid-Straße, oberhalb des Amtsgerichtes, und der Straße Vor-dem-Vogel.

1507

Die Schnapsbrauer von Nordhausen stellen den *Nordhisser Branntewyn* als Marke vor.

Wo noch viel zu renovieren ist

Um 1230 erbaute man zu Ehren des heiligen Nothelfers Blasius eine erste Pfarrkirche. An ihrer Stelle wurde 1487 bis 1490 eine dreischiffige Hallenkirche errichtet. Großartig im Aussehen, aber leider nicht sehr massiv, ist sie aus Anhydrit gebaut, was nicht mehr als Gipsmörtel ist. Daher verursacht sie bis heute noch viele Probleme bei ihrer Erhaltung. Den Architekten hätte man entlassen müssen.

Im Zentrum der Reformation stand Johann Spangenberg, ein enger Vertrauter Martin Luthers, der hier am 10. April 1524 seine erste evangelische Predigt hielt. Er wirkte bis 1546 als Pfarrer auf St. Blasii.

Im April 1634 brannte der Turmhelm eines der beiden Kirchtürme nach einem Blitzschlag ab. Er wurde in der Folgezeit deutlich kleiner wieder aufgebaut. Die Asymmetrie wurde somit zum Stadtwahrzeichen: ein weithin sichtbares und unverwechselbares, weil ungleiches Turmpaar.

Und schließlich erhielt das Querschiff bei englischen Bombenangriffen im April 1945 mehrere Treffer. Seitdem war die Blasii-Kirche für Jahrzehnte nur eingeschränkt nutzbar und trotz Reparatur- und Erhaltungsarbeiten einsturzgefährdet. Massive Baumaßnahmen von 2002 bis 2004 sollten die Stabilität wiederherstellen. Seit Advent 2004 kann sie wieder betreten werden.

Viele der zahlreichen Kunstwerke sind seit dem Zweiten Weltkrieg verschollen, nur wenige erhalten geblieben. Das wichtigste, ein Epitaph (Grabmal) von Lucas Cranach dem Jüngeren 1558 zu Ehren des Bürgermeisters und Reformators Michael Meyenburg erstellt, zeigt die Auferweckung des Lazarus in Bethanien. Zur Rechten des Lazarus stehen einige Reformatoren, darunter Martin Luther, Johann Spangenberg, Justus Jonas, Johannes, Bugenhagen und Johann Forster, sowie Erasmus von Rotterdam.

Die Blasii-Kirche befindet sich am Blasii-Kirchhofplatz. Nur 200 m entfernt in der Domstraße befindet sich der Dom zum Heiligen Kreuz. Das Rathaus am Markt befindet sich 300 m in der anderen Richtung.

1524

Am 10. April hielt Johann Spangenberg in der Blasii-Kirche seine erste evangelische Predigt.

Wo Meditation bestens gelingen kann

Etwas abgelegen, auf einem Berggipfel, der angeblich höchsten Erhebung zwischen Harz und Ural, erhebt es sich, ehemals ein Augustiner-Chorherrenstift, 1124 gegründet. Ursprünglich Lauterberg genannt, seit dem 14. Jahrhundert nach dem Stiftspatron Petersberg.

Die Basilika ist dreischiffig und kreuzförmig angelegt. Wohl wegen der Berglage hat sie eine außergewöhnlichen Aufteilung: das Langhaus ist nur wenig länger als der mächtige westliche Querturm. Am Berghang entstand eine Klausur mit vielfachen Kellerebenen. In der Reformationszeit erging es dem Bau nicht gut: Blitz und Brand im Jahr 1565 zerstörten die Kirche fast vollständig. Die Ruine zerfiel immer mehr. Erst in den romantischen Zeiten des 19. Jahrhunderts besann man sich, Goethe und Schinkel wurden Fürsprecher einer Sicherung der Ruine. Der preußische Staat sprang als Finanzier ein. Die Stiftskirche St. Petrus wurde von 1853 bis 1857 fast originalgetreu wiederhergestellt. Am 8. September 1857 weihte man sie feierlich ein.

Die Kirche besitzt eine beeindruckende Ausstrahlung. Da sie als romanische Basilika wieder aufgebaut wurde, fühlt man auch das Flair des 12. Jahrhunderts. Der Raumeindruck des Langhauses ist durch die Mittelschiffpfeiler geprägt, je vier an der Zahl mit fast achteckigem Querschnitt.

Dieser historische Ort zieht viele Menschen an. Im Jahr 1999 wurde die klösterliche Tradition durch die evangelische Kommunität Christusbruderschaft aus Selbitz wieder aufgenommen. Die Stiftskirche ist heute die Gottesdienststätte des Klosters Petersberg und zugleich die Pfarrkirche der evangelischen Gemeinde des am Fuß des Berges gelegenen Dorfes Petersberg. Geschätzt sind heute die regelmäßig veranstalteten Einkehrtage – eine Möglichkeit, meditativ zu sich selbst zu finden. Nicht bekannt ist, ob Luther auf dem Petersberg gerastet, gepredigt oder gewohnt hat.

Seit dem Zweiten Weltkrieg sind viele andere Kunstwerke verschollen. Steht man in der Kirche, so kann man die Bomben-Schmerzen noch gut fühlen. Deshalb stimmt der Besuch wehmütig.

Die Stiftskirche erreicht man über die A14 und die Ortschaft Nehlitz. In Petersberg nimmt man die Alte Hallesche Straße und biegt auf den Bergweg ab. Beim Kloster gibt es kaum Platz zum Parken. Für einen Spaziergang ist die Grüne Gasse zu empfehlen – Sie führt zum Kloster hinauf.

1857

Am 8. September wurde die Peterskirche erneut geweiht – angeblich in Anwesenheit des preußischen Königspaares.

Wo Johann Mathesius geboren wurde

In Rochlitz gedenken wir Johann Mathesius', einem Weggefährten Luthers, der am 24. Juni 1504 in Rochlitz geboren wurde und der dritte Sohn des Ratsherrn Wolfgang Mathesius war. Die Eltern wohnten am Bleichplatz an der Mulde. Mathesius besuchte die Rochlitzer Ortsschule, erhielt Unterricht in katholischer Lehre und lateinischer Grammatik, lernte lesen und schreiben. Johann Rochlitz stieg in den Bergwerksberuf ein und gehörte zu den Bestimmern des Ortes.

Aber 1517 verfiel das Rochlitzer Bergwerk, wodurch der wohlhabende Vater verarmte. Daraufhin zog Johann nach Mittweida zur Großmutter. 1521 starb der Vater und der junge Mann ging auf Wanderschaft, kam nach Nürnberg, Ingolstadt, München. Dort las er von und über Luther und begeisterte sich für die Reformation. Mathesius ging nach Wittenberg, wollte Martin Luther persönlich kennen lernen. So studierte er in Wittenberg Theologie. Bald musste er das Studium abbrechen: Geldmangel. Er wurde Lehrer am Altenburger Gymnasium, später Rektor an der Lateinschule in St. Joachimsthal. Ein angesehener Posten, doch er wollte mehr. 1540 unternahm er einen zweiten Versuch und zog als Student nach Wittenberg, finanziert von dankbaren Eltern seiner Schüler. Nun speiste er mit Luther am gleichen Tisch und schrieb aufmerksam seine Tischreden mit. Er schloss sein Studium mit einem Magister ab und ließ sich von Luther persönlich ordinieren. Schließlich wurde er zum Diakon berufen. Er ging zurück nach Joachimsthal und wirkte dort als Prediger, seit November 1545 auch als Pfarrer bis zu seinem Lebensende 1565. Er muss ein großartiger Prediger gewesen sein, denn es entstand eine evangelische Mustergemeinde in Böhmen.

In Rochlitz hat man das Gymnasium nach ihm benannt und ihm ein Denkmal spendiert, das vor der Kunigundenkirche, dem kunstgeschichtlich interessantesten Bau der Stadt, steht.

Rochlitz liegt an der Mulde, zu erreichen über die B107 und B197. Von der B197 zweigt man in die Schützenstraße ab. Diese ändert ihren Namen in Kunigundenstraße. Dort befinden sich die Kunigundenkirche und das Denkmal.

1504

Am 24. Juni wurde Johann Mathesius in Rochlitz geboren.

Wo Elisabeth von Sachsen wirkte

Die über 1000-jährige Stadt ist bekannt für den roten Porphyr und für starke Frauen. An erster Stelle: Herzogin Elisabeth von Sachsen. 1523 unterstützte sie die ersten evangelischen Reden. Elisabeth musste aber erst Witwe werden, bevor sie 1537 die Reformation in ihrem Witwensitz Rochlitz und Kriebstein einführen konnte.

Sie befand sich als Schwiegertochter Georgs des Bärtigen, einem katholischen Hardliner, und als Schwester des Landgrafen Philipp von Hessen, einem Führer der Evangelischen, in einer unangenehmen Lage und versuchte zwischen den Glaubensfronten zu vermitteln.

Die Reformation benötigte starke Männer und Frauen, auch mit Schwert: Die Herzogin Elisabeth von Rochlitz (1502-1557) überzeugte nicht nur im Wort, sondern kämpfte auch im Schmalkaldischen Bund. Verlor, aber gab trotzdem nicht auf. Was lag näher als 2014 auf dem Schloss eine Ausstellung über starke Frauen zu zeigen. Aus der berühmten Cranach-Werkstatt existieren mehr als 30 Darstellungen der biblischen Heldin Judith, die durch verführerische List dem assyrischen Heerführer Holofernes den Kopf abschlug und so eine ganze Stadt vor der völligen Zerstörung bewahrte. Judith ist eine bis heute umstrittene Figur. Luther übersetzte die Geschichte, aber strich sie aus der Bibel.

Die Reformation unterstützten einige starke Frauen: Katharina von Bora, Argula von Grumbach, Ursula Weyda und Wibrandis Rosenblatt.

Die Burg wurde um 1000 erbaut und Ende des 14. Jahrhundert als Wohnschloss ausgebaut. Witwensitz war sie bereits im 15. Jahrhundert, damals für Herzogin Amalie. Die Herzogin Elisabeth lebte hier von 1537 bis 1547. Es war ihre wichtigste Zeit. Von hier aus gab sie der Reformation vielerlei Impulse. Später nutzten Kurfürst Christian I. und seine Frau Sophie die Burg als Jagdschloss. Heute ist es bestens saniert und für Ausstellungen genutzt.

Schloss Rochlitz erreicht man über die Zwickauer Straße und über die Schloßstraße. Es liegt direkt an der Zwickauer Mulde.

1537

Herzogin Elisabeth von Sachsen führte die Reformation an ihrem Witwensitz Rochlitz und Kriebstein ein.

Wo Kaspar Aquila
wirkte

Drei Mal besuchte Martin Luther Saalfeld. Im April 1518 rastete er hier auf einer Reise nach Heidelberg, im Herbst des gleichen Jahres auf der Fahrt nach Augsburg sowie im April 1530 auf der Reise nach Coburg. Er nutzte die Gelegenheit und predigte in der Kirche St. Johannis. Schon 1527 wirkte Kaspar Aquila als evangelischer Prediger. Von 1552 an bis zu seinem Tod im Jahr 1560 war er Superintendent in Saalfeld. Bei ihm übernachtete Luther, wenn er in Saalfeld war. Er hatte ihn in Wittenberg kennengelernt. Aquila zählt zu den bedeutendsten Reformatoren Thüringens.

Die evangelische St. Johannis-Kirche ist die größte gotische Kirche Thüringens, erbaut zwischen etwa 1380 und 1514. Zu den Besonderheiten gehört die Außenkanzel an der Süd-West-Ecke. Es ist aber nicht bekannt, ob Luther von dieser Kanzel predigte. Die Kirche wirkt gewaltig und beruhigend gleichermaßen. Der gesamte Innenraum der Kirche erstrahlt nach seiner Restaurierung 1982 wieder in den originalen Farben. Direkt neben dem Eingangsportal steht auf einem Sockel seit dem Reformationstag 1905 eine in Stein gehauene, fast lebensgroße Skulptur von Martin Luther.

Auf Luthers Spuren kann man auch noch das Stadtmuseum im ehemaligen Franziskanerkloster besuchen. Mit der Reformation schloss das Kloster 1534 seine Pforten, noch im gleichen Jahr zog eine Lateinschule ein. Bis 1910 pilgerten Schüler in das Realgymnasium im Klostergebäude. In der Sakristei und der Kirche befand sich eine Münzstätte, weshalb die Kirche auch Münzkirche genannt wurde. Seit 1904 befindet sich im Ostkreuzgang das Stadtmuseum, bestens eingepasst in das mittelalterliche Gemäuer. Heute nimmt es den größten Teil des Klosters ein.

Und außer Luther? Die Saalfelder sind stolz auf die „farbenreichsten Schaugrotten" der Welt, die sogar im Guinness-Buch der Rekorde stehen: ein eindrucksvolles Zeugnis des mittelalterlichen Bergbaus.

Die Johanniskirche befindet sich am Kirchplatz, gleich beim Markt. Das Franzis-
kanerkloster befindet sich am Münzplatz.
Saalfeld zählt mit seiner über 1100-jährigen Geschichte zu den ältesten Städten
Thüringens und trägt den Beinamen „Steinerne Chronik Thüringens".

1518

Im April machte Luther das erste Mal Rast in Saalfeld. Er übernachtete bei seinem Freund Aquila.

Wo die Schildbürger herkommen

Seit 1521 über Luther die Reichsacht verhängt war, war Reisen außerhalb des kurfürstlichen Schutzgebietes gefährlich. So war er froh, wenn er wieder in sicheren Gefilden war. Bei vielen Reisen war Schildau die erste sichere Wegstation im Kurfürstentum. Sichtbares Zeichen ist der Turm der Marienkirche. Etwa um 1170 wurde die Kirche in Gestalt einer dreischiffigen Basilika gebaut. Der Umbau zur heutigen Kirche erfolgte im 17. Jahrhundert. Berühmter scheint der älteste Maulbeerbaum Deutschlands zu sein, der 1518 auf dem Kirchengelände gepflanzt worden ist.

Wichtiger als Luther ist den Schildauern ihr Sohn Neidhardt von Gneisenau (1760-1831), ein patriotischer preußischer Generalfeldmarschall und Heeresreformer. Ihm wird ein maßgeblicher Anteil am Sieg über Napoleon sowohl 1813 in der Völkerschlacht bei Leipzig als auch 1815 bei den Gefechten nahe Waterloo zugesprochen. Auf dem Schildauer Marktplatz ist Gneisenau übermannshoch zu bestaunen. Ernst und gesammelt blickt er hinüber zum Rathaus.

Schildau trägt aber auch an dem Spitznamen der Schildbürger: Ein Rathaus ohne Fenster, Licht wird in Säcken hinein getragen und mancherlei solcher Geschichten gibt es. Dies hat nun wieder mit Luther zu tun oder mit einem lutherischen Visitator. Der spätere Wittenberger Hofrichter Johann Friedrich von Schönberg (1543-1614) bemängelte 1592 bei einer Inspektion calvinistisches Gedankengut, *„liederliche Sitten und Verhältnisse in Schilda."* Die Unzulänglichkeiten der Bürger regten den Hofrichter zu publizistischen Taten an. 1598 „übersetzte" er das im Jahr zuvor erschienene satirische Lalebuch, indem er die Laleburger Narren zu Schildbürgern machte. Und so erschien anonym das noch heute bekannte Schildbürgerbuch – den Bürgern aus Schildau zum Verdruss.

Schildau erreicht man über die B182, nach Beckwitz und Sitzenroda abbiegen.
Die St. Marienkirche von Schildau befindet sich am Kirchberg 2. Die Anfahrt
erfolgt über die Wurzener Straße und die Goethestraße.

1592

unternahm der spätere Wittenberger Hofrichter Johann Friedrich von Schönberg in Schildau eine
„folgenschwere" Visitation.

Wo der Schmalkaldische Bund entstand

Im Rathaus wurde 1530 der Schmalkaldische Bund gegründet. Kurfürst Johann von Sachsen und Landgraf Philipp von Hessen schmiedeten ein protestantisches Militärbündnis gegen den katholischen Kaiser Karl V. Eigentlich sollte es defensiv ausgerichtet sein. Als die Türken das Reich bedrohten, wurde sogar eine übergreifende Zusammenarbeit vereinbart, der sog. *Nürnberger Anstand* vom 23. Juli 1532. Die unterschiedlichen Konfessionen versprachen sich Frieden. Das änderte sich wieder ab den 1540ern, als Kurfürst Johann Friedrich von Sachsen den Bund offensiver ausrichten wollte. Dazu kam der Bigamie-Skandal des Philipp von Hessen. Um Strafe von sich abzuwenden, musste er dem Kaiser militärische Zugeständnisse machen. Hinzu kam, dass die beiden Anführer im Sommer 1542 die militärische Macht des Bündnisses nutzten, um einen unliebsamen katholischen Landesfürsten zu vertreiben.

Dem Kaiser war es gelungen, die Sachsen zu spalten: Die albertinische Linie lebte in stetiger Feindschaft mit der ernestinischen. Da wechselte der Albertiner, Moritz von Sachsen, gegen die Zusage der Kurwürde die Seite. Das Kräfteverhältnis verschob sich, es kam zum Kampf, das Bündnis verlor.

1537 wurde in Schmalkalden der „glanzvollste Fürstentag" ausgerichtet. Anwesend waren 16 Fürsten, sechs Grafen, Gesandte von Kaiser und Papst, von 28 Reichs- und Hansestädten, sowie 42 evangelische Theologen mit Martin Luther und Philipp Melanchthon. Martin Luther stellte die Glaubenssätze vor, die als Schmalkaldische Artikel Eingang in das Konkordienbuch der evangelischen Kirche fanden. Man nennt sie auch Luthers Privatbekenntnis.

Die Stadtkirche St. Georg im Zentrum Schmalkaldens ist eine der schönsten spätgotischen Hallenkirchen Thüringens. Schon 1525 wurde hier der erste evangelische Pfarrer durch Landgraf Philipp von Hessen eingesetzt. 1537 predigten hier die bekanntesten Theologen jener Zeit.

In Schmalkalden muss man unbedingt die Stadtkirche St. Georg besuchen und natürlich das Lutherhaus (Ecke Steingasse und Herrengasse). Hier wohnte Luther während der Bundestagung 1537 im 2. Obergeschoss als Gast des Rentmeisters Balthasar Wilhelm.

köstliche
Spargel
Gerichte

1530

Kurfürst Johann von Sachsen und Landgraf Philipp von Hessen schmieden ein Militärbündnis gegen den Kaiser, den Schmalkaldischen Bund.

Wo Luther über die Klatschmäuler herzog

In ostdeutschen Landen hat man viele Ortschaften zusammengelegt und mit Doppelnamen gesegnet, etwas ungewohnt für manchen Besucher. So gehören die 1.000 Einwohner Sitzenrodas zu Belgern-Schildau. Der Name stammt von „roden" ab und man könnte denken, auch von „sitzen". Aber nein, der zweite Namensteil stammt vom Gründer, einem Grafen Sizzo von Schwarzburg-Käfernburg.

Berichtet wird, dass Luther um 1525 den Ort anlässlich einer Visitation des nur wenige Jahre vorher aufgelösten Klosters Marienpforte besuchte. In der Sitzenrodaer Kirche hielt er dann gleich noch einen Gottesdienst mit einer machtvollen Predigt, der er den Titel *„ Wider die Klatschmäuler und den bösen Leumund"* gab.

Die Ortskirche von Sitzenroda wurde 1198 eingeweiht und zeugt von der wechselvollen Geschichte des Ortes. Die heutige Kirche wurde wohl gegen 1571 mit finanzieller Hilfe von Kurfürst August I. gegründet. Im Ort war das Benediktiner-Nonnenkloster Marienpforte dominierend. Die Klosterfrauen waren weithin bekannt für ihre Heilkunst, Krankenpflege und Armenfürsorge. Anna von Miltitz war die letzte Äbtissin des Klosters. Sie starb 1530. Schon vorher wurde das Kloster aus reformatorischen Gründen aufgelöst. Die Grabplatte mit ihrem Abbild in Lebensgröße befindet sich in der Kirche, ebenso handgeschnitzte Figuren auf dem Altar sowie ein lebensgroßer, gekreuzigter Christus.

Die Dorfanlage von Sitzenroda ist interessant, teilt es sich doch in Ober- und Unterdorf: Im Oberdorf ziehen sich die Höfe in geräumigen Abständen rechts und links der Straße hin, im Unterdorf verlaufen die Wege strahlenförmig nach allen Richtungen.

In Sitzenroda wurde Johann Friedrich von Schönberg geboren, auf den die Schildbürgergeschichten zurückgehen. Auch diese Geschichte ist verknüpft mit der Reformation. Wir erzählen darüber in Schildau.

Ungefähr 5 km sind es von Schildau nach Sitzenroda. Man folgt einfach der Sitzenrodaer Straße. Sitzenroda ist ein gepflegtes Dorf, aber nicht gerade aufregend.

1525

Luther führte in Sitzenroda eine Visitation durch und predigte in der Kirche.

69 STECKBY: ST. NICOLAIKIRCHE

Wo Pilger und Radfahrer eingeladen sind

Steckby ist nicht so einfach zu finden. Der Ortsteil gehört zu Steutz und dies wiederum zu Zerbst, was im Landkreis Anhalt-Bitterfeld liegt. Was nunmehr so ungefähr die Richtung bestimmt. Steckby und Steutz liegen ganz nah an der Elbe, eine wunderschöne Lage.

Über Luther und die Reformation gibt es keine Informationen, aber Luther kann ja auch nicht überall gewesen sein. Im Zerbster Land war er jedenfalls unterwegs. Steckby liegt dennoch am Lutherweg und ist eine Radfahrkirche. Was eine Radfahrkirche ist? Eine verlässlich geöffnete Kirche, die einlädt zur geistlichen Besinnung und Andacht, die auch Ort zum Rasten sein will, mit Zugang zu Toiletten und Informationen zum Ort.

Die Gemeinde begründet dies damit, dass der Heilige Nicolai nicht nur der Schutzpatron der Kirche zu Steckby ist, sondern auch der Reisenden. Das sei ideal für einen Ort, an dem sich Rad- und Pilgerwege unterschiedlichster Menschen kreuzen. Auf den Elberadweg trifft dies in besonderem Maß zu, denn immer mehr Menschen befahren ihn in den Ferien.

Die St. Nicolaikirche hat durchaus Flair, eine einfache, solide, aber auch trutzige Feldsteinkirche, die wahrscheinlich um 1200 errichtet wurde. Die Steine von unten nach oben geschichtet, mit Mörtel grob zusammengehalten. Darüber der Turm aus Fachwerk. Sie macht einen ästhetisch schönen Eindruck. Die Fachwerkreiter stammen wohl aus dem 18. Jahrhundert. Das Kircheninnere wurde nach 1991 grundlegend saniert, der Kirchturm erst vor einigen Jahren.

Auch das Innere ist einfach gestaltet, der Altaraufsatz ist barock. Vorne am Chor steht ein alter Kanonenofen, der im Winter Pfarrer und Gemeinde wärmen muss. Im Eingang wurde ein Raum für die Gemeindearbeit integriert.

Bei der Suche nach Steckby sollte man sich nicht durcheinander bringen lassen: Lieber nach Steutz fragen. Die Kirche befindet sich in der Friedensstraße 17. Nicht weit entfernt ist die Elbe mit besagtem Radweg und einer Fähre, um mit Auto oder Rad zum anderen Ufer zu kommen.

1200

Wie so vielerorts auf dem Lande wurde auch hier in Steckby aus Feldsteinen eine Kirche erbaut.

Wo der Theologe und Bauernführer geboren wurde

1489 wurde in Stolberg der Theologe und spätere Bauernführer Thomas Müntzer geboren. Die Münzprägung hatte in der Stadt eine lange Tradition und, wie sein Name schon sagt, war die Familie Müntzer daran beteiligt. Thomas Müntzer erhielt eine humanistische Bildung und wurde zum Priester geweiht. Noch vor Martin Luther distanzierte er sich von der katholischen Kirche. Luther empfahl Müntzer 1520 auf eine Pfarrstelle in Zwickau. Aber seine Auffassungen unterschieden sich radikal von denen Luthers. Nicht der Glaube an das Heil Gottes mache gerecht, sondern der tätige Aufstand der Gläubigen. Und das Endgericht stehe unmittelbar bevor. Er bekämpfte die „Pfaffen" der alten Kirche und die lahmen „Doktörchen" der Reformationsbewegung gleichermaßen. In seiner Schrift *„Wider das geistlose sanftlebige Fleisch zu Wittenberg"* von 1524 griff er Luther polemisch an. 1523 wurde Müntzer Pfarrer in Allstedt und hielt hier den ersten Gottesdienst in deutscher Sprache. Zunächst hoffte er auf eine militärische Unterstützung der Fürsten zur Reinigung der Kirche. Darin getäuscht, wandte er sich an die aufständischen Bauern, die sich Juni 1524 in Süddeutschland erhoben hatten. Müntzer ermunterte sie, Gottes Gericht zu vollstrecken: *„Dran, solange das Feuer heiß ist. Lasset euer Schwert nicht kalt werden!"* Die Stadt Mühlhausen wurde von den Aufständischen eingenommen, Müntzer wirkte als Prediger und wollte die „freie Stadt" zu einem Modell im angebrochenen Gottesreich machen.

Bekanntlich wurde der Aufstand niedergeschlagen, 6.000 Bauern kamen ums Leben, Müntzer wurde gefangen genommen und hingerichtet, sein Kopf auf einen Pfahl gespießt und zur Abschreckung vor den Toren von Mühlhausen aufgestellt.

Manche sagen überspitzt: Thomas Müntzer half den Bauern in ihrem von christlichen Hoffnungen getragenen Aufstand, während Martin Luther sich auf die Seite der Fürsten stellte.

Die Regierung der DDR sah in ihm einen Vorläufer des Kommunismus und ver-ehrte daher seinem Geburtsort Stolberg und seinem Sterbeort Mühlhausen den offiziellen Namenszusatz „Thomas-Müntzer-Stadt". In der Altstadt erinnert ein Denkmal an den Sohn der Stadt.

1525

Martin Luther predigte am 21. April in der St.-Martini-Kirche in Stolberg gegen den Bauernaufstand – jedoch ohne Erfolg.

Wo die Kirche aus dem Ablass finanziert wurde

Das Schloss und die Martinikirche prägen die Stadt. Letztere stammt wohl aus dem 13. Jahrhundert. Eine Treppe gleich neben dem Rathaus führt hinauf zur Stadtkirche. Aus einem Ablassbrief von Papst Pius II. aus dem Jahre 1463 erfährt man, dass die Martini-Kirche kurz vor dem Verfall stand und dringend einer Renovierung bedurfte. So sind diese Ablasszahlungen der Kirche zugutegekommen, denn in der Tat wurde sie bald darauf gründlich renoviert. Allerdings haben die Gelder nicht ausgereicht, der westliche Bauabschnitt geriet architektonisch recht anspruchslos, der Neubau des Turmes unterblieb ganz. So erklärt sich das seltsame Missverhältnis der Proportionen von Kirchturm und Kirchenschiff. Man hätte einen weiteren Ablassbrief gebraucht.

Aber es ist Reformationszeit. Oberpfarrer Tilemann Plathner und der Rektor der Lateinschule, Johann Spangenberg, sind in Stolberg das Gesicht der Reformation. Ostern 1522 ist Thomas Müntzer in der Stadt zu Gast, hält *„gar herrliche, schöne und christliche Predigten, darinnen das Geringste nicht zu tadeln gewesen"*, wie Spangenbergs Sohn Cyriakus berichtet. Am 21. April 1525 besuchte Luther die Stadt und predigte in der Kirche. Bei diesem Besuch stieg er auch hinauf zu der nach ihm benannten Buche und verglich Stolberg mit einem Vogel: Das Schloss wäre der Kopf, die zwei Gassen die Flügel, der Markt der Rumpf und die Niedergasse der Schwanz.

Offiziell wird die Reformation mit dem Tod von Graf Botho 1538 eingeführt. Doch erst nach dem Tod Herzog Georgs von Sachsen findet sie richtig viele Anhänger. Anschließend wird die Kirchenausstattung „evangelisiert": Nebenaltäre geraten außer Gebrauch, alte Ausstattungsgegenstände werden verkauft, Kapellenräume finden neue Verwendung, die ehemalige Unterkirche wird Lager für Baumaterial.

Die erwähnte Lutherbuche gibt es übrigens nicht mehr. Man muss also dem Wegweiser nicht folgen.

Eine Besonderheit ist die Jultje, eine Art Bauernmettwurst. Ihr Aussehen und Geschmack ähneln einer Schlagwurst, jedoch mit mediterranem Charakter, so wie es die Holländer mögen. Von Juliana von Stolberg, 1506 geboren, stammt auch der Name. Sie begründete als Mutter von Wilhelm III. die Linie der Oranier, das heutige niederländische Königshaus. Von ihr sind übrigens 533 Kinder, Enkel und Urenkel bekannt.

1538
Nach dem Tod des Grafen Botho wird die Reformation eingeführt.

Wo sich Luther entschied

Die Entscheidung mag schon gefallen sein, aber an diesem Ort wurde sie ihm, Martin Luther, jedenfalls zur Gewissheit. Seit 1501 hatte er in Erfurt studiert, den Magister der Freien Künste abgelegt und ein Studium der Rechtswissenschaften begonnen. Es war im Juni 1505, als er seine Studien unterbrach, um seine Eltern zu besuchen – zu Fuß, wie das damals üblich war. Auf dem Rückweg verschlechterte sich das Wetter. Dunkle Regenwolken und die ersten Blitze, ohrenbetäubender Donner. Da geschah es, dass neben ihm ein Blitz in die Erde fuhr und ihn zu Tode ängstigte. *„Ich habe im Schrecken gesagt"*, so beschreibt Luther es später, *„Hilf Du, St. Anna, ich will ein Mönch werden."*

Bei Stotternheim fand dieses Ereignis statt. Die genaue Stelle war nicht bekannt, nein, er selbst hätte sie nicht bezeichnen können. Aber die Wissenschaftler. In Studien über Verkehrs- und Klimaverhältnisse kam man zu dem Schluss, dass die Stelle eben hier gewesen sein musste, wo nunmehr der Gedenkstein aus rötlichem Marmor steht. Auch der Tag des Blitzes ist festgehalten: der 2. Juli 1505.

Am 17. Juli 1505 trat er in das strengste Kloster ein, das es in Erfurt gab. Seine Mitstudenten hatten versucht, ihn von seinem Vorhaben abzubringen. Sein Vater war auch nicht gerade erfreut. Chancenlos. Der Blitz hatte Luther restlos überzeugt. Im Augustinerkloster in Erfurt suchte Luther nach einer sinnvollen, verantwortlichen Lebensgestaltung im Sinne der katholischen Kirche. Es dauerte noch 12 Jahre, bis er diese als Reformator fand.

Der Gedenkstein wurde zum 400-jährigen Andenken aufgestellt. Die Grünanlage darum herum wurde zum 500-jährigen angelegt. Die Gestaltung schreitet fort: Die angrenzende Deponie wird man bald rekultivieren, Kiesseen entstehen. Der Lutherstein wird ein markanter Erholungspunkt und Picknickplatz im Naherholungsgebiet „Erfurter Seen".

Satellitenbilder im Internet machen es heute möglich, auch solche Orte zu finden. Auf der B 71 fährt man nach Stotternheim. Im Ort den Lutherweg nehmen. Hinter dem Luthersee befindet sich der Ort des Blitzes.

Hilf Du Sankt Anna
ich will ein Mönch werd

1505

Der wichtigste Blitz in der Religionsgeschichte schlug am 2. Juli 1505 ein.

Wo sich Zölibat und Wein ergänzten

Es gibt Orte mit historischem Ruf. Von Süptitz behauptet man, dass hier erstmalig das Zölibat gebrochen wurde. In Süptitz wird vom evangelischen Pfarrer Bartholomäus Bernhardi berichtet, der sich als erster Pfarrer verheiratete. Es könnte aber auch nur eine Verwechslung mit dem Ort Kemberg sein. Nachgewiesen ist jedenfalls, dass Martin Luther 1535 in Süptitz weilte und die Kirche St. Marien bei einer Visitation gesehen hat.

Die Pfarrkirche St. Marien wurde 1250 im romanischen Baustil als Wehrkirche erbaut. Durchaus angebracht in unbefriedetem Land. Ältester Teil ist der Kirchturm mit seinen fast zwei Meter starken Mauern. Das scheint aber nicht so viel bewirkt zu haben, da 1426 die Hussiten einfielen und den Ort verwüsteten. Im Dreißigjährigen Krieg wurde der Ort erneut zerstört, nur die Kirche blieb schwer beschädigt stehen. 1714 wurde die Kirche zur Emporenkirche ausgebaut. Dennoch lässt die Romanik heute immer noch grüßen.

Süptitz hat auch einen langen Ruf als Weinort. Im Mittelalter wurde an den Südhängen der Süptitzer Berge Wein angebaut. Um 1300 gab es an die 29 Winzer mit eigenem Weinberg. Der Wein war bei den Landesherren wohl gelitten, so dass die Süptitzer viele Vorrechte in Anspruch nehmen konnten: Sie mussten keine Steuern zahlen und waren vom Frondienst befreit. Die Blütezeit des Weinanbaus datiert man unter Markgraf Friedrich den Streitbaren (1381-1421). Die Hussiten zerstörten vieles, aber die Weinbauern kultivierten ihre Reben erneut, so dass Luther hier den einen oder anderen Schoppen genossen haben kann.

Im Dreißigjährigen Krieg litten nicht nur die Menschen, auch die Weinberge. In den Analen steht, dass es erst 1652 wieder aufwärts ging, als ein neues Presshaus gebaut wurde. Wein bekommt heutzutage wieder Bedeutung – die Weinkönigin wird jährlich gewählt.

Die Kirche befindet sich in der Schulstraße 4. Süptitz erreicht man von Dreiheide über die B183.

1535

Martin Luther weilte in Süptitz anlässlich einer Visitation.

Torgau,
die Amme der Reformation

Gegründet um 973, später mit Stadtrechten ausgestattet, aber niemand weiß so richtig wann. Wichtig: die Leipziger Teilung zwischen den Brüdern Ernst und Albrecht 1485. Ernst machte Torgau zur Residenz seines Machtbereiches, Schloss Hartenfels wurde dementsprechend der Hauptsitz der ernestinischen Kurfürsten. Hier residierten die „Evangelischen": Friedrich der Weise, Johann der Beständige und Johann Friedrich. Deshalb konnte sich hier die Reformation ausbreiten.

Martin Luther liebte Torgau. Er stellte fest: *„Torgaus Bauten übertreffen an Schönheit alle aus der Antike, selbst der Tempel des Königs Salomo war nur aus Holz."* Seine Begeisterung kann man bei einem Besuch heute durchaus noch nachvollziehen. Denn die imposante Innenstadt aus dem 16. Jahrhundert blieb bis in unsere Tage fast vollständig erhalten. An die 500 Baudenkmale im Stil der Renaissance und der Spätgotik hat der Rat der Stadt gezählt. In Torgau wurde der sächsische Kurfürst Friedrich der Weise (1463-1525) geboren. Obwohl er sich nicht zu Luthers Lehre bekannte und Luther nie persönlich getroffen hat, förderte er überall und besonders in Torgau die reformatorische Bewegung. So wurde Torgau bald zu einem Zentrum der Reformation. Deshalb nannte sich die Stadt auch „Amme der Reformation", während man Wittenberg als die „Mutter der Reformation" bezeichnet.

Mit Torgau und seinen Gebäuden sind viele „Lutherereignisse" verbunden. Besonders beeindruckend ist **Schloss Hartenfels**, das besterhaltene Schloss der Frührenaissance in Deutschland. Die Schlosskirche (1543-44 erbaut) gilt als der erste protestantische Kirchenneubau. Die Architektur und die Kunst dieser Kirche standen am Beginn eines evangelischen Stils. Luther selbst weihte die Schlosskapelle ein. Wichtig ist insbesondere ihre politische Dimension. Kurfürst Johann Friedrich I. demonstrierte mit dem Bau der evangelischen Schlosskirche sein Bekenntnis zum Protestantismus, zur Reformation. Ebenfalls beeindruckend: Bereits 1517 wurden auf Schloss Hartenfels unter strengster Geheimhaltung die Wittenberger Thesen gedruckt.

Schon 1519 fand in der **Nikolaikirche** die erste evangelische Taufe statt. Ein Jahr später wurde die erste evangelische Predigt in deutscher Sprache gehalten. Die Nikolaikirche ist heute nur noch Ruine, abgeschlossen. Aber davor steht das prächtige, den Markt beherrschende Rathaus.

Das erste evangelische Kirchengesangbuch wurde vom Torgauer Kantor Johann Walter in enger Zusammenarbeit mit Luther erstellt und 1524 herausgegeben. Auf seinen Namen lautet das Gymnasium.

Im Gebäude der **Superintendentur** erarbeiteten Luther, Melanchthon, Jonas und Bugenhagen 1530 die Torgauer Artikel als Grundlage der Augsburger Konfession. In Torgau bietet es sich an, sich mit Luthers Ehefrau zu beschäftigen, denn hier befindet sich die einzige **Gedenkstätte für Katharina von Bora**. Es ist sehr beeindruckend, wie diese selbstbewusste Frau in der Reformation ihren Mann stand – immerhin nannte Luther sie ja auch Herr Käthe. Sie leitete resolut die Wirtschaft im Schwarzen Kloster in Wittenberg, seit sie mit Martin Luther die Ehe eingegangen war. Die Familie Luther war häufig in Torgau, traf sich mit Freunden und setzte damit Zeichen in Erziehung und Alltagsgestaltung. Ihre Freunde in Torgau waren Leonard Koppe, mit dessen Hilfe Katharina und elf weitere Nonnen in der Osternacht 1523 aus dem Kloster Nimbschen geflohen waren, die Familie Melanchthon und natürlich Johann Walter. Luther war darüber hinaus vielfach in Torgau zugegen – an die 60 mal sind nachgewiesen – um geschäftliche Belange zu klären. Katharina von Bora ist 1552 in Torgau gestorben. Ihr Grab befindet sich in der Stadtkirche St. Marien. Ihr hat man auch noch eine Gedenkstätte in der Katharinenstraße gewidmet. Und nicht zu vergessen ein recht heruntergekommenes Haus in der Katharinenstraße. Hier wohnte 1522 Spalatin. Ohne Spalatin kein Luther. Die starken Männer der Reformation waren Luther, Melanchthon und Spalatin. Alle drei, nur nebenbei, waren mit einer Katahrina verheiratet.

Viele Bilder verbinden sich mit Torgau, manche auch ohne Lutherbezug. Eines davon stammt aus der Endzeit des Zweiten Weltkriegs: Am 25. April 1945 treffen sich sowjetische und amerikanische Truppen auf der zerstörten Elbebrücke. Das Bild ging um die Welt. Es bedeutete Kriegsende.

Über 40 Mal besuchte Martin Luther Torgau. Er hielt sich gerne in dieser Stadt auf, denn nicht nur der Kurfürst, sondern auch eine aufgeschlossene Bürgerschaft unterstützten seine Ideen und verwirklichten sie. Außerdem wurde hier auch ein Bündnis der reformatorischen Fürsten geschlossen: der Torgauer Bund.

Wo die evangelische Musik entstand

In Torgau trägt das Gymnasium, das im Jahr 1371 erstmals erwähnt wurde, seinen Namen. Auch die Kantorei ist nach ihm benannt. Nach wem? Nach Johann Walter. 1496 geboren, Schulbesuch in Kahla und Rochlitz, musikalisch sehr begabt. Aber eine Musikerkarriere bei einem der Fürsten war ihm nicht vergönnt. So machte er aus der Not eine Tugend und gründete in Torgau die Stadtkantorei. Darunter verstand man eine Gruppe sangesfreudiger Torgauer Bürger, mit denen Johann Walter die neue evangelische Kirchenmusik einstudierte und in der Marienkirche auch aufführte. Was vielleicht aus Zufall entstand, wurde die Keimzelle für die neue Struktur eines „bürgerlich-evangelischen" Musizierens. Andere Gemeinden machten es den Torgauern nach. So bekam das evangelische Kantoreiwesen sein Profil. Diese und viele Kantoreien gibt es heute noch. Deshalb trägt Johann Walter den Ehrentitel „Urkantor" der evangelischen Kirche zurecht.

1525 hatte Johann Walter zusammen mit Martin Luther in Wittenberg die Reformierung der „deutschen Messe" begonnen, die noch immer Einfluss auf unsere Gesangbücher hat. Erst 1542 ging anlässlich einer großen Fürstenhochzeit sein größter Wunsch in Erfüllung: die Mitwirkung seiner Stadtkantorei an einem Hofgottesdienst.

Nun hätte er eigentlich im Dienste der Fürsten Karriere machen können, wie das so üblich war. Kurfürst Moritz ernannte Walter tatsächlich zum Kapellmeister seiner 1548 neu gegründeten Hofkantorei. Das hatte aber nicht lange Bestand. Der Schmalkaldische Krieg tobte und auch sonst gab es viel Streit zwischen den Fürsten, so dass Walter sich zurückzog und sich dem Komponieren widmete.

Vor dem Johann-Walter-Gymnasium befindet sich die Alltagskirche, in vorreformatorischer Zeit ein Franziskanerkloster. Heute ist sie die Aula des Gymnasiums, wo der Schülerchor mit seinen Aufführungen glänzt – eine gute Heimstätte für den Urkantor.

Das Johann-Walter-Gymnasium befindet sich in der Schlossstraße 9. Genauer gesagt befindet sich dort die Alltagskirche, die Aula des Gymnasiums. Geht man durch den Hof des Gymnasiums, kommt man in einen wunderschönen Rosengarten, von dem man einen herrlichen Blick über die Elbe hat.

1525

hatte Johann Walter zusammen mit Martin Luther in Wittenberg die Reformierung der „deutschen Messe" eingeleitet.

75 TORGAU: KATHARINA-LUTHER-STUBE

Wo die starke Frau starb

Es liegt vermutlich an der Kreativität der Tourismusmanager, dass Wittenberg als die Mutter und Torgau als die Amme der Reformation gilt. Diese Auszeichnung verdankt Torgau der Katharina von Bora, der Reformatorenfrau, die 1552 in Torgau gestorben ist. Hinter jedem berühmten Mann, verbirgt sich... Das kann man gut nacherleben in der kleinen Gedenkstätte, in Katharinas letzter Wohnstätte.

Katharina von Bora war zweifelsohne couragiert. Mit Hilfe des Torgauer Rats- und Handelsherrn Leonhard Koppe flohen 12 Nonnen, darunter Katharina, in der Osternacht 1523 aus dem Kloster Nimbschen. Zuerst nach Torgau. Die Stadt war für Katharina nicht nur die erste Station auf ihrem Weg ins bürgerliche Leben, sondern auch ihre letzte. 1552, als ihr Mann Martin schon gestorben war, brach in Wittenberg die Pest aus. Sie floh nach Torgau. Unterwegs scheuten die Pferde, sie verunglückte und kam schwer krank in der Stadt an. Dennoch ging das Leben zunächst weiter: Katharina durfte die Verlobung ihres Sohnes Paul mit der Patriziertochter Anna von Warbeck erleben und den 18. Geburtstag ihrer jüngsten Tochter Margarethe konnte sie am 17. Dezember noch feiern, bevor sie am 20. Dezember starb. Am Tag darauf, gegen drei Uhr nachmittags, wurde sie in einem großen Trauerzug zur Stadtkirche St. Marien geleitet, ihrer letzten Ruhestätte.

Ohne Käthe kein Martin, so könnte man vermutlich sagen. So dachte auch Luther: Als starke Persönlichkeit war Katharina für Luther nicht nur Ehefrau, sondern auch die Managerin der Familie und des großen Haushalts sowie seine wichtigste Partnerin. Am besten lässt sich dies erkennen, wenn man notiert, wie Martin seine Käthe genannt hat: Nicht nur „mein Liebchen" oder „mein Morgenstern zu Wittenberg", sondern auch „mein Herr Käthe". Ein größeres Lob konnte Luther wohl nicht aussprechen.

Im Haus in der Katharinenstraße 11, 1542 ursprünglich erbaut als „Haus auf dem Scharfenberg", befindet sich das Sterbehaus der Katharina von Bora. Hier wurde 1996 eine kleine Gedenkstätte für die Ehefrau des Reformators eröffnet.

1552

Am 20. Dezember starb Katharina von Bora in Torgau. Sie hatte die Weltgeschichte beeinflusst.

Wo die erste evangelische Kirche entstand

Man muss ins Schwärmen kommen. Wunderschön ist Schloss Hartenfels. Es gilt als besterhaltenes Schloss der Frührenaissance in Deutschland. Höhepunkt des Schlosses ist der von Konrad Krebs 1533-1536 geschaffene Große Wendelstein am Hauptgebäude. Nur eine Treppe, könnte man sagen. Doch nein! Wie eine Spindel schwingt sich die elegante Treppe ohne zusätzliche Versteifungen über zwei Stockwerke nach oben: die Symphonie einer Treppe. Am oberen Portal befindet sich die erste plastische Darstellung von Luther in einem Medaillon.

Nicht weniger beeindruckend ist die Schlosskirche. Sie nimmt einen Seitenflügel des Schlosses ein. Martin Luther weihte die Kirche am 5. Oktober 1544 ein. Sie gilt als der erste protestantische Kirchenneubau. Die Architektur und die Kunst zeigen einen evangelischen Stil. Gemeint ist: unauffällig. Im Gegensatz zu dem Treppenkunstwerk. Ganz in die Fassadengestaltung des Schlosses einbezogen, erkennt man sie gar nicht mehr als einen sakralen Bau. Evangelisches Understatement. Die Schlosskapelle sollte kein besonderes Haus sein, *„als wäre sie besser denn andere Häuser, wo man Gottes Wort predigt"*, sagte Luther in seiner Kirchweihpredigt.

Die Schlosskirche präsentiert sich uns fast noch original, wie einst zu Luthers Zeiten: eine dreigeschossige, überwölbte Halle, 23 mal 11 Meter und 14 Meter hoch, umgeben von steinernen Emporen. Gegenüber dem Eingang, in der Mitte der streng symmetrischen Längsempore, steht die Kanzel. Die räumliche Anordnung der Kanzel ist typisch evangelisch und betont die zentrale Bedeutung der Predigt als der Verkündigung des Wortes Gottes. Der Altar ist als Tisch gestaltet und dient nicht mehr als massiver Block der Aufnahme und Aufbewahrung von Reliquien. Am Tisch und um den Tisch herum kann die Gemeinde das evangelische Abendmahl feiern.

Die Straßen Wintergrüne und Schloßstraße führen zum Schloss. Über die Wintergrüne erreicht man die Stadtkirche St. Marien, in der Katharina von Bora bestattet ist, und gegenüber das alte Pfarrhaus, das 1529 auf Vorschlag Luthers als erste Superintendentur genutzt wurde.

1544

Am 5. Oktober weiht Martin Luther persönlich die Schlosskirche zu Torgau ein.

Wo eine verbotene Ehe geschlossen wurde

Altes Reformationsland: Auf Wunsch des Schlossherrn Hans von Minckwitz vermittelte Martin Luther 1521 Caspar Zeuner als ersten evangelischen Prediger nach Trebsen. Er ehelichte Catharina Bucher und verstieß damit gegen alle geistlichen Regeln. Dies sollte Konsequenzen nach sich ziehen. Trebsen gehörte kirchenrechtlich zum Bereich eines katholischen Hardliners, Bischof Adolf von Merseburg. Der zitierte 1523 den Trebsener Pfarrer und einige Kollegen aus den Nachbargemeinden nach Merseburg und enthob sie ihres (katholischen) Amtes. Nicht ganz so schlimm, denn der Schlossherr hielt an ihm fest, so dass er bis 1534 als (evangelischer) Pfarrer in Trebsen weiterarbeitete.

Das war der Familie von Minckwitz zu verdanken, die sich als Förderer der Reformation verstand. Sie stammt von dem kurfürstlichen Kammerherrn Hans von Minckwitz ab, der 1511 das Schloss übernahm und es zu Wohnzwecken umbaute. Die spätgotischen Staffelgiebel prägen seit dieser Zeit das äußere Erscheinungsbild. Die Familie Minckwitz war schnell mächtig geworden und hatte sich wirtschaftlich etabliert. Aber nicht nachhaltig genug. Ab 1540 mussten sie ihre Lehen wegen hoher Verschuldung wieder veräußern.

Neben dem Schloss prägt den Ort eine große romanische Saalkirche aus dem 12. Jahrhundert. Der eingezogene spätgotische Chor stammt aus der Lutherzeit (1518). Der Turm, erbaut 1552, trägt eine 1731 fertiggestellte Zwiebelhaube. Der Innenraum der Kirche wurde nach 1700 barock ausgestaltet.

Wenn man die Kirche heute besucht, beeindruckt das große Deckengemälde mit der Himmelfahrt des Elia (1701).

Die Verbundenheit mit der Region dokumentiert die Platte des Altars, die aus der Klosterkirche in Grimma stammt. Lange Zeit wurde sie in Grimma genutzt. In den 1990er Jahren wurde sie in die Kirche von Trebsen überführt.

Trebsen liegt zwischen den Städten Grimma und Wurzen im Muldental. Der Ort ist 850 Jahre alt, sehens- und besuchenswert. Die Stadtpfarrkirche erreicht man über die B107 bzw. die Grimmaische Straße. Dann die Abzweigung in die Pfarrgasse 5 nehmen.

1521

Hans von Minckwitz stellt Caspar Zeuner als ersten evangelischen Prediger in Trebsen ein.

Wo Luther die Handschrift des Todes spürte

In den letzten Briefen Martin Luthers an seine Frau Käthe in Wittenberg erwähnt der Reformator Rißdorf. Dieses sei „hart vor Eisleben." An diesem unscheinbaren Ort wurde er nachhaltig beeindruckt, als er am 28. Januar 1546 nach Eisleben reiste. Er war unterwegs zu den Mansfelder Grafen, um einen Streit zu schlichten, als ihm kurz vor diesem Dorf ein plötzlicher kalter Wind, der ihm in den Wagen fuhr, fast „das Hirn zu Eis machen" wollte, wie er berichtete. Hier wurde er „kranck ym einfaren." Er ahnte noch nicht, dass dies tatsächlich seine letzte Fahrt werden sollte.

Die „kalte Schneise" befindet sich in einer schönen Landschaft am Fuße von Hängen, an denen einmal der Weinbau zu Hause war. Später pflanzte man hier unter anderem Aprikosenbäume an. Ein plötzlicher Kälteschub mit winterlichem Ostwind kombiniert kann auch heute noch auftreten. Das ist bekannt und wird beklagt: Der Frost schlägt manchmal zu und zerstört einen Streifen breit jede Frucht. Und packt auch Menschen. Ein Arzt würde Luthers Symptome natürlich ganz anders deuten.

Seit 1996 befindet sich an dieser Stelle eine Tafel, so dass man eine Gedenkminute einlegen kann. Wenn man schon an der „kalten Stelle" ist, kann man auch noch nach Unterrißdorf fahren und dem kleinen Kirchlein einen Besuch abstatten.

Die Kirchengemeinde beantragte 1995 Luthers letzten Weg durch das Dorf umzubenennen, denn „Karl-Marx-Straße" sei keine so passende Namenswahl. So wurde die Dorfstraße erfolgreich in „Lutherstraße" umbenannt und 2006 nochmals geändert in „Lutherweg".

Jährlich am 28. Januar gedenken die Unterrißdorfer und ihre Gäste um 17 Uhr für ein paar Minuten an „Luthers kalter Stelle" seiner letzten Reise nach Eisleben im Jahr 1546. Dabei sollte man durchaus warm angezogen sein, falls plötzlich wieder ein kalter Wind das Hirn zu Eis machen will.

Unterrißdorf ist ein Vorort von Eisleben. Von der B180 biegt man zu dem Ort ab und folgt dem Lutherweg. Außerhalb von Unterrißdorf in einer Rechtskurve befindet sich die entsprechende Stelle, markiert durch eine Tafel.

1546

Am 28. Januar reiste Luther nach Eisleben. Kurz vor Unterrißdorf kam plötzlich ein kalter Wind auf, der ihm in den Wagen fuhr und fast „das Hirn zu Eis machen" wollte.

Wo die Schlosskirche ein Gefängnis ist

Waldheim liegt im Zschopautal, einer anmutigen Landschaft, und nennt sich auch die Perle des Zschopautales. Die Stadt selbst mit ihrer Gründerzeitarchitektur hat viel Flair. Nun gut, da ist auch noch die Justizvollzugsanstalt mit Mauern und Stacheldraht. Sie ist untergebracht im ehemaligen Kloster, das seinerseits einstmals eine Burg war. Vor der Reformation war Luther als Augustinermönch für das Kloster sogar mit verantwortlich und man geht davon aus, dass er Waldheim auch besucht hat.

Vielleicht ist das der Grund, dass sich im Kloster frühzeitig reformatorisches Gedankengut verbreitete und viele Mönche Martin Luther zugetan waren. Die Reformation bewirkte, dass das Kloster 1549 freiwillig an den Burgherrn von Kriebstein, Georg von Karlowitz, übergeben wurde. 1588 kaufte Kurfürst Christian I. das ehemalige Kloster und baute es in ein Jagdschloss um. Die seit dem 14. Jahrhundert bestehende Kapelle St. Otto wurde zur Schlosskirche.

Ein neues Zeitalter brach 1716 an, als August der Starke das Jagdschloss in ein Zucht-, Armen- und Waisenhaus, das erste in Sachsen, umwandelte. Seit 1858 nutzt man die Gebäude ausschließlich für den Strafvollzug. Seitdem kann man auch die Schlosskirche nicht mehr besichtigen.

Natürlich besaß die Stadt auch noch eine eigene Stadtkirche. Ein verheerender Stadtbrand zerstörte am 20. Mai 1832 das Gotteshaus auf dem Markt. Eine Bronzetafel im Marktpflaster weist darauf hin. Aber schon 1839 entstand ein klassizistischer Neubau auf dem Kellerberg mit über 1.200 Sitzplätzen und einer wunderbaren Akustik. Dort tritt auch die Kantoreigesellschaft auf. Sie wurde während der Reformation 1561 gegründet, ist also über 450 Jahre alt. Ebenfalls wichtig: Von der Stadtkirche hat man den besten Blick auf die Stadt.

Übrigens: Weltpolitik in Waldheim. 1813 zog Napoleon mit seinem Heer durch Waldheim und übernachtete im Haus am Niedermarkt 8.

Die JVA ist an ihren Mauern und der Stacheldrahtbewehrung leicht zu erkennen. Die Schlosskirche zeigt sich über den Mauern, kann aber nicht besichtigt werden. Dafür ist die Stadtkirche am Kellerberg einer Besichtigung wert.

1549

Anlässlich der Reformation wurde das Kloster freiwillig an den Burgherrn von Kriebstein, Georg von Karlowitz, übergeben.

Wo die Kirche einen Spitznamen hat

Im Volksmund heißt sie Herderkirche, weil der Theologe und Philosoph Johann Gottfried Herder von 1776 bis zu seinem Tode im Jahre 1803 in der Stadtkirche Generalsuperintendent war. Auf dem Friedhof der Stadtkirche ist er beerdigt worden. Sie könnte natürlich auch Luther-Kirche heißen, weil Martin Luther zwischen 1518 und 1540 in der Stadtkirche mehrfach gepredigt hat. Bereits im Jahr 1525 zog in der Stadtkirche und damit in Weimar die Reformation ein.

St. Peter und Paul ist das bedeutendste Kirchengebäude in der Stadt. Ihre Existenz reicht bis zur Stadtgründung zurück. 1253 stand im Stadtzentrum, auf dem heutigen Herderplatz, ein Kirchenbau. Patronatsherren waren die Herren von Orlamünde, dann der Deutschritterorden.

Über das Aussehen der Vorgängerbauten ist nichts bekannt. Der heutige Bau ist dafür umso signifikanter: spätgotisch, dreischiffig, Hallenkirche mit polygonalem Chor. Bauzeit war zwischen 1498 und 1500. Luther dürfte sie so erlebt haben.

Zum Inneren könnte man viel sagen. Am besten ist es, sie still zu genießen. Und doch muss man auf eine Besonderheit hinweisen: Der Flügelaltar, der von Lucas Cranach d. Ä 1552 begonnen und von seinem Sohn 1555 vollendet wurde. Eine bildhafte Predigt, die Bildsprache der Renaissance, eine Darstellung der evangelischen Glaubenslehre: Allein aus Glauben kommt die gnadenspendende Erlösung des sündigen Menschen durch Christus Jesus. Der Sohn hat den Vater abgebildet, getroffen vom Blutstrahl des verwundeten Jesus, stehend zwischen Johannes dem Täufer und Martin Luther.

Die Superintendenten waren nicht immer vor Verirrungen gefeit. Im Dezember 1988 verriet der damalige Superintendent fünf Besetzer der Kirche an die Stasi. Nach der Wende stellte sich heraus, dass er zu den Pfarrern gehörte, die eng mit dem MfS zusammengearbeitet hatten.

Fast unerheblich: Die Kirche ist UNESCO-Weltkulturerbe.

Die Herderkirche befindet sich natürlich am Herderplatz in Weimar. Den Eingang bewacht ein Denkmal von Herder. Mehr Herder geht nicht.

1776

Von 1776 bis 1803 wirkte in der Kirche der Theologe und Philosoph Johann Gottfried Herder.

Wo es die schönsten Konzerte zu genießen gibt

Man sollte mit einem Blick auf die Burg beginnen: ein markantes Bauwerk, erbaut auf einem längs der Saale verlaufenden Porphyrrücken, hart wie Lavagestein, 500 m lang. Der Saalekreis hat in den Mauern ein Gymnasium eingerichtet. Vor allem aber beeindruckt die Nikolaikirche: Als Stadtkirche wurde sie schon im 12. Jahrhundert errichtet. Später umgestaltet, unterlag sie verschiedenen Baustilen.

Die Reformation erreichte Wettin wohl um 1550. Luther selbst hat Wettin wahrscheinlich nie besucht. Aber die Kleinstadt ist stark von der Reformation geprägt worden. Auch die Kirche: Nach der Reformation wurde das Hauptschiff als offene Halle neu konzipiert, an der linken Wand im Chor eine Kanzel errichtet und der Friedhof aus der Stadt verbannt, wie in vielen jungen evangelischen Gemeinden üblich. Dafür baute man auf dem alten Friedhof die erste Schule. Und demonstrierte damit die Einheit von Religion und Bildung. Gegen 1600 waren diese Arbeiten wohl abgeschlossen, weil auf einer Widmungstafel vor der Kirche steht: *„Anno 1600 ist diese Kirchen zu St. Nikolai genannt Gott zu Ehren vor dem Rathe wegen der Bürgerschaft zu Wettin erbaut worden."*

Zu DDR-Zeiten war sie über 30 Jahre dem Verfall überlassen, ungenutzt, kein Mensch interessierte sich für sie. Vergessen. Nach der Wende fand sich ein Förderkreis, der sich um das Kleinod kümmerte. Plötzlich hatten die Wettiner wieder Interesse an ihrer Kirche – und nicht nur sie. St. Nicolai ist schön geworden, ein Schmuckstück.

Nach der letzten Renovierung bietet die Kirche wieder einen faszinierenden Anblick. Tritt man durch das Westportal ins Kircheninnere, steht man in einer großzügigen Halle, lichtgeflutet durch gotische Fenster, verstärkt durch eine helle Decke. Auch der Chorraum ist hell, Mittelpunkt ist der Altar. Ansonsten ist die Gestaltung und Einrichtung darauf abgestimmt, die Kirche als Konzertsaal zu nutzen.

Die Kirche steht am Nikolaikirchplatz. Hier finden sehr schöne Konzerte statt, denn die Kirche hat eine gute Akustik. Vielleicht, weil oben in die Wände Schalltöpfe eingebaut sind, Tonkrüge, die die Akustik verbessern.

1550 erreichte die Reformation Wettin. Daraufhin baute man auch die Kirche nach evangelischen Gesichtspunkten um.

Wittenberg,
die Mutter der Reformation

Es kann Ehre sein und auch ein bisschen Last. Die Wittenberger Bürger stehen früh mit Luther auf, gehen abends mit Luther ins Bett. Immer nur Luther. Anderseits: die Stadt wurde auf Vordermann gebracht, dank Lutherdekade. Angeblich wurde die Gegend schon vor 10.000 Jahren besiedelt. Bei den Urkunden wird man erst im Jahr 973 fündig. Die erste Erwähnung des Namens Wittenberg stammt wohl aus dem Jahr 1174.

Albrecht II. lebte in Wittenberg, richtete hier die Residenz von Sachsen-Wittenberg ein und verlieh dem Ort 1293 die Stadtrechte. Die Neuzeit des Mittelalters begann, als 1486 Friedrich der Weise die Kurwürde erhielt. Wittenberg wurde kurfürstliche Residenz mit Elbbrücke. 2.000 Einwohner lebten in den Wittenberger Mauern. Da scheint der Entschluss des Kurfürsten von 1502, eine Universität zu errichten, sehr ambitioniert. Es wird die erste Universität im Reich, die nicht von den Klerikern, sondern von einem Landesherrn gegründet wurde. Hut ab.

Von da an wurde der kurfürstliche Hof zu einem Anziehungspunkt für schöpferische Kräfte. Jedenfalls entstanden weitere Bauten: 1503 das Fridericianum (Altes Kollegium), 1504 das Augustinerkloster, auch Schwarzes Kloster genannt. Es tummelten sich Menschen in der Stadt, die recht berühmt werden sollten: Lucas Cranach d. Ä., Luther, Melanchthon.

Am 31. Oktober 1517 begann eine neue Epoche, als Luther seine 95 Thesen veröffentlichte. So wurde Wittenberg Geburtsort der Reformation, auch schon mal als „Rom der Protestanten" bezeichnet. Nach dem Tod Friedrichs des Weisen ging die Hauptstadtfunktion an Torgau über, trotzdem blieb die Stadt Zentrum der Reformationsbewegung.

Wittenberg trafen natürlich auch die Turbulenzen nach der Reformation: die Wittenberger Kapitulation im Schmalkaldischen Krieg, konfessionelle Auseinandersetzungen und schließlich Hexenprozesse. Der Dreißigjährige Krieg ging an Wittenberg glimpflich vorbei. Doch die nachfolgenden Kriege dezimierten die Bevölkerung: 1795 gab es nur noch 366 Studenten.

Schon früh entstand eine Luther- und Reformationsgedenkkultur. 1821 wurde in Wittenberg das Lutherdenkmal auf dem Marktplatz eingeweiht, 1830 die noch heute stehende Luthereiche neu gepflanzt, 1858 eine bronzene Thesentür für die Schlosskirche gestiftet, 1865 das Melanchthondenkmal auf dem Marktplatz enthüllt, ab 1877 ein reformationsgeschichtliches Museum im Lutherhaus eingerichtet, 1892 die restaurierte Schlosskirche eingeweiht und 1894 das Bugenhagendenkmal auf dem Kirchplatz enthüllt.

Viel Erinnerung: 1952 wurde der 450. Jahrestag der Gründung der Universität, 1953 der Gedenktag zum 400. Todestag Lucas Cranachs d. Ä. und 1967 die 450-Jahrfeier der Reformation begangen.

Und heute? Es gibt Hoffnung auf eine touristische Entwicklung als „Wallfahrtsort" der Reformation. Zahlreiche Gebäude wurden restauriert, die Infrastruktur erneuert und neue Attraktionen entworfen.

Und Luther? Wenn man seinen eigenen Worten glauben darf, dann hat er sich in Wittenberg nicht so wohl gefühlt. Er hat zwar über 35 Jahre in Wittenberg gelebt und gewirkt, aber oft über die Stadt geschimpft: *„Wir sitzen hier in Wittenberg nur auf einem Schindanger. Die Wittenberger leben am Rande der Zivilisation, wären sie nur wenig weitergezogen, wären sie mitten in der Barbarei angekommen."*

Und Lutherstätten? Hier eine knappe Aufzählung: Das **Lutherhaus** befindet sich am Ende der Collegienstraße, ehemals Kloster, das „Schwarze Kloster" genannt. Zum **Augusteum**, der Universität mit seinem Hauptgebäude in der Collegienstraße, gelangt man über den Hof des Lutherhauses. In der **Stadtkirche St. Marien** predigte Martin Luther mehrmals. Gemeindepfarrer war zu Luthers Zeiten Johannes Bugenhagen. Das **Bugenhagenhaus** befindet sich am Kirchplatz 9. Hier zog Bugenhagen nach seiner Ernennung zum Stadtpfarrer ein. Das **Schloss** und die Schlosskirche stehen augenfällig am westlichen Rand der Altstadt. Das **Melanchthonhaus** war zur damaligen Zeit eines der modernsten Häuser in Wittenberg. In den Baukomplexen der **Cranachhöfe** kann man sich ein gutes Bild von Cranch machen. Nicht zu vergessen die **Luther- und Melanchthon-Denkmäler** auf dem Markt.

Wenn jemand andere Akzente setzen will: 1999 entstand die **Hundertwasser-Schule**. Interessant und garantiert keinerlei Bezug zu Luther. Zu finden in der Schillerstraße 22a. Die Wittenberger nehmen es gelassen – Sie wissen: Luther ist ihr „Schicksal".

Wo Melanchthon lebte

Melanchthon: Wäre er nicht gewesen, wäre die Reformation wie ein Strohfeuer in sich zerfallen. Er war der starke Organisator hinter Luther. Er schuf die Strukturen und er konnte ausgleichen, wo Luther viel zu emotional agierte.

Das Wohnhaus von Philipp Melanchthon, ein Renaissancegebäude, zählt zu den schönsten Bürgerhäusern in der Stadt. Es erzählt uns eine Geschichte: 1518 wurde Melanchthon in Wittenberg zum Professor berufen. Damit hatte er eine sichere Existenz und konnte heiraten. Dies tat er am 25. November 1520. Die Auserwählte hieß Katharina Krapp. Es handelte sich bei dieser Ehe – wie dies für die damalige Zeit üblich war – um eine reine Vernunftehe, aus der dann vier Kinder hervorgingen. Die beiden zogen in das Haus in der Collegienstraße 60. Es muss aber nicht sehr attraktiv gewesen sein. Melanchthon nannte das halb zerfallene Lehmhaus „Bude".

16 Jahre lebte er in der Bude. Luther lebte schon lange in seinem komfortablen „Lutherhaus". Melanchthon war nur einer Bude wert. So beschloss er 1536 aus Wittenberg fortzuziehen. Nun erst erbaute man ihm auf Kosten der Universität und des Kurfürsten Johann Friedrich I. mit Beinamen „der Großmütige", auf dem alten Grundstück ein Haus. Es wurde ein dreigeschossiges Gelehrtenhaus mit einem großen Garten. Aus diesem Grund blieb Melanchthon in Wittenberg, denn der Besitz des Hauses bescherte ihm auch das uneingeschränkte Bürgerrecht. Und das Anwesen hatte noch einen ganz besonderen Luxus: ein Rohrwassersystem, durch das er bereits 1556 über fließendes Wasser im Haus verfügte. Hier wohnte er bis zu seinem Lebensende 1560. Sein Leichnam wurde, wie auch Luthers, in der Schlosskirche beigesetzt.

Auf ein Melanchthon-Museum mussten seine Anhänger lange Zeit warten. Erst seit 1967 gibt es das Museum, das vom Leben und Wirken Melanchthons berichtet. Hier steht der Humanist im Vordergrund.

Neben dem Melanchthonhaus wurde Anfang 2013 ein moderner Neubau eröffnet. Auf 600 qm Ausstellungsfläche informiert eine Ausstellung über den Reformator. Adresse: Collegienstraße 60.

1520

Melanchthon heiratete Katharina Krapp. Es handelte sich zwar um eine Vernunftehe, sie schien aber sehr harmonisch gewesen zu sein.

Wo Martin Luther die Juden schmähte

„Denn sie [die Juden] uns eine schwere Last, wie eine Plage, Pestilenz und eitel Unglück in unserm Land sind." Diese Aussage stammt tatsächlich von Luther (1543). Dennoch, erklären Historiker, entsprang sein Antijudaismus dem unbedingten Willen zu missionieren, war also theologisch gemeint. Nein, das ist keine Entschuldigung. Auch nicht die Tatsache, dass Judenhass im Volk weit verbreitet war, wie das Judensaurelief an der Stadtkirche von Wittenberg aus dem Jahr 1440 noch heute zeigt.

Die Judensau als antisemitisches Motiv findet man derzeit noch an so mancher Kirche oder Burg in Deutschland. Sie war bewusst als Demütigung gedacht, da das Schwein für Juden als unrein gilt. Sie stammen aus dem 13. bis 15. Jahrhundert. Ab 1517 predigte Martin Luther viel in dieser Kirche. Er kannte das Relief also bestens. 1543 erscheint das zentrale Dokument des lutherischen Antisemitismus *„Von den Juden und ihren Lügen"*. In seiner Schmähschrift *„Schem Ha Mphoras"* (hebräisch für „der unverstellte Name") von 1546 beschreibt er das Motiv an der Stadtkirche folgendermaßen: *„Hinter der Saw stehet ein Rabin, der hebt der Saw das rechte Bein empor, ... bückt und kuckt mit grossem vleis der Saw unter dem pirtzel in den Thalmud hinein, als wolt er etwas scharffes und sonderlichs lesen und ersehen."*

Damit bezog Luther die Judensau auf den Talmud und verhöhnte die rabbinische Schriftexegese und den jüdischen Glauben. Man kann natürlich sagen, Luther war ein Kind seiner Zeit. So dachten schon vor ihm Auftraggeber und Künstler, das Relief beweist dies. Aber die absolute und beleidigende Form dieser Aussage versagte jeden denkbaren theologischen Dialog mit Juden auf Jahrhunderte. Was hätte werden können, wenn...

Heute ist man sensibler geworden. 1988 errichtete man direkt unter dem Relief im Pflasterbereich des Kirchplatzes ein Mahnmal.

Die Abbildung der Judensau wurde um 1440, also vor Luthers Zeiten, an der Stadtkirche angebracht. Vorbehalte gegen Juden waren ein allgemeines gesellschaftliches Thema.

1543 erscheint das zentrale Dokument des lutherischen Antisemitismus. „Von den Juden und ihren Lügen" heißt die Schrift.

Wo heute noch gemalt wird

Ohne ihn geht es nicht. Lucas Cranach d. Ä. wurde 1505 von Kurfürst Friedrich dem Weisen an den sächsischen Hof nach Wittenberg berufen. Glücksfall oder Weitblick. Cranach lebte dort 40 Jahre lang. Er war Malerkünstler und Unternehmer. In zwei Renaissancehöfen richtete er eine erfolgreiche Malerwerkstatt ein, betrieb eine Druckerei, in der auch Martin Luthers Bibelübersetzung erschien. Er managte aber auch die Wittenberger Apotheke und erwarb sogar die Erlaubnis zum Wein- und Bierausschank. Cranach gehörte dazu dem Rat der Stadt an und amtierte ab 1537 mehrmals als Bürgermeister. Später stieg sein Sohn, Lucas Cranach d. J., in die Malerwerkstatt ein. Gemeinsam arbeiteten sie am Reformationsaltar für die Stadtkirche St. Marien und an anderen Kunstwerken. Eine intakte Vater-Sohn-Beziehung. Unsterblich wurde Cranach jedoch durch seine Bilder, Portraits von Kurfürsten und Pfarrern. Er traf den Geschmack seiner Generation.

Nun darf man nicht denken, man könne hier die Welt des 16. Jahrhunderts entdecken. Die Häuser wurden vielfach verändert, umgebaut und restauriert. Also nichts Authentisches? Vielleicht stammt der Pflasterstein, auf dem man steht, noch aus der Cranach-Epoche.

Im „Café 3" oder in der „Hofwirtschaft" in der Schlossstraße 1 kann man sich bewirten lassen und in Ruhe über die Geschichte nachdenken. Man kann Souvenirs kaufen oder einen Malkurs belegen. Dass es all dies gibt, ist einer Bürgerstiftung zu verdanken, der Cranach-Stiftung seit 1989. Sie hat sich um eine behutsame Sanierung der Cranach-Häuser bemüht. Das war dringend notwendig, denn die DDR-Behörden hatten die Häuser und Höfe verkommen lassen, sie boten einen trostlosen Anblick. Die Stiftung schafft die notwendige Öffentlichkeit und organisiert viele kulturelle Veranstaltungen. Cranach wäre sicherlich gerne hier aufgetreten.

Die Cranachgebäude befinden sich in zentraler Lage in der Schlossstraße 1 und Markt 4. Schon daran zeigt sich das unternehmerische Gespür der Cranach-Dynastie. Im Hof der Schlossstraße 1 befindet sich ein nettes Restaurant, in dem sich gut verweilen lässt.

1505

Kurfürst Friedrich der Weise berief Lucas Cranach d. Ä. an den sächsischen Hof nach Wittenberg.

Wo Herr Käthe
schaltete und waltete

Es gibt nicht viele Menschen, die ein ehemaliges Kloster als Wohnhaus nutzen. Martin Luther war so einer. Das Lutherhaus in der Collegienstraße wurde 1504 als Augustiner-Kloster erbaut, gedacht als Schlafstätte für die Mönche und als Lehrstätte für den Studiengang „Ordensstudium". Es trug auch den Namen „Schwarzes Kloster". Warum? Aufgrund der Kleidung seiner Bewohner.

Luther zog 1507 nach seiner Priesterweihe in dieses Kloster ein. Er promovierte an der Universität und übernahm 1512 die Professur für Bibelerklärung. Er bewohnte eine Zelle im Konventhaus, das im 18. Jahrhundert abgebrochen wurde. 1524, in evangelischen Zeiten, überließ der Kurfürst das verwaiste Kloster Luther und seiner Familie. Sie wohnten dort bis zum Tode Luthers.

Martin Luther und Katharina von Bora wurden am 13. Juni 1525 von Johannes Bugenhagen im Augustinerkloster getraut. Es war eine Vernunftehe. Am 21. Juni 1525, acht Tage nach der Eheschließung, schrieb Luther seinem Freund Nikolaus von Amsdorf: *„Denn ich empfinde nicht hitzige Liebe oder Leidenschaft für meine Frau, aber ich habe sie sehr gern."*

Katharina von Bora war nun jedenfalls Chefin eines Haushalts, den man durchaus mit einem mittelständischen Betrieb vergleichen konnte. Sie versorgte Kinder, Gäste, Lehrer, Studenten, Dienstboten, Tagelöhner, Vieh, Gärten, die Landwirtschaft, ein Brauhaus sowie ein Waschhaus und erwies sich als erfolgreiche Finanzmanagerin. Sie legte ihr Geld in Grundbesitz an, kaufte und pachtete Gärten und Ackerland, pflanzte viele Sorten Gemüse und betrieb Viehzucht. Der Haushalt war weitgehend autark.

Es ist bekannt, dass Luther von Frauen im öffentlichen Leben nichts wissen wollte. Die Führung seiner Frau in Hof und Garten erkannte er, manchmal mit leichtem Grollen, jedoch an. So musste sich auch ein Martin Luther beugen. Im Innenhof befindet sich ein Denkmal für Katharina.

Das Lutherhaus befindet sich in der Collegienstraße 54, heute ein großes Luthermuseum. Zu den Exponaten gehören Luthers Mönchskutte, die 10-Gebote-Tafel von Lucas Cranach d. Ä., Luthers Bibel sowie Handschriften und Medaillen. Eine Attraktion ist die weitgehend original erhaltene Lutherstube.

1524
überließ der Kurfürst das verwaiste Kloster Martin Luther und seiner Familie.

Wo alles begann:
95 Thesen an der Schlosstür

Man kann ihn einfach nicht übersehen: 88 m hoch und schlank ist der runde Schlosskirchturm. Er trägt eine filigrane, neugotische Turmhaube. Genau darunter befindet sich ein Spruchband aus Mosaiksteinen. Die metergroßen Buchstaben formen die ersten Worte eines Kirchenliedes, das Martin Luther selbst gedichtet hat: *„Ein feste Burg ist unser Gott, ein gute Wehr und Waffen."* Das Schloss selbst ist eher unscheinbar, die Schlosskirche der eigentliche historische Star. Am 31. Oktober 1517 veröffentlichte der bis dahin nahezu unbekannte Wittenberger Augustinermönch und Theologieprofessor Martin Luther seine 95 Thesen an der Hauptüre der Kirche. Damit veränderte er die Welt.

Es gab schon früher eine Kapelle. Aber erst Kurfürst Friedrich der Weise erbaute 1489 bis 1509 das Residenzschloss und die Schlosskirche. Schon 1507 zog die Universität in die Kirche ein und nutzte sie als Auditorium. Martin Luther predigte und lehrte häufig in der Kirche. 1525 wird der evangelische Gottesdienst eingeführt. 1546 stirbt Martin Luther und wird in der Kirche begraben, wie auch sein Mitstreiter Philip Melanchthon (1560).

Zurück zum Turm: Einst war er Schlossturm. 1770 richtete man nach einem schlimmen Beschuss im Siebenjährigen Krieg die Kirche wieder auf und baute den Schlossturm zum Kirchenturm um. Die heutige neogotische Architektur verdanken Kirche und Turm ihrer Erneuerung in den Jahren 1883 bis 1892, ebenso die Haube des Schlosskirchturms. Luther hätte den Bau nicht erkannt.

Zur Kirche gehört auch eine Gemeinde, die Schlosskirchengemeinde, 1949 gegründet. Sie ist gerade 110 Mitglieder stark. Aber die Schlosskirche in Wittenberg gehört allen Menschen. Sie sind eingeladen zu den Gottesdiensten jeden Sonntag um 10.00 Uhr. An jedem 1. Sonntag im Monat ist Abendmahlsgottesdienst. Historisches Flair gibt es dazu.

Das Schloss steht markant am Schlossplatz. Es ist der Eingang zur Altstadt.
Von ihm führt die Schlossstraße an vielen historischen Gebäuden vorbei.

1517

Am 31. Oktober veröffentlichte der Wittenberger Augustinermönch und Theologieprofessor Martin
Luther seine 95 Thesen am Haupttor der Kirche.

Wo man noch richtig pilgern kann

Eigentlich muss man Wohlsdorf nicht kennen. Die 500 Einwohner wohnen in einem kleinen Dorf, etwa 10 km südöstlich der Kreisstadt Bernburg (Saale). Wenn man etwas Touristisches erwähnen will, spricht man vom Großen Wiendorfer Teich, dem größten Binnengewässer in der Region. Dort kann man wandern, Boot fahren und schwimmen. Dabei wurde der Ort bereits 986 das erste Mal urkundlich erwähnt. Hier findet sich also Vergangenheit.

Sehenswert ist aber ein besonderes Kleinod romanischen Ursprungs. Ein Kirchlein aus dem Anfang des 16. Jahrhunderts. Eindrücklich ein Kreuz der Ritter vom Templerorden am Eingang. 1783 wurde der Mittelturm mit fürstlicher Krone erbaut, genau in der Sichtachse zum Schloss Biendorf. Jedenfalls läutete die Glocke von 1518 die Reformationszeit mit ein. Heute ist die Kirche außer Dienst. Sie ein soziokulturelles Zentrum, in dem man sich treffen und feiern kann. Daneben befindet sich der Pferdestall, den man in eine rustikale Pilgerherberge umgewandelt hat, sowie das Gutshaus, der Familiensitz der Familie Luther von Bila, den Nachfahren des jüngeren Lutherbruders Jacob, der einst die väterliche Erzhütte übernommen hatte.

Es ist wahrscheinlich, dass der echte Luther in dieser Dorfkirche nicht gepredigt hat. Dennoch hatten Menschen die Idee, hier eine Pilgerstätte einzurichten. Seit 2008 gehört Wohlsdorf zum Lutherweg: Zu verdanken ist dies Wolf von Bila, der 1992 auf den einstigen, in DDR-Zeiten enteigneten, Familiensitz zurückkehrte. Wohlsdorf liegt ziemlich genau in der Mitte zwischen den beiden Lutherstätten Wittenberg und Eisleben, für eine Pilgerherberge also ideal.

In der Wohlsdorfer Kirche fanden schon seit vielen Jahren keine Gottesdienste mehr statt. Keine Gläubigen, keine Pfarrer, kein Geld. Die von Bilas haben sie gekauft und wieder hergerichtet. Sie wollen dem Pilgern einen neuen Inhalt geben. Ein Kleinod auf dem Pilgerweg.

Wohlsdorf liegt zwischen Köthen und Bernburg. Die Kirche befindet sich mitten im Ort, der Zugang erfolgt von der Dorfstraße.

1518

soll das Jahr der Reformation in Wohlsdorf gewesen sein. Nachweisbar ist dies aber nicht.

Wo es um die Altersversorgung ging

Die Luthers standen mit beiden Beinen auf dem Boden. In Wittenberg managte hauptsächlich Katharina von Bora den Haushalt. Martin schien vom Wirtschaften nicht so viel zu verstehen, aber zumindest genug, um sich Gedanken darüber zu machen, wie er seine Frau für die Zeit nach seinem Tod absichern konnte. Er dachte also über eine solide Alterssicherung nach, wahrscheinlich intensiver als die jungen Leute heutzutage. So schenkte er seiner Frau 1541 das Gut Zöllsdorf. Die Luthers besuchten häufiger das Gut und Luthers Frau verwaltete es auch.

In der Nähe liegt Wolkenburg. Es wird berichtet, dass Luther nach dem Kauf den Schlossherrn von Wolkenburg leihweise um 12 Scheffel Korn und 24 Scheffel Hafer bat. Eine Begründung ist nicht überliefert, vielleicht ging es um die erste Grundversorgung.

Wolkenburg ist ein Ortsteil der großen Kreisstadt Limbach-Oberfrohna. Dort befindet sich die St. Mauritiuskirche. Sie wurde von 1794 bis 1804 von Detlef Carl Graf von Einsiedel errichtet und ist eine der ersten klassizistischen Kirchenbauten in Sachsen, in ihrer Form durchaus beeindruckend. Im Inneren befinden sich die ersten monumentalen Eisenkunstguss-Bildwerke aus der Gießerei Lauchhammer.

Oberhalb des Ortes befindet sich das Schloss Wolkenburg, das über 800 Jahre alt ist. Von 1627 bis 1945 war die Burg im Besitz der Familie von Einsiedel. Im 17. Jahrhundert wurde sie zum Schloss umgebaut. Sehenswert ist der Schlosspark im englischen Stil. In der DDR-Zeit kam das Schloss ziemlich herunter. Ab 1997 wurde es restauriert, 2004 fertig gestellt. Im wunderschönen Schloss und dem terrassenförmig gestalteten Park werden kunst- und kulturhistorische Ausstellungen präsentiert.

Der Clou: Vom Schloss gelangt man über eine kleine Brücke zur Kirche. Für die adligen Damen und Herren befand sich im Dachgeschoss ein Separateingang.

Die Anfahrt auf Wolkendorf erfolgt entweder über die A72 oder über die B175. Wolkenburg liegt in einer Schleife der Zwickauer Mulde. Man nimmt in Wolkenburg die Straße Schloßberg. Über die Straße Schloß kommt man direkt zum Schloss, über die Straße Am Schloss nur zur Kirche. Manchmal kommt es bei den Namen auf Nuancen an.

1541

Martin Luther schenkte seiner Frau das Gut Zöllsdorf zur Altersversorgung.

Wo die Kirche im Grünen steht

Es war damals üblich: Der Fürst befiehlt, die Untertanen schleppen die Steine. Im Jahr 1160 gab Albrecht der Bär den Auftrag, eine steinerne Kirche zu errichten. 1201 wurde sie geweiht. Aus dieser Zeit stammen heute nur noch die Grundmauern, das Südportal mit zwei romanischen Säulen und das Gewölbe des Westausganges. Ende der 1520er Jahre setzte sich bereits die Reformation durch, so dass Martin Luther schon 1532 von den askanischen Fürsten eingeladen wurde, in der Wörlitzer Kirche zu predigen.

Maßgeblich verantwortlich für das heutige berühmte Erscheinungsbild des Baus war Fürst Leopold Friedrich Franz von Anhalt-Dessau (1740-1817). Er ist auch der Schöpfer des Dessau-Wörlitzer Gartenreiches. Zu Anfang des 19. Jahrhunderts ließ er die Wörlitzer Kirche neugotisch umbauen. Die Kirche bekam ein Seitenschiff, der Turm wurde auf 66 m erhöht. Der Orgelprospekt, die Emporen, die Fürstenloge und der Fußboden stammen aus dieser Zeit.

Nach der Wende musste viel renoviert werden. Das Dach wurde neu gedeckt. Der weiche Sandstein hielt den Umwelteinflüssen zur DDR-Zeit nicht stand und musste saniert werden, was auch viel Geld kostete.

Eine Besonderheit ist der Bibelturm der Wörlitzer Kirche. Die damit verbundene Ausstellung befindet sich in den drei Etagen der ehemaligen Türmerwohnung. In 66 m Höhe widmet sie sich dem Spannungsfeld *„Zwischen Himmel und Erde"*. Sie verbindet die Heilige Schrift und einen einzigartigen Blick auf ein Weltkulturerbe. Wer die rund 200 Stufen der Turmtreppe ganz nach oben bis zur Aussichtsplattform geht, schaut auf den um 1800 entstandenen Wörlitzer Landschaftspark. Vor uns hat 1778 bereits Goethe diesen Blick genossen: *„Hier ist's jetzt unendlich schön. Mich hat's gestern Abend, wie wir durch die Seen, Kanäle und Wäldchen schlichen, sehr gerührt, wie die Götter dem Fürsten erlaubt haben, einen Traum um sich herum zu schaffen..."*

Die schönste Anfahrt ist über die B9, Ausfahrt Coswig, und mit der Fähre über die Elbe. Bereits die Anfahrt durch die Wörlitzer Gartenlandschaft ist ein Genuss, man sollte sich genügend Zeit nehmen. Dazu gehört auch Schloss Wörlitz, der Gründungsbau des deutschen Klassizismus, in Auftrag gegeben von Fürst Leopold III. Friedrich Franz von Anhalt-Dessau. Es enthält die originale Inneneinrichtung vom Ende des 18. Jahrhunderts.

1532

Martin Luther predigte in der Wörlitzer Kirche.

Wo Luther Streit schlichtete

Vermutlich war Martin Luther selbst nicht in Wurzen – kein Wunder, denn im Wurzener Schloss residierte die katholische Stiftsregierung, also der „Feind".

Trotzdem hat der Reformator Martin Luther auch Wurzen mit dem Dom St. Marien geprägt. Seit 1542 werden im Dom evangelische Gottesdienste abgehalten. Das ist insofern bemerkenswert, als die katholischen Bischöfe noch bis 1581 nebenan im Schloss residierten.

Vor dem Dom steht der sogenannte Lutherbrunnen mit einem Porträt Martin Luthers sowie mit steinernen Bänken, die zur Rast einladen. Stifter des Brunnens waren das Domkapitel und angesehene Wurzener Bürger.

Im Dom ist Luther mehrfach präsent. Im Westchor ist am Geländer der Sängerempore ein Bronzerelief mit dem Bildnis Martin Luthers angebracht, auf dem der Liedanfang seines berühmten Liedes „Ein feste Burg ist unser Gott" zu lesen ist.

Wir sind hier im Luther-Land. Zu erwähnen ein Ururenkel von Martin Luther, Johan Martin Luther (1619-1669), wohlhabender Eigentümer des Rittergutes im benachbarten Hohburg. Außerdem Stiftsherr im Wurzener Dom (1649-1669). Eine Gedenktafel im Ostchor erinnert an ihn – in schwarzem und weißem Marmor.

Und noch ein Ahne als Stiftsherr im Wurzener Dom: Johan Wilhelm Luther, Sohn aus zweiter Ehe des Johan Martin Luther mit Margarete Sophie, geborene Hülsemann. Und dann gibt es noch viele unbedeutende Luthers.

Luther wurde gerne als Streitschlichter engagiert. So geschah es auch bei der Wurzener Fehde. 1542 zogen auf Befehl des Kurfürsten Soldaten los, Wurzen zu besetzen, um Hilfsgelder zur Finanzierung des Krieges gegen die Türken einzutreiben. Der Anlass war vorgeschoben, es ging eher um Machtansprüche. Es drohte Krieg. Luther diskutierte ausführlich mit beiden Parteien und konnte den Streit schlichten, so dass die Wurzener Fehde unblutig verlief.

Wurzen liegt an der Einmündung der B106 in die B6. Etwas ganz anderes: Wurzen ist der Geburtsort von Joachim Ringelnatz. Es gibt einen Ringelnatzweg durch den Ort und ein Museum mit einer sehenswerten Ringelnatzsammlung.

1542 wurden im Dom evangelische Gottesdienste abgehalten. Die katholischen Bischöfe residierten aber bis 1581 nebenan im Schloss.

ZEITZ: MICHAELISKIRCHE

Wo die Lutheriden ihr Hauptquartier haben

Zeitz ist die Stadt der Luthernachkommen. Seit 2001 hat – nicht verwunderlich – die Lutheriden-Vereinigung ihren Sitz in Zeitz. Sie geht zurück auf Johann Ernst Luther, einen Enkel des Reformators, der in der Zeitzer Michaeliskirche getraut wurde. Mit seiner Frau Martha zeugte er acht Kinder. Sie alle begründeten die Zeitzer Lutherlinie. Friedrich Martin Luther, ein Urenkel Johann Ernst Luthers, war Zweiter Bürgermeister der Stadt. Er heiratete 1725 ebenfalls in St. Michaelis. Und noch mehr Luthernachkommen wurden in dieser Kirche getauft oder verheiratet. Noch heute leben Nachfahren Martin Luthers in Zeitz.

Die Lutheriden-Vereinigung mit dem Kennzeichen der Lutherrose will sich der Erinnerung an Martin Luther widmen und für eine gewisse Öffentlichkeit sorgen. Sie organisiert Familientreffen und pflegt die Verbindung unter den Luthernachkommen.

Gegen 1882 fand man in der Bibliothek der Michaeliskirche einen Thesendruck aus dem Jahr 1517. Er zählt zu den besonderen Raritäten unter den Originalen der Reformationszeit. Im Torhaus der Moritzburg befindet sich die Lutheridenbibliothek. In ihr werden weitere Kostbarkeiten aufgehoben, wertvolle Bücher, die die Luthernachfahren aus ihren eigenen Sammlungen beigesteuert haben.

Wichtigste Kirche der Stadt ist die Michaeliskirche in der Oberstadt. Im Kern romanisch, 1154 erstmalig erwähnt und um 1450 spätgotisch umgebaut. Ab 1537 predigte Johann Cramer auf evangelische Weise, 1539 wurde Eberhard Brißger erster Superintendent des von da an evangelischen Gotteshauses. 1541 löste Kurfürst Friedrich von Sachsen das Nonnenkloster St. Stephan auf, zu dem die Kirche bisher gehört hatte. Das Vermögen wurde damals in einem „Gemeinen Kasten" gesammelt, aus dem die evangelischen Gemeinden finanziert werden sollten. Die Kirche ist heute Gottesdienstort und Gemeindetreffpunkt.

Die Michaeliskirche befindet sich in Zeitz im Michaeliskirchhof. Nicht weit entfernt ist der Neumarkt mit dem Rathaus. Will man zur Moritzburg und zur Schlosskirche, so nimmt man die Rahnestraße und die Domherrenstraße.

1537

Johann Cramer predigte in der Michaeliskirche das erste Mal auf evangelische Weise.

Wo die Schule sich in Klostermauern befindet

Als erste bedeutende Stadt nach Wittenberg schloss sich Zerbst, damals die größte und geschichtlich wie wirtschaftlich bedeutendste Stadt Anhalts und als *„decus et ornamentum totius Anhaltinatus"* (Zierde und Schmuck von ganz Anhalt) gerühmt, der Reformation an.

Im Zuge der Reformation wurde Bildung großgeschrieben. So war es notwendig Ausbildungsstätten zu schaffen. Gegen 1526 wurde die Nikolaischule gegründet. Sie zog 1532 in das Klostergebäude der Franziskaner um, das um 1235/45 erbaut worden war, doch als Kloster nur bis zur Reformation existierte. Mit ihr verließen die Mönche nacheinander das Kloster. 1532 war nur noch ein Mönch im Kloster, der dieses 1534 verließ. Die Schule wurde nach ihrem Schutzheiligen, dem Heiligen Johannes der Täufer, bis 1803 Johannisschule genannt.

Zerbst galt als das geistige und theologische Zentrum Anhalts. Es war die einzige Stadt im Anhalter Land, die drei Klöster besaß. Die Wandlung durch die Reformation war beträchtlich. So spielte Zerbst für Anhalt die Vorreiterrolle. Verwunderlich ist, dass der Weckruf zur Reformation aus dem Franziskanerkloster ertönte, obwohl sonst überall in Deutschland die Franziskaner das Hauptbollwerk des Katholizismus bildeten. Mit seinem Fall war der Sieg der Reformation in Anhalt entschieden.

Das Francisceum hat eine bewegte Geschichte hinter sich. Deshalb ist es umso beeindruckender, einen Rundgang durch das Gymnasium von heute zu machen. Es ist eine moderne Lehranstalt, aber komplett eingepasst in den historischen Bau. Moderne Nutzung trifft auf Klosterstrukturen. Ein bisschen aufgeweicht durch moderne Architektur, aber immer authentisch, Altes mit Neuem verbindend. Dies führt zu einer überzeugenden Synthese.

„Exportschlager" aus Zerbst war die spätere russische Kaiserin Katharina die Große. Sie wurde zwar 1729 in Stettin geboren, stammt aber aus dem Hause Anhalt-Zerbst.

Das Francisceum befindet sich in Zerbst, Weinberg 1. Es ist eine Schule, daher sind Besucher natürlich während der Unterrichtsstunden nicht so gerne gesehen. Aber dennoch sollte man einen Blick in den Bau werfen. Sehr beeindruckend.

1534

Der letzte Franziskanermönch verließ das Kloster. Damit war die Reformation in Zerbst umfassend angekommen.

Wo man Einblick in die Religionsgeschichte erhält

Die Nicolai-Kirche gehört zur Stadtgeschichte. Und irgendwie auch zur deutschen Religionsgeschichte. Als romanische Basilika stand sie für die Stadtentwicklung, mit dem spätgotischen Chor war sie Symbol für Reichtum und Selbstbewusstsein des Mittelalters und durch ihre Zerstörung 1945 ist sie Zeichen für den schlimmsten Weltkrieg der Neuzeit.

Gegen Ende des 15. Jahrhunderts gärte es allerorten, Unzufriedenheit mit der Kirche war weit verbreitet. Dennoch oder gerade deswegen florierte der Ablasshandel. Der Kurfürst von Sachsen-Wittenberg hatte den Ablasshandel in seinem Land verboten. Aber das scherte die Sünder wenig. Sie fuhren in das benachbarte Zerbst, um sich mit Ablass die Sündenvergebung zu erkaufen.

Die Reformation in Zerbst ging von der Gemeinde der Stadtkirche St. Nicolai aus – durchaus erfolgreich. Doch zuerst mussten die Zerbster noch die Bilderstürmer unter Karlstadt verkraften. Ein vergoldeter, gotischer Flügelaltar mit geschnitzten Figuren ging in Flammen auf.

Als in Zerbst der Aufruhr tobte und Bilderstürmer im Franziskanerkloster hausten, kam Luther am 18. Mai 1522 in die Stadt. Er sollte auf Wunsch des Zerbster Rates die Wogen der Erregung glätten. 14 Reden hielt Luther hier, eine davon mit dem Titel *„Sermon von Sünde, Gerechtigkeit und Urteil"*.

Am 23. Juli 1544 wurde Theodor Fabricius von Luther selbst zum Pfarrer an St. Nicolai und zum Superintendenten in Zerbst ordiniert. Fabricius hat eine Zerbster Kirchenordnung geschaffen.

Schon früh schuf man in evangelischer Tradition (1526) die Nicolaischule, eine städtische Lateinschule. Der Schwerpunkt lag auf dem Musikunterricht. Bildung wurde großgeschrieben.

Die Zerstörung 1945 besiegelte das Schicksal der Nicolaikirche. Sie blieb zurück als Ruinendenkmal. Und als Mahnmal, selbst in recht religionsfernen Zeiten. Durchaus eindrucksvoll. Zwei Glockentürme haben die Zeiten überstanden.

Auf dem Nordturm befindet sich seit 2007 das vollständige Geläut mit der 5 t schweren Gloriosa. Die Salzstraße trennt die St.-Trinitatis-Kirche von der historischen Ruine der Nicolai-Kirche. Diese schließt an den Marktplatz an. Hier ist man mitten im Herzen der Stadt.

1522

Luther kam mit einem „Feuerwehrauftrag" nach Zerbst. Er sollte auf Wunsch des Zerbster Rates die Wogen der Erregung glätten.

Wo sich die Reformation wiederholte

Ursprünglich residierte in St. Bartholomäi der Patronatsverantwortliche auch über St. Nicolai und die anderen Kirchen im Umland. Vielleicht fand deshalb gerade in dieser Kirche bereits kurz nach Luthers Predigt 1522 die Reformation statt. Ausgerechnet ein Franziskanermönch wurde erster evangelischer Pfarrer an St. Bartholomäi – zumindest für eine Übergangszeit. Im Dezember 1524 trat Paulus Grunart sein Amt an. Er war erster Pastor, Superintendent und Hofprediger.

Die Augustiner standen den Franziskanern nicht nach. Bereits 1525 lösten sie ihr Kloster auf. Es wird berichtet, dass sie den Erlös untereinander aufteilten und feierlich unter Gesang zum Breite-Straßen-Tor hinaus in die Welt zogen. Das Klostergebäude wurde auf Empfehlung Luthers in ein Hospital umgewandelt.

Der ursprüngliche Bau von St. Bartholomäi entstand um 1150 im romanischen Stil, was man noch im Nordportal erkennen kann. Mehrmals umgebaut zur dreischiffigen Basilika mit Vorhalle und Sakristei. Der abseits stehende Turm aus der Zeit vor 1350 war der Bergfried des Burgbezirks.

Durch Luftangriffe am 18. und 19. April 1945 brannte die Kirche völlig aus. Man hat zügig die Ruinen stabilisiert und im Laufe der Zeit den Altarraum mit einem Teil des Kirchenschiffs wieder hergerichtet. Die Kombination von historischer Ruine und intakter Kirche macht einen besonderen Eindruck auf den Besucher.

Zerbst ist durch und durch Stadt der Reformation. Geplagt vom Ablasshandel, gezeichnet von den Bilderstürmern, beruhigt von Martin Luther, begleitet von Philipp Melanchthon. Letzterer wohnte 1546/1547 längere Zeit in Zerbst und hat die Reformation maßgeblich beeinflusst. Aber es waren Mut und Entschlossenheit der Zerbster, dass man sich hier sehr schnell dem neuen Glauben anschloss. Zerbst wurde anschließend die erste reformierte Stadt in ganz Anhalt und schrieb damit Reformationsgeschichte.

Die Kirche und Ruine von St. Bartholomäi befindet sich in der Schlossfreiheit 3. Ganz in der Nähe befinden sich das Schloss und die Kavaliershäuser.

1522

Luther predigte in Zerbst und beeinflusste damit den Rat der Stadt, der daraufhin die ersten evangelischen Geistlichen zuließ.

95 ZWICKAU: RATHAUS

Wo Luther gegen
die Zwickauer Propheten kämpfte

Es ist sicher, dass Martin Luther am 1. Mai 1522 auf dem Rathausbalkon in Zwickau stand und predigte. Vor ihm standen angeblich 14.000 Menschen aus Zwickau und Umgebung, die seinen Worten lauschten. Ob es tatsächlich so viele Menschen waren? Andere Quellen sprechen von 7.000, was bemessen an der Größe des Platzes wahrscheinlicher sein dürfte. Zwickau soll nach Wittenberg die zweite Stadt gewesen sein, in der sich die Reformation vollständig durchsetzte. Rangfolgen, die heute eigentlich keine Rolle mehr spielen.

Drei Männer, die in Wittenberg die Reformation erlebt hatten, brachten die Botschaft schon 1520 nach Zwickau. Sie wollten eine schnelle Umsetzung. In Zwickau lebten viele arme Handwerker, die die religiöse Öffnung als ihre Befreiung erlebten. Nun mussten nur noch die Taten folgen. Daraus formierte sich die Bewegung der Zwickauer Propheten. Ihre Überzeugung war, dass die Sakramente der Kirche nutzlos waren. Es komme schließlich auf das Handeln nach der Botschaft Jesu an und nicht allein auf den Glauben.

Der Zwickauer Bürgermeister, der Pfarrer der Marienkirche und auch Martin Luther wendeten sich gegen die Propheten. Luther schrieb schließlich aus diesem Anlass seine Schrift *„Von der Freiheit eines Christenmenschen"*. Vom 30. April bis zum 2. Mai weilte Luther auf Einladung des Rates in der Stadt und hielt mehrere Predigten. Luther gelang es aber anscheinend nicht, die Menschen von seiner friedlichen Botschaft zu überzeugen. Thomas Müntzer, Pfarrer der Zwickauer Katharinenkirche, stellte sich gegen ihn. Es folgten die Bauernaufstände mit allen Konsequenzen, so dass es länger dauerte (1529), bis die Stadt eine abgesegnete lutherische Kirchenordnung bekam – auch wenn bereits 1521 Nikolaus Hausmann, Pfarrer der Marienkirche, den Gottesdienst nach lutherischen Vorstellungen gestaltete und 1522 Luther selbst viermal in Zwickau predigte.

Zwickau, Großstadt in Sachsen, liegt an der Zwickauer Mulde. Das Rathaus ist im Zentrum der Stadt. Wenn man schon einmal da ist, sollte man sich auch die Zeit für einen ausführlichen Stadtbummel nehmen. Es lohnt sich nicht nur für Lutherfans.

1521

Nikolaus Hausmann, Pfarrer der Marienkirche, hielt den ersten evangelischen Gottesdienst.

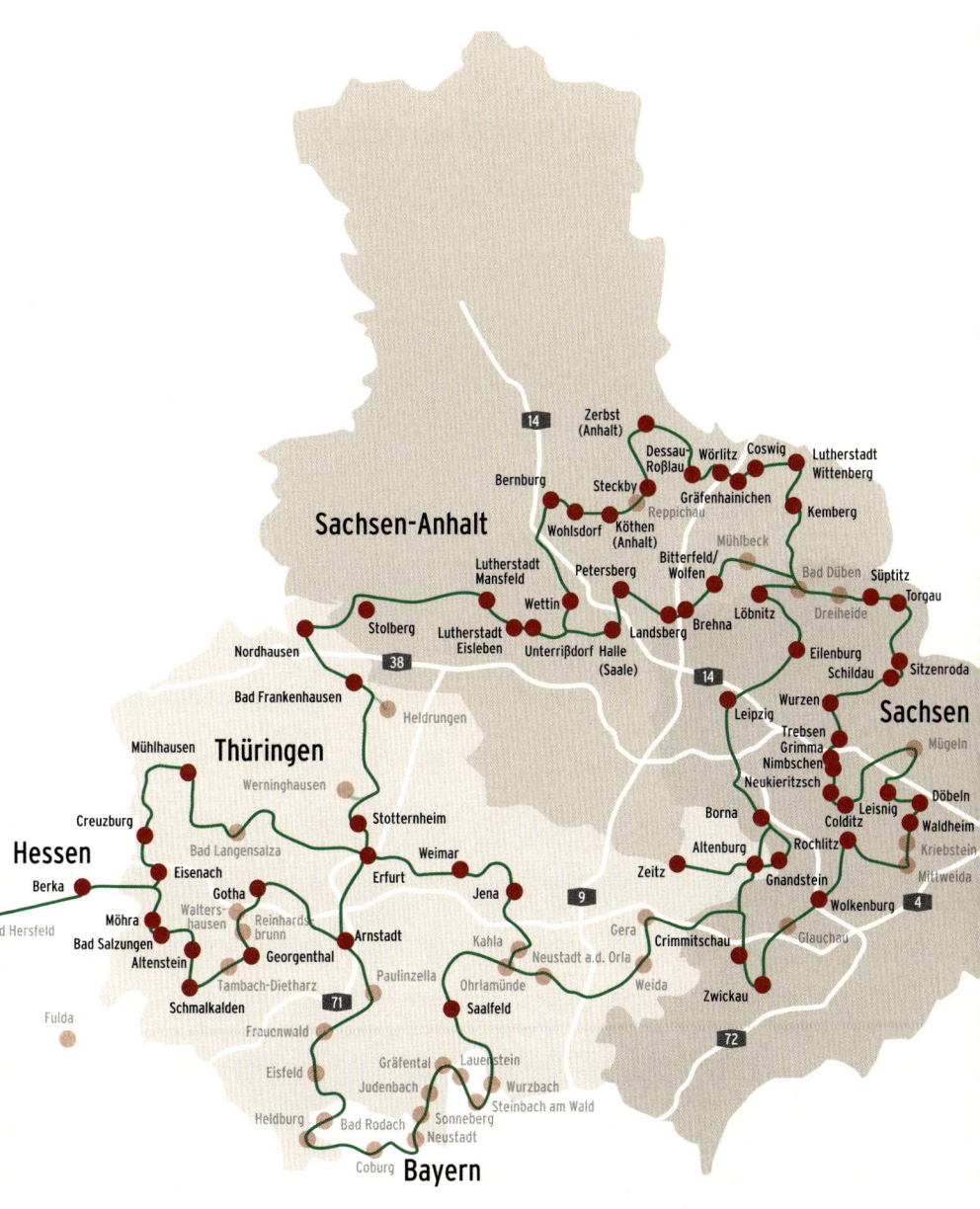

14

Zerbst
(Anhalt)

Dessau-
Roßlau

Wörlitz Coswig

Lutherstadt
Wittenberg

Bernburg

Steckby

Gräfenhainichen

Kemberg

Wohlsdorf

Köthen
(Anhalt)

Reppichau

Mühlbeck

Sachsen-Anhalt

Lutherstadt
Mansfeld

Petersberg

Bitterfeld/
Wolfen

Bad Düben

Süptitz

Torgau

Wettin

Stolberg

Nordhausen

38

Lutherstadt
Eisleben

Unterrißdorf

Landsberg

Halle
(Saale)

Brehna

Löbnitz

Dreiheide

Eilenburg

Schildau

Sitzenroda

Bad Frankenhausen

Heldrungen

14

Wurzen

Leipzig

Sachsen

Mügeln

Mühlhausen

Thüringen

Werninghausen

Stotternheim

Trebsen
Grimma
Nimbschen
Neukieritzsch

Döbeln

Leisnig

Waldheim

Creuzburg

Bad Langensalza

Weimar

Borna

Colditz

Kriebstein

Mittweida

Hessen

Berka

Eisenach

Gotha

Erfurt

Jena

Zeitz

Altenburg

Rochlitz

Gnandstein

Wolkenburg

4

d Hersfeld

Möhra

Bad Salzungen

Altenstein

Walters-
hausen

Reinhards-
brunn

Arnstadt

Georgenthal

Kahla

Gera

9

Neustadt a.d. Orla

Weida

Crimmitschau

Glauchau

Zwickau

Tambach-Dietharz

Schmalkalden

71

Frauenwald

Paulinzella

Ohrlamünde

Saalfeld

Fulda

Eisfeld

Gräfental

Judenbach

Lauenstein

Wurzbach

Steinbach am Wald

72

Heldburg

Bad Rodach

Sonneberg
Neustadt

Coburg Bayern

● Im Buch beschrieben

Nordhausen

Bad Frankenhausen

Heldrungen

Mühlhausen

Thüringen

Werninghausen

Creuzburg

Bad Langensalza

Stotternheim

Weimar

Eisenach

Erfurt

Altenburg

Gotha

Jena

Zeitz

Walters-
hausen

Reinhards-
brunn

9

Möhra

Arnstadt

Gera

Crimmitschau

Bad Salzungen

Kahla

Neustadt a.d. Orla

Altenstein

Georgenthal

Paulinzella

Weida

Tambach-Dietharz

Ohrlamünde

71

Schmalkalden

Saalfeld

Frauenwald

Gräfental

Eisfeld

Judenbach

Wurzbach

Heldburg

Sonneberg

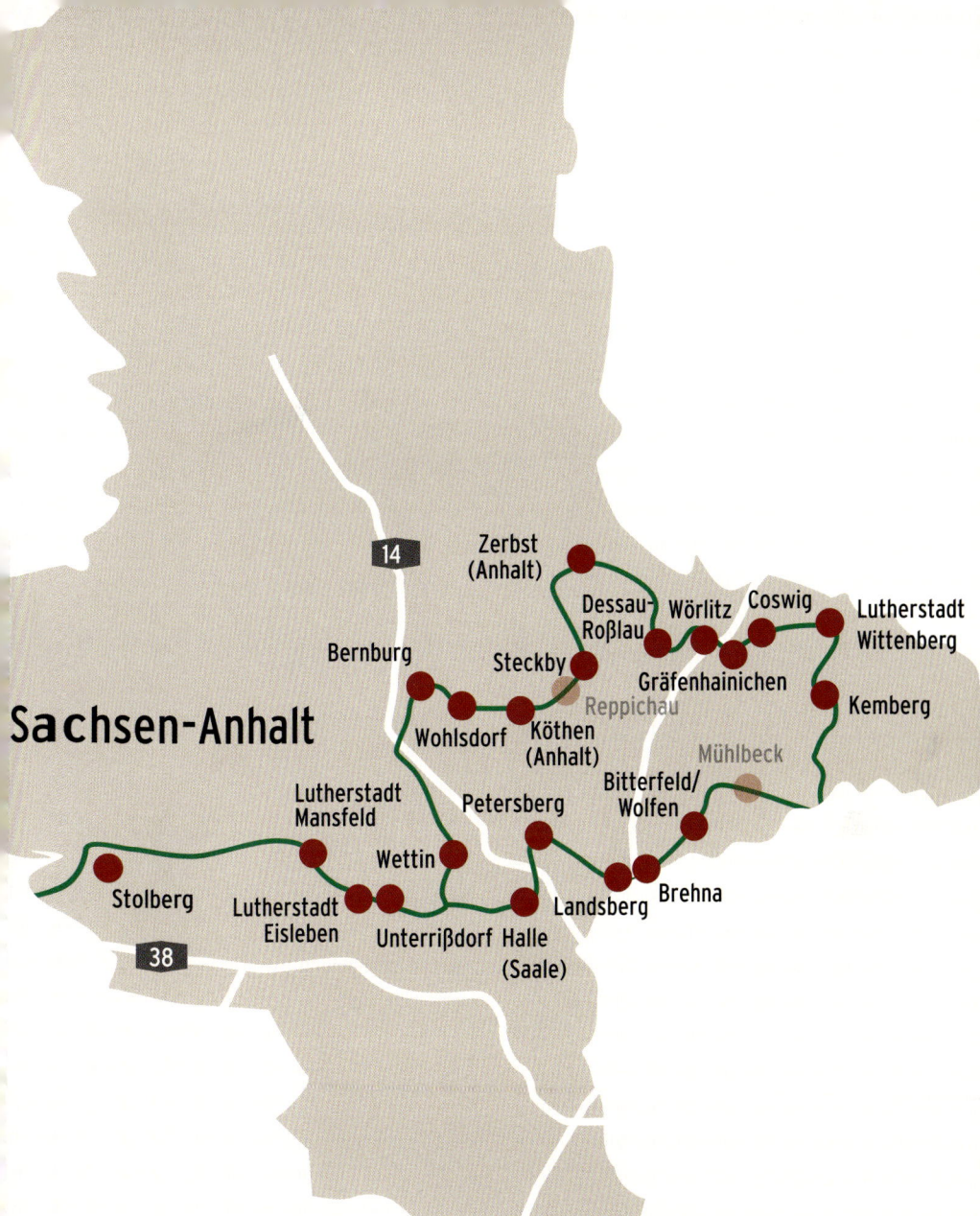

Sachsen-Anhalt

Zerbst (Anhalt)

Dessau-Roßlau

Wörlitz

Coswig

Lutherstadt Wittenberg

Bernburg

Steckby

Gräfenhainichen

Reppichau

Kemberg

Wohlsdorf

Köthen (Anhalt)

Mühlbeck

Bitterfeld/ Wolfen

Lutherstadt Mansfeld

Petersberg

Stolberg

Wettin

Brehna

Lutherstadt Eisleben

Landsberg

Unterrißdorf

Halle (Saale)

14

38

Bad Düben
Süptitz
Torgau
Löbnitz
Dreiheide
Eilenburg
Schildau
Sitzenroda
14
Wurzen
Leipzig
Sachsen
Trebsen
Grimma
Mügeln
Nimbschen
Neukieritzsch
Döbeln
Borna
Leisnig
Colditz
Waldheim
Rochlitz
Kriebstein
Dresden
Gnandstein
Mittweida
Wolkenburg
4
Crimmitschau
Glauchau
Zwickau
72